中国石油企业协会
中国石油大学中国油气产业发展研究中心

中国油气产业发展分析与展望报告蓝皮书

(2013-2014)

彭元正　董秀成　主编

中国商业出版社

图书在版编目（CIP）数据

中国油气产业发展分析与展望报告蓝皮书/彭元正，董秀成主编. -- 北京 : 中国商业出版社，2014.3
ISBN 978-7-5044-8420-8

Ⅰ. ①中… Ⅱ. ①彭… ②董… Ⅲ. ①石油工业—经济发展—研究报告—中国 ②天然气工业—经济发展—研究报告—中国 Ⅳ. ①F426.22

中国版本图书馆CIP数据核字(2014)第051446号

中国商业出版社出版发行
010-63033100 www.c-cbook.com
(100053 北京广安门内报国寺1号)
新华书店总店北京发行所经销
北京九天众诚印刷有限公司印刷
* * * * *
787毫米×1092毫米 1/16开 20.5印张 346千字
2014年4月第1版 2014年4月第1次印刷

定价：198.80元
* * * * *

《中国油气产业发展分析与展望报告蓝皮书》

（2013–2014）

编委会

前言

人类社会进入工业文明以来，油气产业在全球范围内得到迅速发展，油气成为世界经济和社会发展的主体能源，成为支撑人类社会工业文明的重要基础和全球经济发展的血液，在国际经济、政治和军事领域发挥着越来越重要的作用。在当今世界，世界各国，无论是发达国家还是发展中国家，都无一例外地高度重视本国油气产业发展，都在根据世界能源发展形势和本国国情制定油气产业发展战略和政策，都在迎接国际政治和经济环境变化对油气产业发展带来的机会和挑战。

对于任何一个国家来说，油气产业发展有其自身的现实特征与理论逻辑，在日益复杂变幻的油气产业发展环境中，各个国家都需要围绕着本国的油气产业发展历史阶段、现状、问题、趋势、理念和价值观等进行系统分析和整体审视。一方面，油气产业正在面临人类历史上前所未有的外部环境变化，无论从经济、社会、生态、环境、政治、外交、军事、文化、交通和家庭等各个层面，都可以感受到油气产业正在承受着各种压力、影响和冲击；另一方面，油气产业发展并非孤立，而是存在着诸多利益攸关者，关系到许多相关产业乃至整体经济和社会的发展，正在日益引起国际组织、政府部门、相关产业、相关企业、广大消费者、社会公众、非政府组织、媒体和学术界等高度关注。目前，油气产业发展已经成为中国国民经济发展和社会进步的重大议题，与中国全面建设和谐社会目标和实施全面协调可持续发展战略息息相关。

《中国油气产业发展分析与展望报告蓝皮书》是目前中国唯一一部全面分析和研究中国油气产业发展现状和趋势展望的蓝皮书，它由中国石油企业协会和中国石油大学中国油气产业发展研究中心合作共同完成，按年度向全社会公开出版发行。蓝皮书共分五大部分：国际篇、国内篇、合作篇、专题篇和附件。国际篇，主要分析国外宏观外部环境对中国油气产业发展的影响，包括国际政治环境对中国油气产业发展的影响、国际经济环境对中国油气产业发展的影响、全球油气产业发展分析与展望等；国内篇，从产业整体发展角度重点分析中国油气产业发展现状和趋势展望，包括中国宏观经济环境对中国油气产业发展的影响、中国油气市场发展分析与展望、中国油气勘探产业发展分析与展望、中国油气开发产业发展分析与展望、中国油气炼制与化工产业发展分析与展望、中国油气管道产业发展分析与展望；合作篇，主要包括中国油气产业国际合作分析与展望、中国油气产业对外贸易分析与展望等；专题篇，与国际篇、国内篇和合作篇等部分形成补充关系，主要从专题角度分析油气产业发展的相关问题，每个专题形成一篇独立成篇的文章；附件，主要包括按时间顺序编写的全年油气产业发展大事记和一些国内外油气产业发展的数据信息。

蓝皮书不是一般意义上的年鉴，更不以大块文字和数据图表堆积为主，而是以年度分析和来年展望为基本特征。综合篇、产业篇和专题篇具有很强的相关性和互补性，但各部分在编写上独立成篇成文，因此读者可以根据需要和兴趣分别阅读。附件篇，主要是大事记和辅助数据资料，供读者在阅读时参考。蓝皮书以文字分析为主，辅以必要数据和图表，文字描述力求言简意赅，分析和展望力求强调逻辑性、高度性、概括性和权威性，分析结论力求对相关部门和油气企业实际工作具有指导性。蓝皮书作者主要来自中国石油企业协会、中国石油大学中国油气产业发展研究中心、中国石油化工集团公司经济技术研究院、中国石油化工集团公司勘探开发研究院、中国海洋石油总公司经济研究院等单位，作者团队长期是从事油气产业发展研究，具有国内一流专业水准和专业基础。作者团队本着促进中国油气产业发展的良好愿望，除从产业发展整体上分析外，还对有关产业热点问题坦率提出看法和观点，希望引起社会关注和讨论。作者团队努力进行全面、系统和深入研究，试图得出有助于读者全面了解中国油气产业发展的正确结论，这正是作者团队追求的目标，也是其义务和责任。蓝皮书具有较强的可信度、一定的权威性和较好的时效性，对于理论研究者和实际工作者都具有一定的参考价值。

蓝皮书编写分工如下：国际篇，国际政治环境对中国油气产业发展的影响（曾叶丽、李慧），国际经济环境对中国油气产业发展的影响（曾叶丽、陈佳、洪海地），世界油气产业发展分析与展望（高建、常勇、田婧、皮光林）；国内篇，中国宏观经济及油气产业政策分析与展望（曾叶丽、宋奇高、洪海地），中国油气市场发展分析与展望（董聪、孔朝阳、张海霞），中国油气勘探产业发展分析与展望（李秋香、赵入辉），中国油气开发产业分析与展望（冷夏、周仲兵、宋利泽），中国油气工程技术服务产业分析与展望（孙梅、王萌萌、胡建松、乔江丽、王兴萍），中国炼油化工产业分析与展望（孙梅、孙琳、孙宏敏、张曦文、王强、王永跃、于海礁），中国油气管道产业发展分析与展望（宋利泽、李慧）；合作篇，中国油气国际合作分析与展望（张琼、李慧、刘世达），中国对外油气贸易发展分析与展望（曾叶丽、侯运）；专题篇，中国油气产业改革大趋势（董秀成），中国煤层气矿权重叠问题的思考（马郑玮、窦思睿、韩雪婷、廖婷婷），中亚油气地缘政治格局及中国的应对策略（侯运），中日油气资源之争：焦点与展望（侯运），中国天然气价格改革探析（董聪、张海霞），中国石油企业非油品业务发展策略研究（李建茹、张海霞），以产业集群视角分析中国页岩气未来发展模式（马郑玮、林思宇、李彤彤、徐佳妮），中国油品质量升级的挑战、机遇及对策（梁赟玲、刘力、洪海地），跨国油气管道安全运营风险及对策（郭杰、董聪、皮光林），中国海外油气合作的战略选择（李君臣、郭杰），中美页岩气合作现状及建议（董聪），中非油气合作现状与展望（彭薇、李慧），中国进口LNG安全分析及对策建议（孔朝阳、张海霞、董聪），电动车产业革命及其对油气产业的影响分析（赵旭），油气产业中的物联网应用现状与建议（李明、齐帅、张海霞）；附件部分的收集和整理工作（郭杰、董聪）。

彭元正、董秀成、严绪朝组织了蓝皮书框架设计，并负责组织了全书编写和审定工作；董秀成负责蓝皮书最终统撰工作；徐孚、王琳、孙仁金、刘毅军等参与书稿修改和审定工作。

编委会

2014年3月10日

目录

前 言

合作篇

专题篇

国际篇

2013年全球GDP增长3.0%，较2012年的3.1%有所放缓。其中发展中国家GDP增长率约为4.7%，发达国家GDP增长率为1.3%，分别较2012年的4.9%和1.4%有所下滑。世界石油消费跟2012年相比小幅增长0.98%，达到8,979万桶/天。整个经济合作组织（OECD）国家石油消费下降0.55%，其中美国增长0.66%，欧洲下降1.59%；前苏联地区消费增长1.52%；拉丁美洲石油消费增长3.68%；中东增长3.76%；非洲增长0.11%。

供应方面，非石油输出国组织（NON-OPEC）成员国石油日均产量增至5,411万桶，同比增长2.25%，成为世界石油产量增长的主力。其中，整个经济合作组织（OECD）国家石油生产增长4.6%，拉丁美洲增长1.5%，非洲增长4.78%。石油输出国组织（OPEC）国家石油日均供应量则继续下滑。

2013年，世界油气勘探开发投资达到6,900亿美元，较2012年增加11%。世界各个地区，油气勘探开发投资都有较大增长，中东地区的勘探开发投资增长率最高，达到21%；欧洲地区紧随其后；亚太地区和拉丁美洲投资增长也分别达到17%和14%。受勘探开发投资增加影响，2013年全球油气探明储量实现平稳增长。其中石油输出国组织（OPEC）国家的探明石油储量增长至12,119亿桶，较2012年略增1.1%。

2013年，受经济、金融、地缘政治等因素影响，西德克萨斯中质油（WTI）价格延续了2012年高位震荡的格局，全年一直在88美元/桶至110美元/桶之间波动。

展望2014年，全球经济将进入微弱复苏与增长时期。欧盟和日本石油消费将继续下滑，新兴市场国家和亚太地区仍将成为拉动全球石油消费增长的主导力量并有望全面增长。国际油气市场面临着诸多不确定因素，但油气供需仍将保持稳定均衡，有助于油价的平稳震荡。此外，全球油气投资2014年有望创新高。

国际政治环境对中国油气产业发展的影响

在2013年，实现连任的奥巴马政府出现内政问题，能源政策重心偏向亚太区域；中日关系、朝韩关系成为亚洲地缘政治的最大变数，俄罗斯开始实施亚太新战略；中东、非洲地区局部动荡持续，叙利亚、伊朗、埃及等国局势变化影响全球油气产业。2013年的世界政治环境复杂多变，影响全球油气市场供需格局和安全问题，也给中国油气产业的发展带来了诸多外部性风险，同时又为中国油气产业发展提供更多发展机会。

一、2013年国际政治环境分析及展望

2013年国际政治局势发生了诸多变化，奥巴马政府遭遇内政困难，在亚太区域微调“再平衡”战略。中东地区部分油气供应国出现内部矛盾，恐怖主义、暴力危机、宗教矛盾使得该地区地缘政治摩擦不断，拉美地区油气供应大国委内瑞拉由马杜罗接替查韦斯，权力过渡基本平稳。全球油气供需新格局趋势越发明显。

（一）亚太区域

亚太地区在全球政治博弈中的地位不断上升。美国因内政困难对“再平衡”战略进行微调；俄罗斯加大该地区资源配置，实行亚太新战略；中国在亚太地区开展频繁的外交活动；日本军国主义现复苏苗头，对华态度强硬；亚太地区，朝鲜半岛核危机持续发酵以及东南亚各国动荡加剧，使得亚太地区不安全因素增大。

1. 美国内政遇困微调亚太“再平衡”战略

受金融危机影响，美国国内经济增长缺乏活力，奥巴马政府面临严峻的内政挑战，包括减少财政赤字、实施医保改革法、推行能源政策和气候变化政策、在国会推动移民改革法等问题。2013年10月1日，因美国民主、共和两党尚未解决新财年的政府预算分歧，联邦政府的非核心部门被迫关门，导致美国国内政治僵局。

随着奥巴马政府第二任期的启动，美国对外实施亚太“再平衡”战略的总体趋势没有改变，但在步伐节奏、内容构成、方式方法上都出现细微调整和变化，

如：降低调门，言辞趋向温和；控制节奏，资源与精力适度逆向回摆；“再平衡”的手段由偏重外交、军事转向经济和发展领域，强调均衡推进；在亚洲领土争端问题上由挑拨转向管控；对中国的态度略转积极。美国亚太“再平衡”战略的执行出现均衡推进、瞻前顾后、谨言慎行等细微调整动向，通过变换和控制“再平衡”的步伐、节奏，以适应中东、亚太局势新变化。

2. 俄罗斯亚太新战略着力亚太区域

2013年2月，由俄罗斯总统普京批准通过的《俄罗斯联邦对外政策构想》明确指出，世界政治经济重心正不断向亚太地区转移，加强俄罗斯在这一地区的地位日益重要，俄希望积极参与亚太地区一体化进程，并借此实施西伯利亚和远东地区的经济振兴计划。此外，在制定强力部门未来一年工作计划的会议上，普京表示“俄罗斯当前首要任务是要推动与周边国家的伙伴关系”。这意味着俄罗斯开始布局亚太，重返中东。普京先后访问德国、芬兰、越南、韩国、埃及等国家，开展一系列外交活动，都旨在全面改善与周边国家关系。

俄罗斯实施亚太新战略首先是从本国平衡发展出发的，把促进远东和西伯利亚地区的发展作为新的经济增长点。亚太新战略的主要包括以下几个方面：积极介入亚太事务和参与多边组织活动；以经济为重心；加强在亚太地区的军事存在，重视在亚太地区的安全利益；加强与中国、印度之间的合作。未来俄罗斯对亚太地区的关注和投入将会持续上升。

3. 中国外交活动频繁

2013年，中国与多国开展会晤活动，取得一系列外交成果。3月22日至30日，习近平主席对俄罗斯、坦桑尼亚联合共和国、南非共和国、刚果共和国四国进行国事访问并出席在南非德班举行的金砖国家领导人第五次会晤；6月7日至8日，习近平主席与美国奥巴马总统进行会晤，为中美关系未来发展指明方向，开启了中美“跨太平洋合作”的新篇章；9月3日至13日，习近平主席对土库曼斯坦、哈萨克斯坦、乌兹别克斯坦、吉尔吉斯斯坦国四国进行国事访问，期间出席G20峰会、上海合作组织成员国元首理事会，并会见伊朗总统、塔吉克斯坦总统拉赫蒙、蒙古国总统额勒贝格道尔吉；10月2日至5日，习近平主席对印度尼西亚和马来西亚两国进行国事访问，并出席亚太经合组织领导人非正式会议。11月23日，中国政府发表声明，宣布划设东海防空识别区，并发布航空器识别规则公告和识别区示意图。中国划设东海防空识别区其目的是捍卫国家主权和领土领空安全，维护空中飞行秩序。

4. 日本右翼势力活动猖獗

安倍晋三继续执行右翼政策，积极发展军国右翼势力，推动修宪扩军。2013年1月7日，日本政府决定修改现行的《防卫计划大纲》和《中期防卫力量整备计划》，并于6月25日防卫省在自民党会议上发布了2013年版《防卫白皮书》概要。这一系列活动都意味着日本开始由专守防卫向先发制人发展，且把重点放在强化西南诸岛方向的防卫，继续加快提升军事实力。

自安倍晋三担任首相以来，日本对外一方面拉拢菲律宾、印度等亚太国家，就美日同盟、朝鲜核试验、《跨太平洋战略经济伙伴协定》（TPP）谈判、经贸、基础设施建设合作等问题进行讨论。另一方面，在钓鱼岛问题、靖国神社与教科书等问题上一再挑衅，导致中日关系紧张形势进一步加剧。

5. 朝鲜半岛核危机持续发酵

2013年，朝鲜与韩国关系变化不断。从2月开始第三次核试验，到3~4月接连宣布《朝鲜停战协定》、《关于朝鲜半岛无核化共同宣言》完全无效，朝鲜宣称决定实施经济建设与核武力建设并行的战略路线，并将重启宁边5兆瓦石墨减速反应堆。3月30日发表声明，朝鲜政府、政党、团体，宣布朝韩关系进入战时状态，所有朝韩之间的问题将根据战时状态来处理，意味着两国关系陷入严峻状态。2013年下半年开始，双方就开城工业园区重启达成协议，朝鲜半岛的局势有所缓和。另外，南北之间也有一些其他互动，朝韩关系现转机。

6. 南亚及东南亚地区动荡加剧

2013年，南亚及东南亚地区地缘政治复杂，动荡加剧。阿富汗和巴基斯坦恐怖袭击活动增加，安全形势恶化；缅甸克钦武装冲突升温，国内局势令人担忧；在泰国红衫军与政府军态势紧张，和平进程依然面临挑战；越南、菲律宾争夺南海资源，挑起南海争端；马来西亚沙巴冲突，国内大选，局势不稳。

（二）中亚欧洲地区

欧洲地区深陷欧债危机，各国都试图走出低迷的经济困境，频繁出台政策。欧洲国家的政治局势也因此受到严重影响。欧洲是主要的油气进口国，不仅加快对里海、非洲等地油气资源的开发，将节能减排定为能源战略重心，还改变海外油气发展战略；在德国，总理默克尔再次赢得大选，成功组建“大联合”政府；在意大利，贝卢斯科尼案为大选增添变数。

1. 欧盟觊觎里海资源，同时加速进军非洲油气市场

里海油气资源丰富，环里海地区石油生产的增长对于欧盟经济增长的需求来

说是至关重要的。中东地区的不稳定再加上俄罗斯与欧盟经常闹能源纠纷，使得欧盟力求减少对俄罗斯的能源依赖，加大与环里海地区各国油气资源合作力度。此外，因欧盟曾长期独占非洲油气资源，历史优势使得欧洲快速进军非洲油气市场。由于能源需求增长的压力较小，近年来欧盟把能源战略的重点更多地放在了节能减排领域。

2. 德国总理默克尔成功组建“大联合”政府

2013年9月，德国开始大选。默克尔以压倒性优势第三次成功当选德国总理。大选后，保守党与基民党同意组建“大联合”政府，并达成协议。该协议同意欧盟成员国以救助银行业为首要责任，但对使用ESM基金救助银行业设立高门槛。这一协议将面临社民党投票考验。如果通过，默克尔将在新的经济和社会问题上采取偏左立场，若不通过则会使德国政局陷入困境。

3. 意大利贝卢斯科尼案添政局变数

2013年5月，意大利前总统纳波利塔诺再度出任意大利总统。在国内，中左和中右阵营组成的执政联盟一直保持着微妙平衡。对于意大利新政府而言，稳定政局才是最重要的。国内贝卢斯科尼案引发党派之间斗争，中右翼党派以辞职相要挟，试图阻止贝卢斯科尼本人因债务欺诈罪而被逐出国会，这意味着给刚刚组建成功的意大利政治联盟增添了新的变数。

4. 乌克兰与俄罗斯签署经济计划，反政府示威活动持续

乌克兰和俄罗斯是独联体中两个最重要的国家，乌俄两国关系对独联体的稳定和前途，以及欧洲战略格局均会产生重大影响。2013年11月21日，乌克兰政府宣布暂停与欧盟签署联系国协定的准备工作，并恢复与俄罗斯的积极对话。12月18日，俄罗斯和乌克兰领导人在莫斯科达成协议，俄罗斯政府将向乌克兰提供经济援助，并将出售给乌克兰的天然气价格降低三分之一，这可让乌克兰在天然气进口方面每年节省20亿美元的开支。此外，俄罗斯还宣布将买入150亿美元乌克兰国债，避免乌克兰陷入破产危机。这引起了乌克兰国内反政府的强烈不满，超过五万名民众参加反政府集会，抗议当局出卖国家利益，示威活动僵持很久。

（三）中东、非洲地区

中东油气资源在世界油气格局中起着举足轻重的作用。2013年，叙利亚内战持续，出现化武危机；鲁哈尼当选伊朗总统，核谈判达成阶段性协议。中东地缘政治风险此起彼伏，风云变换。非洲地区发现新油田，对非洲油气资源的竞争激烈。非洲政治局势也面临严峻挑战，埃及发生军事政变、南非前总统曼德拉逝世

等都是导致非洲政局不稳的因素。

1. 叙利亚内战持续，化武危机引担忧

从2011年3月爆发反政府抗议活动以来，叙危机不断深化，暴力冲突持续扩大。历时两年多的叙内战正处于僵持阶段，冲突双方力量对比不断发生变化，反对派发展势头迅速。2013年，政府军基本稳住国内形势。叙利亚内战已有越来越多的外部势力卷入，正日益演变为地区势力和地区外势力的博弈。地区外势力包括中、美、俄三国以及海湾周边其他国家，如伊朗、伊拉克、黎巴嫩、土耳其、沙特、卡塔尔等。

2013年8月21日前后，在大马士革郊区由叙利亚反对派控制的区域发生了化学武器爆炸，导致数百人死亡，上千人受伤。事件一发生，美国、英国、法国、以色列、瑞典、土耳其、加拿大，以及阿拉伯联盟和北大西洋公约组织都表态要求叙利亚当局对此负责。9月27日晚，联合国安理会一致通过一项有关叙利亚化学武器问题的决议，叙利亚化武危机使得叙内部的军事和政治斗争形势更加复杂和严峻。

2. 伊朗鲁哈尼当选总统，核谈达成阶段性协议

2013年6月6日，伊朗温和保守派候选人、前首席核谈判代表哈桑·鲁哈尼赢得选举，成为新一届总统。当选的伊新政府将用温和的政策作为管理国家的基础和准则，并通过增加透明度的方式来与世界各国建立互信。总统鲁哈尼表示制裁和战争威胁都不能让伊朗屈服，只有平等对话和减少敌意才是与伊朗进行交流的唯一方法。鲁哈尼政府目标为伊朗带来希望和尊严，为世界带来信心与和平，但实现这一目标的路途充满了艰巨和险阻。

从2013年2月开始，就开始了有关伊朗核问题的六方（美国、英国、法国、俄罗斯、中国和德国）会谈。而在11月21日的六方谈判中，伊朗外长扎里夫称，在瑞士日内瓦举行的核问题谈判达成“第一阶段”协议。伊朗同意冻结部分核计划，以换取西方放松部分经济制裁。伊朗政府表示日内瓦达成的伊朗核问题协议是各方建立互信的第一步。

3. 南非前总统曼德拉逝世，政局面临动荡风险

南非前总统曼德拉于12月5日逝世，这有可能引发南非的社会动荡。南非面临着许多社会矛盾，如种族矛盾、族群冲突、贫富差距，这些都已成为社会不安定的威胁。此外，南非国内人民对祖马政府的不满，失去了曼德拉，就失去了缓和矛盾的重要力量。

4. 埃及军事政变，引各国纷纷表态

2013年7月3日，埃及军方发动政变，埃及当局采取紧急措施，总统府14日声明，全国进入紧急状态，部分地区实行宵禁，宵禁期间出行可能被逮捕。8月14日，又实行“清场”行动，酿成巨大伤亡。

埃及政变引起社会广泛关注，美国表示“强烈”反对埃及再次实施紧急状态，并考虑削减对埃援助；中方呼吁埃及有关各方都以国家和人民利益为重，保持最大限度克制，避免更多人员伤亡，通过对话协商化解分歧，恢复秩序和社会稳定；法国致力于政治解决埃及危机，呼吁埃及尽快举行大选；俄罗斯敦促各方防止内战；欧盟支持埃及各方展开对话，解决分歧，建立文职政府和相应的民主机构。

（四）拉丁美洲

拉美属于新兴经济体和新兴政治力量较为密集的地区，致力于探索发展道路、地区一体化模式以及积极参与国际治理等方面的变革。拉美国家对外方面呈现出独立、自主的趋势。而根据联合国开发计划署（UNDP）发布《2013—2014年拉丁美洲地区人类发展报告》显示，拉美地区近年来经济快速发展，但社会治安问题抑制了该地区的经济与社会发展，拉美仍然是世界上最不安全的地区之一。

2013年3月5日，委内瑞拉总统查韦斯病逝。查韦斯的离去，也引发了国际社会对委内瑞拉权力过渡时期政局不稳的担忧，担心该国作为世界第一大石油储备国和石油输出国组织（OPEC）第五大石油出口国的石油生产会受到严重影响，进而冲击国际石油市场。4月14日，委内瑞拉代总统、执政党候选人尼古拉斯·马杜罗在总统大选中胜出，当选的马杜罗新政府接下来将面临委内瑞拉剧烈的通货膨胀以及低增长的经济困境、腐败、社会治安等问题挑战。

二、2013年国际政治环境对全球油气产业的影响

2013年中东局势紧张，以两伊为代表的石油输出国组织（OPEC）中东国家产量下降明显。尽管沙特石油产量有所增加，但增量远不能弥补伊朗和伊拉克两国的产量下降。综合影响下，全球油气格局发生了较大变化，非石油输出国组织（NON-OPEC）国家是2013年上半年全球石油产量增长的主力，平均产量为5,411万桶/日，同比增长约为2.25%，增量主要来自美国、加拿大、俄罗斯和中国。

（一）多国政局动荡影响油气供应安全

1. 中东局势紧张导致石油输出国组织（OPEC）减产

（1）伊朗因经济制裁石油继续减产

国际能源署（IEA）的数据显示，2013年上半年西方政府对伊朗石油领域的严厉制裁已经令伊朗最大持续原油生产能力减少了70万桶/天，降幅达到近20%。2013年7月31日，奥巴马下令对伊朗实施两项新的制裁措施，包括对伊朗能源和石油化学行业实施制裁，此举旨在迫使伊朗无法为出口石油而建立绕开现有制裁的支付机制，进一步削减伊朗石油出口100万桶。美国原计划到2015年将实现全部冻结伊朗石油出口的目标，这一制裁极大的削减了伊朗油气产量，很有可能推动国际油价上涨。受国际社会多重制裁，伊朗国家天然气公司宣告破产。2013年11月24日，六国（美国、英国、法国、俄罗斯、中国和德国）与伊朗就解决核问题第一阶段措施达成协议。该协议包括暂停对伊朗石油化工产品的部分出口限制。预计对伊朗石油的出口限制将逐步放开。这将大幅增加世界石油供应，对国际油价形成较大压力。

（2）伊拉克石油出口量下降

2013年，伊拉克政府与库尔德地方政府就石油利益分配产生矛盾，导致石油日产出减少15万桶。由于输油管道质量和容量之间存差距，加之南部港口出发的海上运输也受到天气的破坏，很多生产由于运输和仓储压力被迫关停。恐怖活动和暴力袭击频繁发生，系列炸弹袭击减少了Kirkuk–to–Ceyhan出口管道的运输量。各种因素综合因起来导致伊拉克石油产量大幅下滑。

2. 委内瑞拉政权更迭牵动世界油气市场

委内瑞拉目前是世界上探明石油储量最多的国家，也是最大的石油出口国之一。2013年3月5日委内瑞拉总统查韦斯去世，4月14日，委内瑞拉重新进行总统选举，原查韦斯政府副总统马杜罗赢得大选。这一变革可能影响到未来委内瑞拉石油工业发展，主要包括权力过度期间政局不稳定影响石油生产和出口，原查韦斯政府石油工业国有化、石油收入补贴民生、廉价石油拉拢政治盟友等做法难以持续。但同时，可能进行的市场化改革也很有可能会加强该国与俄罗斯、中国等政治盟友的合作，并放宽对西方石油公司的约束。

3. 非洲多国受国内矛盾影响石油大幅减产

2013年，非洲多国受国内矛盾影响，石油产量大幅降低，最大降幅出现在5~6月；除安哥拉石油产量有小幅增长外，其余各国均有不同程度下降，利比亚和阿尔及利亚是产量下降的重灾区。2013年5月，利比亚国内矛盾激化，石油工人因劳资纠纷罢工，同时，部落民兵冲突频发，导致该国安全角势不断恶化，石油产量大幅下降。根据彭博社统计，该国6月的石油产量只有113万桶/日，环比下降约16%。尼日利亚石油产量降低的主要原因是盗油和破坏输油管道活动猖獗，同时新的《石油法案》提高征税税率，以及一些招标方面苛刻条件，导致作业者在该国的生产活动受阻。

（二）政治冲突成油价波动关键因素

2013年世界油气供需基本面均衡，通过产油国和消费国博弈，油价在100美元/桶附近达到新均衡。排除季节性需求变化，区域政治因素成为扰动石油市场的主要因素。

2013年初，中东、北非等主要产油地区地缘政治局势相对平静，美元指数波动回升，国际油价窄幅震荡。4月18日后，叙利亚危机不断发酵，以及日本、欧盟推出货币刺激政策，国际油价开始震荡上升。2013年1~6月份，纽约西得克萨斯中质油（WTI）期价平均为每桶94.3美元，同比下降4%，伦敦布伦特（Brent）原油期价平均为每桶107.9美元，同比下降5%。二者价差缩小至每桶13.6美元。2013年下半年，随着中国经济企稳回升，以及受政局动荡等因素影响，利比亚等产油国石油供应大幅减少，特别是美国计划攻打叙利亚导致中东地缘政治局势紧张加剧，国际油价出现了大幅回升。10月份，美国政府非核心部门因财务危机关门，导致油价小幅上升。随后，又因美国需求低迷，经济增速过低，油价再次大幅下落。直到美联储表示将继续量化宽松政策，国际油价才实现V型反转。

尽管伊朗大选结束，短期内温和保守派上台将从心理上缓解人们对伊朗和西方关系更加紧张的担忧，有利于近期国际油价的稳定。但在国际制裁越来越严厉的情况下，伊朗的石油出口预计还将进一步减少。叙利亚国内局势看不到缓和迹象，埃及局势动荡，可能影响中东其他国家，导致整个中东地区陷入冲突，从而影响中东石油输出，对石油市场造成冲击，随时推高油价。

（三）各国加紧对非洲油气资源争夺，影响全球油气格局

深水勘探技术的运用和几内亚湾地区新油田的发现，非洲地区的石油储量和产量不断增加，丰富的油气资源吸引了众多国家进军非洲市场。美国大举进入西非地区，企图称霸非洲；欧盟则利用殖民历史遗留下来的优势，抢占非洲石油市场；日本与印度等消费大国也积极开展油气资源多元化战略，重视在非洲的石油

项目合作。非洲市场成为全球油气市场的重要组成部分，降低了主要消费国对石油输出国组织（OPEC）油气供应的依赖，影响着世界油气格局。

1. 美国加强与非洲油气资源合作，实现油气资源供应多元化

非洲具有地理优势，运输和物流配送方便且供应安全。美国对非洲石油的依赖与日俱增。美国政府把非洲石油输入作为一个国家安全问题来对待。

美国国内石油公司与非洲国家开展油气资源合作。包括埃克森美孚、雪佛龙、埃索、康菲、赫斯（HESS）、丹文等石油公司都纷纷参与欧洲的油气开采项目。赤道几内亚、安哥拉、加蓬、刚果和科特迪瓦等国的油气资源已基本被美国公司控制；尼日利亚和安哥拉已分别成为美第五和第七大供油国；在利比亚，美国西方石油公司拥有5个油田的勘探开采权，几乎垄断了利比亚的石油开采市场。在几内亚湾地区，美国石油勘探和开采活动已经覆盖20万平方公里，涉及近10个国家。

2. 欧盟利用殖民优势进军非洲油气领域，争夺非洲油气利益

欧洲与非洲密不可分的历史关系使得欧洲占有部分非洲油气资源市场。欧盟不仅在抢占北非和西非的石油资源，还争夺在埃塞俄比亚、坦桑比亚、乌干达等东非国家的石油勘探和开采权。欧盟先后建立与阿尔及利、利比亚、埃及之间的能源战略伙伴关系。

欧洲国际石油公司纷纷投资非洲，近年来开始进军几内亚湾地区。英荷壳牌公司成为尼日利亚的头号产油商，占据利比亚的绝大多数合作项目；法国道达尔等石油公司正在喀麦隆、乍得和加蓬投资；道达尔预计在今后5年内投资100亿美元用于尼日利亚石油上游生产和开发利用。由于北非同欧洲的地缘优势，使得欧洲各大石油公司主要集中在北非地区进行作业。

3. 日本与非洲开展油气合作政治外交活动，降低油气对外依存度

日本高度依赖石油进口，进口石油的多元化是降低油气供应风险的有效途径。日本利用欧美在非洲争夺空间留下的空隙，不断争取战略地位，在非洲的石油开发的速度越来越快。

日本政府高度支持国内企业到非洲投资油气项目，通过政府外交加大与非洲毛里塔尼亚、乍得、阿尔及利亚、埃及等国的石油合作力度，并在安哥拉、加蓬、刚果等国家也有石油合作项目。此外，还从非洲国家购买石油资源储量，企图从中获得一定的产品支配权。为了从非洲国家获取更多的石油资源，日本通过淡化政治、突出经济、提供财经援助、免除债务、发展经贸关系等手段，发展与

非洲国家的关系。

4. 印度加入非洲油气资源争夺，弥补国内供需缺口

印度油气需求旺盛，国内供需缺口巨大。从非洲进口的原油占非洲原油进口总量的20%以上，非洲油气资源战略成为未来印度国家能源安全的长期战略的重要组成部分，也是进口多元化和安全化的主要战场。

在非洲，印度国有的石油天然气公司同尼日利亚签订获取两个深水油区25年的开发权的协议；印度马尔维石油公司、印度石油公司、印度石油有限公司和印度石油天然气公司与加蓬政府签署石油开发合同；在苏丹石油勘探和开发领域投资金额超过15亿美元；与安哥拉合作进行石油勘探和开发项目。印度石油公司不但对油气生产区块有兴趣，还争夺利比亚、阿尔及利亚、埃及、尼日利亚等国的液化天然气（LNG）基地。

三、2013年国际政治环境对国内油气产业发展的影响

（一）中国油气产业获良好发展契机

1. 亚太市场兴起，营造良好油气合作氛围

伴随着油气生产重心的西移，全球油气消费重心一步步转移至东半球国家。其中，中国和印度等发展中国家的油气需求成为全球油气需求增长的主要推动力，全球石油净出口量的绝大部分将流向亚太地区。国际能源署（IEA）2013年11月12日发布2013年《世界能源展望》报告，认为全球能源需求重心正向新兴市场国家，尤其是中国、印度和中东地区转移，2020年后，全球地区间98%以上的石油净出口将流向亚太地区，2030年亚太地区将成为世界唯一的石油净进口地区。石油输出国组织（OPEC）在其世界年度石油展望报告中表示，亚洲新兴经济体迅速复苏推动全球石油消费增长。到2015年，中国石油消费将增长21%，即从目前960万桶/天增至1,160万桶/天。

中国油气需求旺盛，市场广阔。2013年，中国与中亚多国在能源领域积极开展合作。9月份，中国先后和土、俄、哈、乌等国签署油气合作协议，包括：推进中国–中亚天然气管道C线建设、启动D线建设；中国石油天然气集团公司与土库曼斯坦天然气康采恩签署年增供250亿立方米天然气的购销协议，将以50亿美元的价格收购卡沙甘油田约8.33%的股份，在乌兹别克斯坦签署了两份油气勘探、开发合作协议。随着影响力的上升，以中国、印度等发展中国家为核心的亚太市场正在加速成长并努力构建一个互相依赖的多边合作机制，这将为中国油气发展

提供一个良好的外部发展环境。

2. 拉美能源政策调整，中国与拉美各国合作密切

2013年，中国与拉美各国合作密切。巴西政府整积极调整相关政策，吸引更多中国企业到巴西投资。10月21日，巴西石油公司、中国石油天然气集团公司和中国海洋石油总公司等组成的联合体中标巴西里贝拉石油区块开采权，这是2013年中巴石油合作的又一个新项目。在博鳌亚洲论坛2013年年会期间，墨西哥国家石油公司与中国石油化工集团公司签署了两年期的供油协议，每天将有至少3万桶墨西哥原油出口到中国。此次协议和备忘录的签署打开了中墨能源合作的大门。中国石油天然气集团公司还与厄瓜多尔国家石油公司正式签署了厄瓜多尔太平洋炼厂和上游石油区块开发一体化合作框架协议，根据协议，中国石油天然气集团公司将参股建设太平洋炼厂，同时积极参与厄瓜多尔境内的上游资源勘探开发。

2013年，拉美国家的能源产业朝可持续和自主发展的方向运行。以发展深海油气和非传统油气为主线，墨西哥、阿根廷、巴西、智利等国都制定了能源发展规划。拉美国家期盼通过大量开发石油和天然气资源使国家增产，从而拉动经济增长，因此都盼望能与中国在能源领域进一步合作，为中国油气企业“走出去”提供有利条件。

（二）中国油气产业发展面临严峻考验

1. 中国油气产业安全问题引担忧

（1）原油进口应加大对中东局势动荡影响的风险防范

中国主要油气进口地集中在中东，在不排除中东地区出现大规模战争和持续的政治动荡的前提下，中国需要做好相应的风险防范。努力拓宽原油进口渠道，加强国内石油战略储备建设，加强海外资产抗风险投资和运作，都有利于应对这样的风险。

（2）海洋石油开发面临复杂的地缘政治博弈

南海和东海拥有丰富的油气资源，是未来中国油气产业发展的重点区域，处理好东海和南海问题对中国油气产业发展的意义重大。2013年，东海问题形势趋向紧张。美国参议院7月29日通过一项没有法律约束力的决议案，“重申美强烈支持和平解决亚太海域领土、主权和司法争议”；此外，美日澳三国外长在巴利岛APEC部长级会议间隙举行了第五次美日澳三边战略对话部长级会议，也发表含涉东海、南海问题内容的联合声明，旨在向中方施压。日本就中国在东海开发油

气田，要求中国撤销油气设施，再挑东海争端。东海和南海问题的复杂性，一方面将极大程度影响了中国国家安全，另一方面将直接导致中国无法在该区域顺利开发油气资源。

2. 国有企业与民营企业海外发展受限

（1）中国三大石油集团公司海外发展困难重重

中国石油天然气集团公司海外上游业务战略布局正步入成熟发展阶段；中国石油化工集团公司海外上游油气市场布局初步成形；中国海洋石油总公司立足海上，油气并举、海陆共进，现已建设成为国际知名的一体化国际石油公司。尽管如此，中国三大石油集团公司的海外战略并不是一帆风顺。受国际政治环境影响，油气发展之路上多国进行政治博弈。中国三大石油集团公司都面临着海外投资项目收益不确定的困境，一旦发生局部政变或动乱，投资的海外项目将面临巨大的损失。此外，西方一些国家在对中国三大石油集团公司海外项目时设置重重障碍，故意增加三大石油集团公司海外合作项目的难度。

（2）中国民营石油企业走出去困难更大

民营石油企业是中国石油市场的重要组成部分。民营企业近年也加快了海外油气走出去步伐，但在海外投资并购石油天然气能源项目上面临诸多瓶颈，主要有：资金不足；欠缺国家政策鼓励，特别是在融资和进出口经营权方面还不能享受与大型国有企业平等的地位；缺乏高素质的国际化专业人才；技术装备水平低；竞争激烈。

3. 中国海外油气项目投资风险加大

经历了早期粗放型规模扩张之后，当下中国油气企业在投资海外时，越来越重视效益的保障和风险的防控。

拉美“国有化”风潮至今仍在扩散，玻利维亚、委内瑞拉、巴西、阿根廷和厄瓜多尔等国家纷纷对能源行业采取了国有化或合同改制等强硬措施，外国石油公司要么被迫出让股份，要么接受严苛的新合同条款，否则就被直接征收甚至驱逐。西方世界对伊朗实施的长期制裁，导致伊朗国内外汇严重短缺和结算困难，在该国投资油气项目的风险陡然倍增。在“后危机时代”，资源国为了摆脱困境或转移矛盾，对油气行业（特别是外国石油公司）进行政策调整，采取更为严格的管制措施。例如，俄罗斯、哈萨克斯坦等国修改了税法，加征石油出口税，并通过强化税务稽查变相加税；拉美国家引入原油暴利税或超级利润税，加大对石油公司的利润剥夺；土库曼斯坦、缅甸、印度尼西亚等国强行推进“用工本地化”，限制对外劳务签证的发放和外方人员入境，给项目执行造成了极大的困难。受“阿拉伯之春”的影响，阿尔及利亚和利比亚等北非和西亚国家接连发生大规模社会骚乱和武装冲突，在外国势力的干预下，部分国家爆发战争、政权更迭、恐怖活动频发，给油气项目执行带来重大威胁；叙利亚内战和南苏丹独立，导致中国石油企业在当地全面停产。伊拉克、乍得和尼日尔等国对待外资长期存在着立法缺位、投资活动无法可依等问题；政局不稳、地方割据、安保形势严峻，是长期困扰西亚和中非某些国家的痼疾。

国际经济环境对中国油气产业发展的影响

2013年世界经济增速放缓，复苏态势区域分化明显，世界各经济体均面临不同程度的紧张形势和变革压力。据国际货币基金组织（IMF）2014年1月数据，2013年全球经济同比增长3.0%，较2012年的3.1%有所放缓。其中，发达国家经济增速为1.3%，新兴市场和发展中国家增速为4.7%，分别较2012年的1.4%和4.9%有所下滑（表1）。2014世界经济增长变化主要受到中国、美国、日本和欧元区经济影响。如果上述各国能够处理好经济结构、通胀与货币政策的关系，预计全球经济将好转。在世界经济平缓复苏背景下，世界油气供需基本平衡，油价在100美元/桶附近达到震荡平衡；天然气贸易活跃，价格出现局部增长。受上、下游利润下降的影响，大型跨国石油公司调整投资策略，转向上游高回报率产业的投资。世界宏观经济格局变化为中国油气进口提供了平稳的贸易环境，同时为中国油气企业海外投资提供了更多选择。

表1　2012~2015年世界经济增长态势　单位：%

	2012	2013	2014（P）	2015（P）
世界经济	3.1	3.0	3.7	3.9
发达国家	1.4	1.3	2.2	2.3
美　国	2.8	1.9	2.8	3.0
欧元区	–0.7	–0.4	1.0	1.4
日　本	1.4	1.7	1.7	1.0
新兴市场和发展中国家	4.9	4.7	5.1	5.4

数据来源：IMF, World Economic Outlook, January 2014.

一、2013年国际宏观经济环境分析及展望

2013年世界经济复苏依旧艰难，发展前景仍然不够明朗。全球经济增长处于

较低水平，驱动经济增长的因素不断发生变化，经济发展缺乏动力，仍存下行风险。作为世界最大经济体，美国仍处于全球经济的核心位置。随着近几年紧缩的财政政策有所放松以及国内市场的回暖，美国经济开始显现出复苏的势头，有望为全球经济复苏提供更强动力。金融危机以来经济持续低迷的欧盟各国，进入2013年以来情况有所好转，但仍不容乐观，大部分成员仍处于低谷，仅有少数国家经济有所增长。相比之下，发展中国家情况较为乐观，虽经济增速普遍放缓，但处于可控区间，未来一段时间仍将是全球经济复苏的中坚力量。

（一）美国经济状况在回暖，但仍存隐忧

美国经济在2013年延续复苏迹象。第一季度GDP折年率终值为1.1%，虽低于之前预测值2.4%，但高于上季度的0.4%，随后第二季度增长率有所上升达到2.5%，第三季度进一步上升为4.1%，第四季度有所回落保持在3.2%，全年增长率为1.9%。就业形势转好，房地产增长加快，居民消费回暖趋势未改，私人投资增长较快，是美国经济复苏的主要表现。

1. 市场信心回暖

美国就业状况进一步恢复。新增就业主要来自批发零售、食品饮料等商业服务和信息等专业服务业的复苏。2013年5月失业率比4月小幅回升0.1%，主要是由于劳动参与率的回升，即目前有更多的劳动力进入市场寻找工作。

美国房地产持续复苏。由于财富的增加和消费信心的增长，加上相对较低的贷款成本，美国楼市持续回暖。住房价格上涨和市场销售步伐双双加快，房价与销量同创近年新高。2013年5月美国新房销售量经季节调整按年率计算为47.6万套，比4月修正后的销售量上涨2.1%，比2012年同期销量高出29%，为2008年7月以来的最高水平。由于库存的减少和较低的贷款利率，房价明显上涨，更多的人愿意将手中的房屋上市出售。同时，房价的上涨也刺激了有支付能力的买家进入市场，住房市场趋于活跃。

私人消费回暖趋势未改，仍是美国经济增长主要推动力。就业的增加以及房地产的持续复苏有效增强了消费者信心和家庭支出能力。

2. 经济复苏动力仍不足

受到财政紧缩政策以及外部国际环境的拖累，美国经济复苏步伐也出现一些放缓的迹象。这有几方面的原因：

（1）加税抑制收入和消费。美国个人收入增长和消费者支出数据显示2013年年初加税政策的负面影响正在逐渐显现。2013年4月个人可支配收入环比下降0.1

个百分点，4月消费支出环比下降0.2个百分点。

（2）政府投资明显下降。一季度政府消费支出与投资折年率下降4.8%，对GDP的贡献率为负0.93%，比2012年同期进一步下降0.79个百分点。其中，联邦政府的消费支出与投资下降了8.7%，拖累经济0.68个百分点；国防部门投资则下降了12%，拖累经济0.63个百分点。

（3）工业复苏动力不足。美联储报告显示，美国4月工业产出月率由下降0.5%修正为下降0.4%，5月预期为上升0.2%，实际则持平。4月产能利用率由77.8%修正为77.7%，5月又回落至77.6%，低于预期的77.9%。从制造业看，美国5月制造业产出月率上升0.1%，结束了之前两个月的下滑趋势，4月0.4%的降幅没有修正；制造业产能利用率持稳于75.8%，4月由75.9%修正为75.8%。但2~5月，美国PMI制造业指数呈现下降趋势，分别为54.2、51.3、50.7和49.0，表明美国制造业复苏仍为企稳。根据美联储报告，在制造业内部产值降幅最大的是国防和空间设备部门，5月该部门产值下降0.7%，为连续第五个月未能实现增长；消费品产值也在5月放缓，但轿车和卡车产值增长0.4%。

（4）净出口对GDP的贡献下降。一季度净出口对GDP的贡献为–0.21%，明显低于2012年4季度的0.33%，也低于2012年同期的0.06%。

3. 量化宽松政策的后续影响有待进一步观察

为了应对国内经济持续低迷的状态，从2008年11月24日的QE1开始至今，美国一共进行了4次量化宽松。QE1是在金融危机爆发初期，美国金融体系遭遇巨大危机的情况下，美联储希望通过购买由房地美、房利美和美邦住宅贷款银行发行的价值1,000亿美元的债权及其担保的5,000亿美元的资产支持证券以稳定金融体系所做出的选择。截至2010年3月QE1结束，通过量化宽松政策的推行，美国的大宗商品和股票市场有了持续攀升，但是其他方面并没有多大改善，特别是QE1期间失业率高企，一度超过10%，因此说QE1效果甚微，但金融体系一定程度上有所恢复；随后美国因形势变化先后又进行了3次量化宽松政策，现在看来，这几次量化宽松政策确实对于稳定美国金融体系、抑制经济衰退起到了一定的作用，但后续影响还有待观察。

4. 财政紧缩政策将削弱货币政策作用

紧缩性的财政政策在一定程度上制约了经济增长，已经成为经济面临的最大风险之一。一方面2013年美国实行了增税政策，主要包括上调富裕家庭的所得税、社会保障工资减税计划到期、增加房产遗产税等。税收的增长会抑制私人消费，对经济增长动力形成负面影响。另一方面在财政支出方面实行紧缩，减少了政府投资。主要包括国防支出的减少、对房利美和房地美净支出的下降以及紧急失业救济（EUC）计划付款的减少等。税收的增加和财政支出的下降均会对就业和经济增长造成不利影响。现阶段美国宽松的货币政策和紧缩的财政政策步调不一致，将削弱量化宽松政策对促进就业与经济增长的效果。

5. 退出量化宽松政策的预期对经济形成干扰

2013年6月19日，美联储货币政策会议决定继续维持现有的宽松货币政策不变。一是维持决定维持联邦基金利率目标在0–0.25%的区间不变。二是维持目前的量化宽松货币政策措施不变，即每月购买450亿美元美国长期国债和400亿美元机构抵押贷款证券。为了防止紧缩的财政政策对经济复苏造成更大的负面影响，美联储认为目前还不是退出量化宽松政策的成熟时机。当前美国退出量化宽松的预期已经引发热钱大量由新兴市场流出，对全球金融市场造成冲击。未来量化宽松的实际退出，有可能在一定程度上推动市场利率上升，提高融资成本，对房地产等领域造成不利影响。

有迹象表明，美国中长期经济下行的风险也已减弱，基本上进入恢复轨道。截至2013年第一季度，美国经济已连续15个季度保持增长。二季度受紧缩财政政策的影响，经济增速可能低于一季度。2013年下半年随着年初增税影响的消退，楼市回暖和股市上涨带来的财富效应可能提振消费者支出。然而退出量化宽松的预期对于美国经济影响仍存在诸多不确定性。

美国的经济已开始显现出复苏的势头，各个行业都有一定程度的回升，因此说美国经济回升的基础还是相当稳固的，但由于多方面的限制仍未消除，美国经济还将经受国内外多方面的考验，2014年对于美国经济仍将是充满困难的一年，但可以肯定的是，美国经济正在走出低谷，2014年将稳步回升。

（二）亚洲经济增长减缓，但保持活力

1. 中国经济增长放缓

在全球经济中，中国依然扮演着不可或缺的角色，对地区乃至世界经济都产生着巨大的影响。国家统计局发布的数据显示，2013年中国GDP增长率为7.7%。中国经济在实现“软着陆”过程中又走出了艰难的一步，经受住了严酷的考验，预计中国未来几年增长率将继续保持在7.5%~8.5%之间。另外，通过世界银行的数据来看，中国对于东亚—太平洋地区的经济发展依然起着十分重要的作用。

中国经济增长有所放缓，很大程度上是因为全球宏观经济不景气导致中国出口减少，贸易量降低。近些年原材料成本以及劳动力成本的升高，导致一直以来以来料加工为主的中国对外贸易的传统优势有所减弱。加之外部需求不振，导致中国经济增长缺乏外生动力。不过，中国已开始转变发展模式，强调释放经济增长的内生动力，且已初见成效。因此，外部因素对中国经济的影响可控。2014年中国经济与2013年相比不会发生太大变化，深化改革，持续稳定的发展将成为主流。

2. 日本经济形势不够明朗

作为东亚的经济大国，日本新政权上台后推行一系列刺激经济的政策，经济略有起色，但仍难扭转下滑趋势。受欧洲主权债务危机、世界经济和中日关系前景的不确定、汇率波动以及电力不足等因素制约，日本经济充满变数。对日本经济而言，中国早已不可忽视。中国是日本最大的贸易伙伴国和最大出口对象国，日本经济对中国经济的依存度越来越大。钓鱼岛争端已经给日本出口带来巨大冲击，中日关系的未来走向必将对日本经济产生严重影响。另外，日本国内财政刺激计划的影响现在也未全部显现，很可能对经济发展已埋下隐患。2014年日本经济或将继续下滑。

3. 东盟五国经济充满活力

东南亚国家具有较强的抗压能力，该地区国家对出口的依赖程度在减弱。东南亚经济2013年继续保持持增长势头。据亚太经合组织预测，东盟十国2013年到2017年的平均经济增长率将达到5.5%，马来西亚2013年GDP增长率将保持在5%以上，国内需求是该国经济增长的主要动力；印度尼西亚2013年GDP增长率将在6.5%到6.8%之间。此外，国际货币基金组织预测，2014年，印度尼西亚、泰国、菲律宾、马来西亚和越南组成的“东盟五国”的名义GDP总和将首次超越“亚洲四小龙”的总和。10年前，这五国的名义GDP总和仅是“亚洲四小龙”的一半。继中国经济总量超越日本后，亚洲经济格局将再次发生重大变化。

（三）欧洲经济前途不明，持续低迷

根据欧盟统计局公布的数据，欧元区经济2013年第一季度同比下降0.2%，而2012年第4季度则是下降0.6%，这使得欧元区连续六个季度陷入衰退。这种情况比2008至2009年金融危机时还要严重。欧元区主要经济体在第一季度的表现中，只有德国GDP环比增长了0.1%；法国环比下降0.2%；意大利环比下降0.5%，已是第七个季度连续下降。而且，第二季度欧盟经济继续衰退。虽然欧洲央行在采取降息等一系列手段之后，经济或有所好转，但大多数经济学家仍坚持认为欧盟

经济前景不容乐观。

（四）拉丁美洲和加勒比地区增长疲软

拉丁美洲和加勒比地区2013年经济增速较2012年有所降低，主要原因在于地区内基础设施存在瓶颈和商品价格下跌，一些国家的财政紧缩也对本国甚至区域内的经济发展产生了不利影响。墨西哥经济增长减缓很大程度在于政府支出减少。相比之下，巴西表现较好，主要得益于货币贬值使其对外竞争力有所增强，一定程度上也抵消了主权收益率上升造成的消极影响。

经济增长的疲软与这些国家对美国市场的依赖也有一定关系。美国经济处在恢复期，市场需求水平较低，因此，拉丁美洲和加勒比地区的国家就缺少了有力的外部拉动。随着世界经济缓和复苏，2014年拉丁美洲和加勒比地区经济或有所回升。

二、2013年全球宏观经济对全球油气产业的影响分析

2013年以来，全球宏观经济走势出现新的变化，美日等发达国家经济开始复苏；欧盟依然在努力走出危机阴影；新兴经济体国家经济增速减缓。在此经济大形势下，全球油气供需格局也出现了新的变化。

（一）全球石油需求消费略有增加，天然气需求继续增加

在石油输出国组织（OPEC）12月末发布月度石油市场报告中，该组织对于全年世界石油消费的预测维持不变。预计世界石油消费将相对2012年小幅增长87万桶，达到8,979万桶/天。在经合组织国家，尤其是欧洲英法德等核心国家，宏观经济数据不断改善，预期石油消费相对增加。而与之不同，在很多非经和组织国家，疲软的消费和放慢的经济增长使得石油消费预测被向下修正，部分抵消了经合组织国家消费的增加。与此同时，天然气需求继续增长。2013年全球天然气消费总体水平继续保持增长。美国2013年上半年天然气消费量同比增长超过3%，其中住宅、商业和工业用天然气增加量达到了56亿立方英尺/日，而库存远低于预期，从而推高了天然气价格。2013年，我国天然气进口量同比增长29.9%，达到529.6亿立方米，全年天然气表观消费量达到1631.4亿立方米，对外依存度达到30.8%。日本、欧盟天然气消费也继续保持增长。

（二）国际原油价格维持在一百美元附近，布伦特（Brent）原油和美国西德克萨斯中质油（WTI）价差缩小

2013年上半年，布伦特（Brent)原油和西德克萨斯中质油（WTI）现货均价

分别为107.5美元/桶和94.21美元/桶，同比分别下降5.1%和4.1%；2013年下半年，随着石油需求的季节性增长，布伦特（Brent)原油和西德克萨斯中质油（WTI）现货价格都有所上升。目前，世界油价主要在100美元/桶左右震荡。从近期新项目运行的情况看，今后新增石油供应主要来自页岩油、油砂、深水等开发难度大、环境压力大、生产成本高的非常规资源。这些资源的边际成本平均为80~90美元/桶，要确保这些高成本项目的顺利运营，油价必须在边际成本以上。产油国为了保证其国内经济的正常运行，90~100美元/桶的油价是重要资源国，如沙特、伊朗、委内瑞拉和一些非洲生产国的心理价位。另一方面，从消费者的经济承受力情况来看，100美元/桶的油价水平不会对世界经济复苏以及未来发展前景产生消极影响，不会改变消费者的消费行为模式。

国际石油市场上另一个值得关注的情况是，布伦特（Brent）原油期货和西德克萨斯中质油（WTI）期货的价差在缩小。从2013年2月末3月初开始，“两油”价差即显现出收拢的趋势。2月份以前，西德克萨斯中质油（WTI）一直与布伦特（Brent）原油保持十几美元幅度的价格贴水；布伦特（Brent）原油价格随后在达到117美元/桶的高位后回落，4月份后基本稳定在100美元/桶左右。西德克萨斯中质油（WTI）价格于7月3日突破100美元/桶大关达103美元/桶水平，并于8月达到105~106美元/桶的价格，到12月才回到99美元/桶的水平。年内西德克萨斯中质油（WTI）一度出现较布伦特（Brent）原油价格升水的局面，比较少见。

“两油”价差收窄，很大一部分原因在于西德克萨斯中质油（WTI）交割地美国库欣地区库存持续降低，以及上半年欧美经济形势差异。一方面，进入2013年以来，美国经济持续好转，释放出积极信号，石油产业也有了较强的复兴，综合作用使得西德克萨斯中质油（WTI）价格走强；另一方面，布伦特（Brent）原油主要反映的是欧洲和亚洲石油市场的供需情况，而欧洲近年来一直处于低谷，增长乏力，前景不够明朗，再加之亚洲各国经济增长也都有所放缓，使得布伦特（Brent）原油价格略显颓势。

预计2014年国际原油价格稳中有降。虽然美国以及一些欧洲国家2013年已表现出经济复苏的势头，系统性金融风险有所降低，但受进一步的财政重建等因素的影响将会导致政府开支趋于减少，加之一些尚未解决的潜在影响因素，2014年国际市场对原油需求量大幅增加的可能性较小。此外，发展中国家的新兴经济体依然面临着经济减速压力，对原油的需求增长动力不足，总体来看，在世界大环境的影响下国际原油市场的原油需求偏弱。不同于需求的弱势，原油供给大有增长之势，单就美国而言，2013年底已突破了800万桶/天的产量，2014年日产量有望达到845万桶/天，全球其他产油区也都加大增产力度，整个国际原油市场供需矛盾有所缓解，逐步趋于平衡，从而拉动国际原油价格有所下降。

来自美元方面的因素也将使原油价格稳中下调。美国经济的复苏是多行业的复苏，居民消费信心也越来越足，因此复苏基础较稳固，美元有望走强。同时美国国内施行的量化宽松政策也将逐步趋紧，加快美元回流，从而进一步推动美元升值。美元的走强自然就会对国际原油价格的上升产生一定程度的抑制作用。

（三）全球天然气贸易活跃，价格增幅明显

1. 全球天然气贸易量继续扩大

2013年世界天然气供需呈现区域性供需缺口。除北美基本平衡外，欧洲地区随着经济出现转机，天然气消费量略有上升，天然气供需呈现出量价齐升的市场态势。日本和韩国等传统亚太地区天然气消费国需求量较为稳定，中国和印度等新兴经济体天然气需求快速增加，年进口量增幅在20~30%左右。欧洲地区供需缺口主要通过俄罗斯管输气补充，而亚太地区的缺口则主要通过液化天然气（LNG）贸易完成，约占全球贸易量的70%。值得关注的是，北美地区的液化天然气（LNG）进口大幅下降，尤其是2013年美国液化天然气（LNG）进口量为86.5万吨，同比减少44%，为15年来最低水平。随着页岩气开发成功，美国天然气供应潜力充足，继2010年9月批准Sabine Pass液化天然气（LNG）出口项目以来第二次批准这类项目，2013年5月美国能源部批准Freeport液化天然气（LNG）出口项目，另据德勤报告，美国还有20多个天然气出口项目排队待批，这似乎预示美国的天然气贸易政策或将逐步放宽，这将增加全球天然气的供应量，对全球天然气市场产生积极影响。

2. 全球三大天然气市场价格普遍上升

2013年世界天然气三大市场价格均出现大幅上涨。由于低气价使生产商积极性受挫，美国天然气生产动用钻机数同比减少，降低了美国天然气产量，同时低温天气又导致用气量大增，导致美国天然气价格上涨，亨利中心（HH）全年天然气价格约在3.7~3.8美元/MMBtu，同比增幅近60%。欧洲天然气价格随需求变化先扬后抑，英国平衡点（NBP）价格平均为10.86美元/MMBtu，同比增长17%。亚太地区的天然气价格与北美和欧洲的价差缩小，由2012年5月的1：4.2：7.7缩小到2013年5月的1：2.5：3.9。

（四）全球上游油气并购趋缓，亚洲石油公司成为新主力

2013宏观经济不景气的背景下，全球油气并购增长趋势有所减缓。2013年全球上游并购交易数量较2012年下降了20%，并购交易额与2012年相比下降了50%，只有1360亿美元，是2008年以来的最低水平。传统大型石油公司收购活动不仅大幅减少，而且发生的并购规模也普遍不大，超过50亿美元的大型收购项目几乎没有。从并购区域来看，北美地区成为上游油气资源投资的热点，其交易量约占全球交易量的50%；非洲地区的并购交易也呈快速上升趋势；而受经济下滑影响，欧洲方面的上游并购交易有明显下降，亚太和拉美地区的上游油气并购数量也保持低位。从并购对象来看，非常规资产交易占北美地区总交易额近70%，其中非常规油资产交易已经全面超越非常规气交易成为油气资源并购主体。

2013年亚洲的石油公司仍是上游油气资源收购活动的主力军。中国的石油公司表现依然抢眼，其中中国石油天然气集团公司以42.1亿美元收购埃尼公司东非项目部分股权成为上半年全球第二大油气并购交易，此外，中国中化集团和中国石油化工集团公司分别以17亿美元和10亿美元收购了美国的页岩气项目部分权益。日本石油公司继续投资北美油气市场，日本最大的燃气公用事业公司东京燃气以4.85亿美元购买美国独立公司Quicksilver在得克萨斯的页岩气项目25%股权，并寻求其他收购和合作机会。亚洲主权基金不断关注石油领域的投资机会，新加坡主权基金淡马锡公司以23亿美元收购西班牙Repsol公司5%的股权，使公司在Repsol公司的持股比例上升到6%。

2014年，全球上游并购有望继续回升。西方国际大石油公司仍看好北极、页岩油等新兴地区和领域的投资前景，一旦有合适的收购机会，不排除会有较大规模的并购发生。而亚洲石油公司仍有较强的并购需求，北美、非洲等地区是其投资的重点区域。此外，在拉美地区，随着巴西等产油国开发重心逐渐转向国内，其国内石油公司将有计划出售海外近百亿美元的资产，将会成为2014年各大石油公司并购的焦点。

（五）跨国石油公司经营业绩下滑，继续剥离边际和成熟资产

2013年跨国石油公司业绩普遍下滑。一方面，受2013年全球宏观经济形势造成的需求疲软影响，以及老油田产量递减、部分生产设施停工检修、新投产项目少，大型跨国石油公司盈利最大的上游业务受到不同程度的影响，导致公司油气产量、原油加工量和油品销售量等盈利收入普遍下滑。例如，道达尔、雪佛龙、壳牌等公司受欧债危机影响严重，净收益同比出现较大幅度的下降；而埃克森美

乎受需求疲软影响，净收益同比下降超15%。另一方面，受常规油气资源闲置量限制，各石油公司不得不加大投资开发技术难度更大和资本更为密集的非常规油气领域，比如加拿大的油砂、美国的致密油、巴西深海盐下油，以及北冰洋近海的石油钻探，这些项目的成本比中东等地的常规油气开发成本要高很多，这也造成了跨国石油公司成本大幅上升。

在这种大背景下，跨国石油公司开始加快公司资产的结构调整。2012年国际大石油公司处置资产430亿美元，包括公司股权类项目、炼化资产和老油田资产，这一趋势在2013年得到延续。首先，大型石油公司投资规模加大以优化投资结构。五大石油公司2013年投资预算总额超过1,600亿美元，比2012年投资总额提高7.7%。其中85%投入上游业务，比2012年上游投资提高1.5个百分点。投资重点向深水区、非常规及北极等新领域倾斜，加拿大和俄罗斯成为近期上游投资的热点国家。第二，为控制成本上升、提升盈利水平，加大资产组合优化力度。大型跨国公司在2013年继续对下游业务进行战略整合，以集中发展竞争力强的业务，这些措施包括出售或关闭业绩欠佳的炼厂，升级装置增强赢利能力，在美国和其他天然气资源富集区加大天然气化工产能建设等。2012年，北美和西欧这些发达地区的油气领域仍推行炼油厂关闭和实施合理化，因此继续出售炼油厂并进行公司兼并，由于欧洲炼油厂布局较为复杂加之对汽油需求量的降低，这个势头在2013年也有所延续。因此，关闭小型或运营不佳的炼厂在2014以及之后的时期都将是各大跨国石油公司进行结构优化和提升自身竞争力的重要手段。第三，大型跨国石油公司加大了资产处置力度，进一步优化产业结构。2013年，道达尔、康菲、BP出售了位于欧洲、南美、亚太等地区中小型石油和天然气资产，雪佛龙和壳牌因安全和政策环境等因素出售了大量尼日利亚陆上和浅水资产。埃克森美孚与俄罗斯石油公司签署了资产互换协议，埃克森美孚将向俄油出让位于阿拉斯加州的PointThomson项目25%的股权，以此获得开发俄罗斯北极大陆架油气资源的7份许可证。

三、2013年国际经济环境对中国油气产业的影响分析

2013年，世界经济仍处于困难而复杂调整期，前景充满不确定性。一方面，发达经济体普遍面临严重的主权债务问题，增长十分缓慢；另一方面，新兴经济体面临“被危机”境地，被迫降低增长速度，形势虽然严峻，但后发优势犹存。全球经济发展不平衡局面恶化，东高西低态势加剧，导致全球经济格局变化和全

球政治关系复杂化、矛盾扩大化。同时，受全球经济的影响，中国经济也告别了高速增长，2013年经济增长增长7.5%左右，温和复苏将是未来趋势，对国内油气产业也造成了一定影响。

（一）油气供应充足，原油价格相对平稳

2013年，中国进口原油价格相对平稳，进口约为2.82亿吨，同比增长4.1%。受经济温和复苏，美元币值走强，石油供应宽松，以及地缘政治影响减弱等因素影响，2014年油价走高的趋势不强，国际油价有望在100美元继续震荡，甚至有下行可能。相对稳定的油价对中国的石油进口带来了利好，进口成本可控性增强，同时随着美国的“能源独立”，逐步增强了中国对国际油价的话语权。

另一方面，尽管中国原油进口量在增加，但是随着国内库存和产量的增加，原油进口增长已经出现减缓趋势。美国石油进口逐步减少，中国在国际原油贸易需求方的主导地位越来越强，因此，中国原油进口量疲软也反作用于国际石油市场，影响全球石油市场预期和价格走势。

（二）中国天然气贸易增加迅速，液化天然气（LNG）进口价倒挂带来潜在压力

中国天然气市场进入快速发展期，2013年天然气表观消费量1,631.4亿立方米，2013年天然气进口总量为529.6亿立方米，同比增长29.9%，液化天然气（LNG）进口量预计为1,700万吨，同比增长15.8%。未来几年，中国天然气长输管网逐步完善，管输气和液化天然气（LNG）进口将快速增长，随着接收站的建设进程加快，到2015年中国接收站接收能力有望达到3,230万~3,830万吨/每年，届时年液化天然气（LNG）进口量达3,000万吨，折合天然气4,000亿立方米。

在天然气进口价格方面，中亚管气价格有所下降，但是液化天然气（LNG）价格偏高。中亚气价格随着油价的降低有所下降，进口液化天然气（LNG）价格受高价现货和卡塔尔高价气影响仍处高位。2013年1~6月，中亚气边境不含税价格368美元/千立方米，同比下降7.5%，其中6月中亚气价格351美元/千立方米，同比下降8.6%。1~6月进口液化天然气（LNG）到岸均价417美元/千立方米，同比增加5.6%。6月液化天然气（LNG）价格达到415美元/千立方米，较上年同期下降4.4%。下半年进口管道气价格将随油价小幅波动，总体保持平稳；液化天然气（LNG）价格受全球市场供应偏紧、中国海洋石油总公司进口印度尼西亚液化天然气（LNG）价格调整等因素影响保持上涨。2013年，美国、欧洲市场价格天然气价格均出现大幅上涨，而亚太地区的天然气价格与北美和欧洲的价差逐步

缩小，中国巨大的管输气和液化天然气（LNG）进口量，受到高气价影响逐步增大，需要防范价格风险。

（三）上游海外并购机会增加，但是风险亦并存

在普遍低迷的世界经济中，中国经济的表现起到了积极的带动作用。这一方面使得原本占有资源的企业开始考虑将资源出让或以合作方式进行开采以降低自身的压力，一方面也使得中国石油企业有充裕的资金可以进行海外并购活动。

2012年中国国有公司在海外资产上支出了500亿美元，占全球上游并购市场的五分之一，这个势头延续到了2013年。2013年2月21日，中国石油天然气集团公司从美国康菲石油公司手中购得部分资产权益，包括西澳大利亚的波塞冬（Poseidon）项目20%权益以及陆上凯宁（Canning）盆地页岩气项目29%权益；2013年3月中旬，中国石油天然气集团公司以42亿美元收购意大利埃尼集团旗下莫桑比克油气区块的交易。2013年中国石油天然气集团公司还以50亿美元收购哈萨克斯坦卡沙甘油田股份；此外，中国石油天然气集团公司还有意投资俄罗斯天然气田，愿意付出至少100亿美元收购东西伯利亚天然气田的少数股份。2013年2月25日，中国石油化工集团公司正式完成对美国切萨皮克能源公司资产的收购交易。该笔交易历时半年多的准备，是迄今为止中国企业收购美国油气资产比例最高的一次。2013年2月26日，中国海洋石油总公司宣布完成收购加拿大尼克松公司的交易。收购尼克松的普通股和优先股的总对价约为151亿美元。此为中国企业成功完成的最大一笔海外并购。

虽然当前国际形势对中国油气企业“走出去”是非常有利的，但是也应该充分对并购对象进行全方位的了解，包括其自身运营情况、所在国家或地区的安全角势、其国内法律情况等等，将所有这些可能面临的风险以及自身的应对能力进行充分地评估再做决策，尽可能确保投资效益。

（四）中国在国际能源市场地位有望提高，推动国内油气领域全面发展

当前国际宏观经济形势较为低迷，中国作为世界第二大经济体在带动全球经济走出困境的过程中起着举足轻重的作用，所以中国应该拥有与中国作用相对等的国际地位。同时，全球能源格局也因中国经济快速发展带动的能源需求而发生着调整，作为能源消费大国，中国在世界能源市场也必然会获得更强的话语权。

从另一个角度上讲，中国在国际组织中的重要性也将有所提高，在国际组织中的参与程度将有所深化。一直以来，虽然中国在能源方面与所有的国际组织都有合作，范围很广泛，但是合作程度多是一般性或对话性合作，鲜有实质性合

作，并且与全球性组织相比，中国与区域性组织合作程度要更高一些，这也限制了中国油气领域与世界先进水平的交流，但在现有的经济形势下，各国际组织都在寻求更加有效的合作，中国自然是较为理想的合作伙伴，相信随着中国在国际合作程度方面的提高，中国在国际能源市场地位也将有所上升，中国油气产业也将迎来新的发展契机，从而更好地推动国内油气领域的全面发展。

世界油气产业发展分析与展望

2013年，全球整体经济形势复杂低迷，中东北非地缘政治局势不稳和非常规油气资源开发，但油气行业整体供需格局较为宽松，纽约西德克萨斯中质油（WTI）和伦敦布伦特（Brent）原油价格分别上涨7.6%和0.1%，WTI）油价涨幅明显，布伦特（Brent）原油油价差显着缩小。西德克萨斯中质油（WTI）全年一直在88美元/桶至110美元/桶之间波动。布伦特（Brent)油价在每桶97~119美元之间波动。2013上半年国际原油价格相对稳定低位，7月份开始出现一定幅度的上涨，尤其是美国整体经济形势回暖导致管道运输和炼油厂产能利用率提高，从而降低美国原油库存最终影响北美地区原油市场，并且美国许可页岩气等非常规油气出口，减缓美国相对宽松的油气供应格局，而欧洲地区没有摆脱低迷的经济形势，这些综合因素导致了代表北美市场的西德克萨斯中质油（WTI）价格小幅上涨，从而推动了美国西德克萨斯中质油（WTI）与全球油价基准布伦特（Brent）油价差异程度逐步缩小。

2013上半年世界整体经济形势较为低迷，美国债务危机后开始缓慢复苏，金砖五国等新兴经济体增速出现减缓，全球油气需求下降，与此同时中东北非地区政治局势格局稳定，供需投机因素减少。上半年西德克萨斯中质油（WTI）期货价格均值为94.3美元，较2012年下降4%，布伦特（Brent）原油期货价格均值为107.9美元，同比下降5%，两者价差缩小至13.6美元。

2013年下半年开始，全球夏季用油高峰期来临、美国原油库存减少、中国经济复苏和利比亚减产以及叙利亚战争预期等因素影响，国际原油价格开始出现大幅度回升，7月份西德克萨斯中质油（WTI）上涨19.1%，布伦特（Brent）原油期货价格则上涨4.7%。受地缘政治风险缓和美国经济温和扩张，美国继续刺激经济和经济数据改善，国际石油价格下半年保持在高位价格区间。

2013年石油输出国组织（OPEC）国家探明石油储量增长至12,119亿桶，较2012年略增1.1%，独联体国家天然气储量大幅下调，而美国天然气储量由8.8万亿方降为8.5万亿方。2013年，世界油气勘探开发投资继续延续2010年以来的上升态势，连续第四年保持两位数增长，总投资达到6,900亿美金，较2012年增加11%，增长近500亿美金。中东地区增长率高达21%；欧洲地区20%；亚太地区增长17%；拉丁美洲有14%的增长，而独联体和非洲增长率保持在8%~11%；北美地区2%的小幅增长。

2013年全年国际石油市场供需盈余由2012年的158万桶/天下降至46万桶/天，全球2013年需求量增长120万桶/天，增长来自于中国、美国以及其他新兴经济体。同时随着近海油气和非常规资源开采，美国能源情报署预计，2013年底美国原油产量将突破800万桶/天，创1988年以来的新高。

美国《油气杂志》分析2013年全球炼油产能为8,803万桶/天，较2012年的峰值产能8,896万桶/天减少了93万桶/天，扭转了自2010年起全球炼油产能持续上涨的态势，亚洲、北美和西欧占到全球炼油产能的68%以上，西欧2013年炼油能力跌幅超过3%，引领全球炼油产能普遍下降。北美和亚洲炼油产能基本维持不变，中东地区炼油产能增加1.5%。

一、世界油气储量继续小幅增长

2013年12月，美国能源信息署（EIA）公布了世界石油储量前10个国家的最新排名。该报告指出，石油储量前10个国家的最新排名，分别是：委内瑞拉2,976亿桶、沙特2,659亿桶、加拿大1,731.05亿桶、伊朗1,570亿桶、伊拉克1,500亿桶、科威特1,040亿桶、阿联酋978亿桶、俄罗斯800亿桶、利比亚480.1亿桶、利比亚372亿桶。

（一）石油输出国组织（OPEC）国家继续保持龙头地位

石油输出国组织（OPEC）国家依旧在世界已探明的油气储量数量上处于龙头地位，数据显示，石油输出国组织（OPEC）国家已探明石油储量占世界总量的72.6%。2013年石油输出国组织（OPEC）国家的探明石油储量增长至12,119亿桶，较2012年略增1.1%。其中，委内瑞拉探明石油储量达到2,976亿桶，与2012年持平，继续保持世界上石油资源最为丰富的国家的地位；科威特、卡塔尔、阿联酋探明石油储量也基本维持不变；沙特阿拉伯探明石油储量小幅增加5亿桶，达2,659亿桶；安哥拉探明储量增加22亿桶，达127亿桶；伊朗探明石油储量相对2012年增加24亿桶，达到1,570亿桶；伊拉克的探明石油储量大幅上升至1,500亿桶，相对2012年增加69亿桶，成为石油输出国组织（OPEC）成员中探明石油储量增加最多的国家。

伊拉克石油储量在近几年增加了近百亿桶，显示了极为良好的资源前景。尤其是该国北部库尔德地区，该地区的石油日产量预计将从目前的30万桶提高至2015年的100万桶，到2019年将高达200万桶，相当于委内瑞拉的石油产量。伊拉克原油探明储量的稳步提高，石油生产能力的逐步恢复，都与其国内政治、社会秩序的改善有密切关系。

综合近些年的数据，石油输出国组织（OPEC）国家的探明石油储量占据世界总储量的60~70%的比例，而且还在不断增加中。石油输出国组织（OPEC）国家的巨大的探明储量，对于石油行业乃至世界经济都有着不可估量的作用。长期来看，石油输出国组织（OPEC）国家仍将在探明储量上保持龙头地位。

（二）世界天然气探明储量略微下调

2013年，BP发布的能源统计年鉴中，全球天然气探明储量由187.8万亿立方米，下调为187.3万亿立方米。在BP发布的数据中，伊朗以33.6万亿立方米的探明储量，超越俄罗斯，成为世界天然气资源最为丰富的国家。俄罗斯天然气探明储量为32.9万亿立方米，位居第二位。

天然气探明储量增加主要来自沙特、委内瑞拉、伊拉克等石油输出国组织（OPEC）国家，但是增加幅度有限。沙特和委内瑞拉的天然气储量仅略增1,000万立方米。与此对应，部分主要天然气产出国的探明储量都略微下降。独联体国家储量下调幅度最大，而美国天然气储量由8.8万亿立方米调降为8.5万亿立方米。

在表现最为突出的独联体国家，哈萨克斯坦天然气储量从1.9万亿立方米下调至1.3万亿立方米；土库曼斯坦的天然气储量从24.3万亿立方米下调至17.5万亿立方米；俄罗斯天然气储量由2012年的44.6万亿立方米下调至32.9万亿立方米。

造成天然气探明储量下降的原因首先还是来自统计口径的变化。BP的经济学家表示，为了与西方的会计计量标准一致，他们将独联体国家的天然气储量下调了将近三分之一。其次，独联体国家在统计天然气储量的时候往往注重采收率，而西方国家统计上往往还会考虑技术和经济因素。最后，近年以来世界天然气在价格下降同时，运输成本却在不断上升，这也是统计的储量减少的一个原因。

（三）重点勘探地区均有新的油气发现

法国石油研究院12月份发布的世界石油行业研究报告显示，2013年全年，全球范围内共有177个主要的油气发现，与2012年同期相比较，增加5个。由此可见，世界范围内的油气勘探活动是非常密集的，延续了2011年、2012年以来的整体趋势。并且部分的油气发现成果非常可观。然而，新发现的产量仍需要进一步的勘探与研究。

在莫桑比克的Rovuma盆地，意大利埃尼石油公司有新的三个油气发现，这使得预估中的zone 4的天然气储量增加3,000亿立方米。目前，埃尼公司正筹划着新的、更深的钻探。而在坦桑尼亚，zone 2的天然气储量调整为4,200~4,500亿立方米。

在巴伦特海的勘探中，由奥地利石油天然气集团（OMV）、挪威国家石油公司（Statoil）、图洛石油公司（Tullow）组成的联合体宣布，发现了新的含油区，初步的钻探显示这一地区的油气储量在200~500万桶油当量左右，主要为石油。

在加拿大纽芬兰和拉布拉多地区沿海，挪威国家石油公司（Statoil）在2010年初步油气发现基础上，又在2013年进行了两次钻探作业，确认了新的含油区的存在。2010年以来，共计发现了4~8亿桶可采的石油。此外，例如在2013年新发现的Harpoon prospect中，相应的评估还在进行。

（四）巴西深海油气田储量可观

近年以来，巴西深海油气不断有新的发现。巴西国家石油公司（Petrobras）在靠近里约热内卢的桑托斯海湾进行了一系列钻探，发现了卡尔卡拉、卢拉和瓜拉等储量可观的油田。2012年8月，巴西国家石油公司（Petrobras）宣布在桑托斯湾弗朗哥海洋区块中发现新的油气反应。2013年，在桑托斯湾的勘探中，不断有好消息传出，累计有8个新的油气发现。不断传来的油气发现向世界展示了巴西桑托斯湾良好的储量前景。

巴西国内开采的石油有80%来自深海油田。2007年以来，巴西在大西洋巴西海域，在被称为“盐上层”的地层中发现了数个深海油田，储量规模位居世界首位。在巴国深海油气大发现的背后，是先进的深海采油技术，既有西方技术的引入，也有本国技术的长足进步。此外，巴国政府还颁布了一揽子的刺激和补贴政策，鼓励深海采油技术的研究和应用。

巴国深海油气可观的储量吸引了包括中国企业在内的国际石油公司的注意。在2013年9月桑托斯湾里贝拉区块盐下层石油开采权的招标中，包括中国石油天然气集团公司、中国石油化工集团公司、中国海洋石油总公司在内的中资企业或者参股企业入围。最终在10月份巴国政府组织的投标中，由巴西国家石油公司、法国道达尔集团、英荷壳牌、中国石油天然气集团公司和中国海洋石油总公司组成的联合体，作为唯一的投标方中标。

二、世界油气勘探开发投资快速增长

（一）多种因素推动世界油气勘探开发投资再创新高

2013年，世界勘探开发投资继续延续2010年以来的上升态势，连续第四年保持两位数增长，总投资达到6,900亿美金，较2012年增加11%，增长近500亿美金。世界各个地区，油气勘探开发投资都有较大增长，中东、欧洲、亚太地区表现最为突出。

中东地区的勘探开发投资增长率最高，达到21%；欧洲地区紧随其后，预计也有20个百分点的增幅；之后是亚太地区，投资增长达17%；拉丁美洲有14%的增长，而独联体和非洲也有8%~11%的温和增长；北美地区勘探开发投资在历经3年的强劲增长后，回落到停滞状态，有2%的增幅。

在多种因素作用下，世界油气勘探开发投资再创新高。首先，市场参与者对于国际油价的预测仍然维持在高位，而且从2013年全年的油价走势来看，油价波动确实符合之前的市场预期；其次，非常规油气（包括深海油气、重油、页岩油气、致密油气）和液化天然气（LNG）的大规模开发，使得国际大型石油公司有了更多的投资选择；在过去数年，对于很多未开发的新资源和新地域的开发，如盐层下构造、西非、地中海、北极等，也为世界油气勘探开发投资的增加起到积极作用；此外，油气行业上游投资的持续增加，抬高了油气开发成本，反过来也加速了投资的增长。

（二）国家石油公司勘探开发投资增速最快

从全世界范围来看，各种类型的石油公司，包括跨国石油公司、国家石油公司和独立石油公司均增加了其投资预算，但相对而言，国家石油公司投资增加表现更为亮眼。

世界上5个主要的跨国石油公司（壳牌、雪佛龙、BP、道达尔、埃克森美孚）的勘探开发投资平均有9%的增幅，其中雪佛龙勘探开发投资达23%，壳牌、BP、道达尔投资增幅在6%~8%之间，埃克森美孚增幅最低，为2.6%。

独立石油公司的投资预算增长平均达12%，但不同地区的独立石油公司投资增长并不均衡。在北美地区，独立石油公司的勘探开发投资不升反降，以美加统计标准，下降了两个百分点，而若代以国际统计口径，则降幅达8%。相对而言，其它地区的中小型独立石油公司，平均花费在油气勘探开发环节的资金，平均有19%的增长。

国家石油公司的投资增速最快，平均达14%，但不同地区或者不同公司的投资情况，有较大差异。在亚太地区，中国海洋石油总公司投资预算增加43%，印度国家石油公司37%，马来西亚国家石油公司30%，相对本地区其他国家石油公司，投资增幅最大；在中东地区，沙特阿美将其投资计划提高了36%，阿布扎比国家石油公司38%；在拉丁美洲，阿根廷石油公司在近期宣布了其投资增幅达60%的投资规划。

（三）勘探开发成本上升影响油气公司的盈利率

自从2011年以来，石油价格保持较高水平，高盈利率刺激了大量资金涌入油气行业上游勘探开发（E&P）环节。与此同时，近两年来，各国政府放松管制，核准了大量的勘探开发执照，各大油气公司获得更多的勘探开发机遇。

然而，油气勘探开发项目具有长期性，在此期间作业成本却在不断攀升。上升的成本很可能会影响到目前阶段正在运转的项目的盈利性，同样也可能会导致未来预期项目的暂停甚至被取消。以澳大利亚的Browse 液化天然气（LNG）项目为例，此项目原本规划要建设一个近海终端，但是目前这个终端的建设被暂停。业主联合体各方正在协商，考虑变更为漂浮式设施建设方案，以期减少成本。著名国际能源战略研究机构IHS，每年都会发布的上游资本成本指数（Upstream Capital Cost Index），该指数显示，自2010年以来，世界范围内，单位勘探开发（E&P）建设成本持续增加，甚至已经逼近其2008年最高位。尽管自2012年以来，钢材价格大幅下滑，但装备制造商和水下施工商服务报价的攀升，另加高昂的人工成本，都使得油气勘探开发成本不断上升。从长期来看，不断上升的勘探开发成本，不仅会降低相关油气公司的盈利率，还会影响长期的勘探开发投资的前景。

（四）页岩油开发有不确定性发展潜力

在美国，页岩气革命的成功使得北美天然气产量飙涨，其产量大大超出学界的预测。而从北美页岩油产量增长的情况来看，“页岩气革命”具有持续且广泛地影响力。自从2010年以来，北美地区大多数的勘探开发钻井作业都将目标锁定在这种新型资源上。页岩油成果非常可观，较全美2007年的页岩油产出量，2013年全年的页岩油产量预计将增加300百万桶/天，几乎相当于伊拉克或者伊朗的产出。法国石油研究院（IFP）保守预计，2014年美国页岩油产量还将增长100万桶/天，使得美国石油年产量达1,070万桶/天。页岩油产量突飞猛进，预计美国在世界石油生产上的地位，将可以与第二大产油国俄罗斯平起平坐。如果算上乙醇等有机燃料的产量，美国的石油产出与第一大产油国沙特相当。

尽管页岩油产出可观，但其增长潜力仍有不确定性。美国能源独立目标的实现，很大程度上取决于页岩油开发前景，具体来说取决于页岩油经济、高效的大量产出。但从当前美国页岩油产出的现状来看，上调美国页岩油产量预测是可信的。国际能源署（IEA）预测，在页岩油产量飙升的大背景下，美国将在2025年实现自身的能源独立。

如果实际情况符合这种乐观的预测，长期来看，页岩油开发具有巨大潜力，其产量飙涨的情况也将继续，国际石油价格也将很可能下降。

三、世界油气产量增加超过需求

在世界石油供应方面，非石油输出国组织（NON–OPEC）产量较之前的期望值有所增加，达到120万桶/天。非石油输出国组织（NON–OPEC）产出的增加主要由美国和加拿大所贡献，约100万桶/天。其它非石油输出国组织（NON–OPEC）产量的增加主要来自苏丹和南苏丹、中国、俄罗斯，但是这些国家产出的增加被叙利亚生产的中断、北海石油的减产所抵消。预计，考虑到政治、技术等因素，非石油输出国组织（NON–OPEC）国家2014年石油生产还将保持2013年的水平。与此同时，2013年，石油输出国组织（OPEC）天然气液体的产量增加了20万桶/天，预期2014年还将平均增产10万桶/天。根据以上的预测，非石油输出国组织（NON–OPEC）产油国以及石油输出国组织（OPEC）天然气液体产出的增加将会超过预测中的需求增加，总体呈现产出略大于消费的局面。

（一）美国石油产量强劲增长

2013年，预计美国国内石油生产将增长108万桶/天，在所有非石油输出国组织（NON–OPEC）产油国中，产出增加最多。石油输出国组织（OPEC）预测，2013年全年，美国石油生产将达到1,112万桶/天的规模，达到美国历史上的最高水平。由于更新的产量数据超过预期，石油输出国组织（OPEC）发布的月度报告中，对于美国国内石油产量的预测被不断的向上修正。9月份的美国石油产量达到创纪录的1,166万桶/天，产出增加主要来自北达科他州致密油产出的持续增加，九月份致密油产出达93万桶/天。2013年前九个月，北达科他州致密油平均产出83万桶/天，相对全年增幅达31%。阿拉斯加的石油生产下降了37,000桶/天，墨西哥湾的石油生产增加了29,000桶/天，达到126万桶/天，但仍低于其在2009年9月份创造的175万桶/天的产量高峰。此外，在德克萨斯、北达科他、俄克拉荷马、新墨西哥和俄亥俄，在水平钻井技术和水里压裂技术的帮助下，致密油产出大幅提高。

相对2012年年，德克萨斯州2013年石油产出增加60万桶/天，但是产出增长率由2012年的38%，降至31.6%。新增的产出主要是来自Eagle Ford和Permian盆地的致密油。此外，美国天然气凝析液体产出也有部分成长。在整个第四季度，美国石油产出达到平均1,144万桶/天，与2012年同期相比，增加了151万桶/天。

（二）俄罗斯引领独联体地区石油增长

2013年，独联体地区的石油生产预计将会增加14万桶/天，达到1,345万桶/天的平均产量。石油输出国组织（OPEC）不断上调独联体地区的石油生产预估，上调预估主要因为俄罗斯石油生产的增加，而阿塞拜疆等其他的独联体国家的石油生产预期则被下调。俄罗斯和哈萨克斯坦引领该地区石油增产，以俄罗斯增产最多。

2013年，预计俄罗斯的石油生产将增加13万桶/天，平均达到1,050万桶/天。根据最新数据，11月份，俄罗斯石油生产达到创纪录的1,059万桶/天。实际产量数据要高于之前的预测，而在这种情况下，预计第四季度将平均增产10万桶/天。

分析认为，高位稳定价格水平支持了成熟原油产区的经营生产。此外，新的产油区的投入生产也是俄罗斯石油生产增加的重要原因。2013年第一季度、第二季度、第三季度、第四季度，俄罗斯石油生产分别预估为10.45万桶/天、10.47万桶/天、10.49万桶/天和10.58万桶/天。

（三）中东地区石油生产有所减少

2013年，中东地区的石油生产预计将会有所减少。预计平均降至1,380万桶/天的水平，相对2012年减少12万桶。石油输出国组织（OPEC）在月度报告中将中东地区的产量评估不断向下修正，修正主要是建立在最新产量数据和第三、四季度更低的产量预期上。只有阿曼的产出预测没有太大变化，预计产量达94万桶/天，相对2012年增加2万桶/天。在2013年前三季度，中东的地区的石油产出略微下降了9万桶/天，主要是因为沙特等产油大国产量的减少。石油输出国组织（OPEC）对于中东地区石油生产的季度预测，分别为1.48万桶/天、1.35万桶/天、1.36万桶/天和1.34万桶/天，整体呈现减少的趋势。

四、世界石油消费略有增加

在石油输出国组织（OPEC）12月末发布月度石油市场报告中，该组织对于全年世界石油消费的预测维持不变。预计世界石油消费将相对2012年小幅增长87万桶，达到8,979万桶/天。在经合组织国家，尤其是欧洲英法德等核心国家，宏观经济数据不断改善，预期石油消费相对增加。而与之不同，在很多非经和组织国家，疲软的消费和放慢的经济增长使得石油消费预测被向下修正，部分抵消了经合组织国家消费的增加。

由于世界主要经济体都呈现温和复苏的迹象，预计2014年的世界石油需求增长将会较2013年有所提高，估计在100万桶/天左右。石油消费增加主要来自非经合组织国家，而经合组织国家石油消费将会进一步的收缩，尽管收缩速度会变慢。但是，对2014年世界石油消费的预测还面临很多不确定性，包括经合组织国家、中国和印度的经济增长，还有许多新兴经济体国内对于石油产品零售价格的改革。

（一）欧盟石油消费情况有所改善

欧盟石油消费情况无疑正在不断改善中。尤其是在2013年第一季度以后，石油消费萎缩量绝对值平稳下降，石油消费量业已接近历史最低值，很难有更大幅度的进一步下降。在石油消费量接近历史最低值的情况下，欧盟经济有了越来越明显的复苏迹象，特别是没有财政赤字问题的国家。与2012年相比，这一地区的工业生产有向好的大趋势，此外一些国家还对主权债务危机加以有效抑制，防止危机进一步蔓延。欧盟主要成员国财政紧缩压力减小，对于石油消费的恢复有正面作用。另外，2013年9月至10月间，与2012年相比，欧洲汽车市场有强劲增长，改变了2011年8月以来的整体局势。除了意大利以外，几乎所有欧盟成员国的汽车销售量都呈现大幅成长。欧盟四驾马车—德国、法国、英国、意大利—总的石油消费需求年同比增长了1%。其中，德国和英国国内汽油、天然气和柴油消费增加最多。

欧盟委员会最近作出决议，自2014年1月1日起，免除所有种类的航空燃油进口关税，将对该地区航空行业发展起到正面推动作用，提振航空燃油的消费。由于主要经济体呈现平稳复苏迹象，2014年欧盟石油消费的预期改善，预计2014年欧盟石油消费量萎缩17万桶/天，低于2013年22万桶/天的规模。整体预计，由于改善的经济环境和极为偏低的消费量，欧盟石油消费情况将有所改善。

（二）美国石油消费有所增加

2013年，美国石油消费平均增加了16万桶/天，主要是由汽油消费需求增加所推动的。最新的消费数据显示，九月份的石油消费相对2012年同期有稳定的增长，扭转了七、八月份以来消费的颓势。自从2012年全美汽车燃油总里程降至历史新低以来，燃油价格不断下降，而随着经济形势的逐步好转，燃油总里程有所增加，因此汽油消费也有提升。

已公布的消费数据还显示，蒸馏油和航空煤油的消费需求同样有所增加。而与此同时，残余燃料油、丙烷和丙烯的需求与全年相比并没有太大变化。以美国能源信息署（EIA）公布的2013年前九个月的数据，可以发现美国石油消费的增加，其整体趋势是和工业产出增加、宏观经济复苏的基本面是一致的。

从各种类型的石油产品来看，几乎所有的石油产品消费都在增加。各类产品中，只有燃料油存在小幅度的下降。对于燃料油疲软的需求是有一定原因的。燃料油的消费大部分用于电力发电，而近年来天然气价格低迷，这使得部分用于发电的燃料油被天然气所替代。

2013年10月份和11月份的石油消费初步的周度数据显示，各类石油产品的消费还是延续了以上所分析的趋势。2014年美国石油需求取决于经济进一步的复苏。从已公布的经济数据来看，经济很可能有更好的表现，同样对于2014年石油消费的预计更加乐观。但是，同样也存在一些不确定性因素，如美国两党对于财政预算的争执、替代燃料的发展、车辆燃油效率的提高。

（三）中国石油消费需求维持增长预期

中国国家统计局12月份发布的经济数据显示，11月份的经济指标延续了年中以来的不断改善的整体趋势。11月份，中国采购经理人指数为50.8，连续第四个月维持在50之上。改善的经济环境下，石油消费需求不断增加。10月份，国内石油消费同比增加30.7万桶/天，环比增加14.3万桶/天。2013年前10个月，国内石油消费增长了10.4%。国内石油消费主要由汽油消费所推动，例如，2013年国内汽车销量增长了23.6%。相较而言，以十月份数据为例，天然气和柴油的需求仅仅增长了0.4%。

接近年中的数份石油市场报告中，石油输出国组织（OPEC）对于2013年、2014年中国石油消费的预计都维持在34万桶/天，没有变化。但是，对于国内石油消费的乐观预期同样面临一些风险。中国政府部门最近刚刚出台关于扩充进口天然气税收减免范围的政策，增加对于生物柴油和轻油的税负，这些因素都有可能对石油消费需求增长产生负面影响。

（四）日本石油需求持续收缩

2013年10月，日本的石油消费减少了13万桶/天，这与石油产品，如汽柴油、航空煤油消费的增加形成鲜明对比。导致整体石油消费减少的主要原因是，原油和燃料油，无论是直接用来燃烧还是用于电力生产，消费量都继续维持下降的趋势，而原油和燃料油消费的下降幅度超过了石油产品的增加。2010年、2011年和2012年三年，日本的原油消费维持高位。三年中原油库存也大量增加，因此，2013年原油消费的下降是属于正常情况。此外，由于石油价格的走高，很多发电厂改用成本更低的煤炭和天然气，这使得燃料油的消费下降。2013年底，日本经济状况有所改善，特别是机械和石油化工行业景气有所恢复，对于石脑油、航空燃油和柴油的需求有所增加，但这仍不能改变石油需求萎缩的大趋势。

石油输出国组织（OPEC）对于2014年日本石油需求的预测在不断降低，原因是有很多风险性因素的存在。日本政府计划新建更多的包括发电设施在内的煤炭和天然气应用设施，进口更多廉价的煤炭和液化天然气。此外，从当前的迹象来看，日本国内的部分主要核电厂2011大地震后，遭遇民众的信任危机，恢复运作尚需时日，也降低了石油消费预期。

五、世界石油价格继续保持平稳震荡态势

（一）石油价格波动幅度较平缓，仍保持高位

2013年，受经济、金融、地缘政治等因素影响，西德克萨斯中质油（WTI）价格延续了2012年高位震荡的格局，全年一直在88美元/桶至110美元/桶之间波动。2013年第一季度，西德克萨斯中质油（WTI）价格总体呈现波动上行趋势，油价震荡剧烈，起伏较大，且在2月经历了一次较大幅度的下挫与反弹。1月，受美国债务危机和沙特减产等多重因素影响，国际原油价格震荡上行。2月，国际油价受到美元走强、伊朗冲突和美国原油库存不断增加等多重因素影响，持续下跌。3月，受美国经济复苏等因素的影响，国际原油价格明显回弹上升。2013年第二季度，受美国经济形势复苏以及中东地缘政局不稳成等影响，国际油价整体呈现上升态势。5~6月份，国际油价走势平稳，波动幅度较小。西德克萨斯中质油（WTI）价格整体维持在95美元/桶，振荡区间低于3美元/桶。2013年第三季度，国际油价走势大致分为两段，波动上涨后逐步回落：7月初取得本季的低点100.65美元/桶之后，震荡上行，期间突破了106美元/桶的心理价位，至9月初达高点108.77美元/桶，该阶段油价主要受到中东和非洲的地缘政治风险升级、美国经济复苏强劲、中国经济由疲弱至逐步走强、全球经济前景改善、美国能源信息署（EIA）公布的美国原油库存连续走低、美联储缩减刺激政策规模预期不确

定性等因素的影响，呈震荡上行；9月初之后油价震荡回落，该阶段油价主要受到地缘政治风险得到一定暂时缓和、美国炼厂秋季维护迹象令原油价格承压、投资者获利、中美经济数据利好、美国能源信息署（EIA）库存数据支撑、美国维持刺激政策规模等因素的影响，呈震荡回落。2013年第四季度，进入10月中旬以来，国际原油市场受地缘风险的影响逐渐削弱整体处于震荡下行的态势。11月，美国经济、石油数据和市场对伊朗核谈的预期占据主导，油价继续下降。12月，由于美国经济温和扩张，就业市场改善等增加市场信心现象的出现，国际油价呈现小幅上涨趋势。

（二）全球经济形势和地缘政治因素主导油价波动

中国、美国、欧元区各主要国家经济前景改善对油价起着有力的支撑作用。2013年全球及主要国家的经济处于一个渐进的改善过程之中，经济前景良好。美国经济逐渐走上稳步复苏之路，欧元区经济由衰退发展到企稳，中国经济由疲弱走向利好等都促使原油市场由供应充沛，需求相对疲弱的状态转向供需逐渐趋于平衡的态势。

地缘政治风险对油价的影响具有两面性。一方面风险的存在和升级会支撑油价，一方面紧张形势的缓解又将打压油价。这种两面性在2013年三季度对油价的影响表现得尤为明显，7~8月主要是支撑作用，地缘政治风险处于升级的状态，9月开始，主要是打压效果，地缘政治风险出现缓和的态势。此外，据美国能源信息署（EIA）预测，地区不稳定风险将可能造成非石油输出国组织（NON–OPEC）成员国石油产量减少50万桶/日。经由苏伊士运河的石油贸易占到全球需求的8%，埃及局势不稳将导致油轮多绕道15天航程，这些地区不稳定风险还将使美国石油增产带来的收益受到削弱。

（三）美国“页岩气革命”成为影响油价波动的重要因素

2013年，由于“页岩气革命”的发生，天然气成为廉价能源，美国国内企业纷纷选择天然气作为化工原料和能源来源。这一转变不但影响了油价走势，甚至煤炭价格都受到了严重冲击。美国页岩气和页岩油开发浪潮令非石油输出国组织（NON–OPEC）国家原油供应大幅增长，国际能源署（IEA）也一度上调2013年非石油输出国组织（NON–OPEC）国家的石油日供应量预估。可以预计，美国大幅增长的页岩气产量将满足全球很大一部分的石油需求，从而对国际石油价格造成更大的影响。

六、世界石油炼制行业面临下行压力且竞争加剧

美国《油气杂志》指出，2013年全球炼油产能为8,803万桶/天，较2012年的峰值产能8,896万桶/天减少了93万桶/天，扭转了自2010年起全球炼油产能持续上涨的态势。

目前世界三大炼油主要地区——亚洲、北美和西欧占到全球炼油产能的68%以上，但西欧2013年炼油能力1,359万桶/天，较2012年的1,403万桶/天减少44万桶/天，跌幅超过3%，引领全球炼油产能普遍下降。北美和亚洲炼油产能基本维持不变，只有中东地区炼油产能略有增加，由2012年的728万桶/天增加至2013年的739万桶/天，但增幅也仅为1.5%。

在炼油商排名中，埃克森美孚公司炼油能力虽然有所下降，但仍以2.83亿吨/年的炼油能力蝉联榜首。壳牌和中国石油化工集团公司分列全球第二位和第三位，炼油能力分别达到2.1亿吨/年、1.99亿吨/年。中国石油天然气集团公司仍位列全球第七位。

全球最大的二十座炼油厂中，排名前三位的炼油厂是：委内瑞拉的Paraguana炼油厂（4,700万吨/年），韩国SK Innovation蔚山炼油厂（4,200万吨/年）以及韩国GS Caltex公司的丽水炼油厂（3,875万吨/年）。入围的中国炼油厂分别是位列第10位的台塑集团台湾麦寮炼油厂（2,700万吨/年）和位列第19位的中国石油化工集团公司镇海炼油厂（2,015万吨/年）。

（一）全球炼油产业产能过剩，利润空间受挤压

随着亚洲和中东大型炼油厂的兴建，全球炼油产能进入过剩时代。国际能源署（IEA）数据显示，全球炼油产能在2013年增加了126万桶/日。其中，中国增加73万桶/日，中东增加53.1万桶/日。尽管欧洲一些炼油厂的关闭已导致产能每日减少170万桶，但国际能源署（IEA）表示中国与中东地区的产能增加量大于欧洲地区的产能削减量。另一方面，全球对炼化产品的需求总体处于低迷状态，进一步加剧了产能过剩的现象。此外，《金融时报》指出，在需求日益疲弱之际，亚洲和中东大型炼厂的建设对设备陈旧、技术含量不高的炼厂构成压力。

产能过剩削弱炼油行业的利润并造成炼化产品的库存积压问题。随着中国、沙特和委内瑞拉炼油产能的增加，全球炼油产能的增长远超全球炼油产品需求的增长。受到炼油产能过剩的影响，大型石油公司下游业务的炼油与销售利润受到打击。其中，荷兰皇家壳牌、道达尔和埃克森美孚都将季度盈利不佳归咎于下游

业务下降。壳牌利润下降近三分之一至45亿美元，埃克森美孚利润下滑18%至79亿美元，道达尔的利润下滑近五分之一至27亿欧元。针对产能过剩问题，一些企业做出的回应是艰难地为欧洲炼厂寻找市场，一些企业则将注意力转向需求增长和成本较低的地区。产能过剩使得炼油产品库存挤压成为炼化行业又一问题，产品需求与供应之间的不协调现象将深化炼油产品的库存积压问题。

（二）亚洲炼油能力保持稳定，炼油领域竞争加剧

为支撑本国经济发展，亚洲大部分国家的油品需求没有明显降低，所以炼油能力保持稳定和油品质量逐渐提升。与此同时，世界炼油公司在亚洲市场的争夺日益激烈。

过去几年，亚洲炼油产能一直强劲增长，但自2013年以来，亚洲经济增长放缓，炼油产能也一改增势，基本维持不变，为2,530万桶/天，但分化较为明显。其中，中国炼油产能保持稳定，日本炼油产能有所下降。美国《油气杂志》调查数据显示，2013年日本炼厂加工能力为440万桶/天，较2012年的近480万桶/天下降了近10%，2013年一年有3座炼油厂关闭。

亚洲炼油市场的竞争来自两方面力量。一方面是亚洲本土炼油商的竞争。面对全球炼油产能下降的问题，亚洲炼油商逐步加大加工产能。比如，印度就致力于扩大其炼油产能，以满足不断增长的需求。2013年，印度的国有HPCL公司和拉贾斯坦邦政府签署一项谅解备忘录，将在巴尔梅尔新建一个炼油和石化联合体。据印度石油部估计，该项目将投资68.5亿美元，成为拉贾斯坦邦的第一个炼油厂。此外，还恢复HPCL公司在南部安得拉邦州的维维维沙卡帕特南建造一座炼油厂和石化综合体的计划。巴拉特石油公司也在卡拉拉邦的高知炼油厂进行扩能工作，原油加工能力将从950万吨/年扩大至1,550万吨/年。除了中国和印度不断扩大炼油产能外，亚太地区的柬埔寨、巴基斯坦、越南、印度尼西亚都在加快推进炼油及下游行业产能建设。另一方面是老牌炼油商的竞争。埃克森美孚和壳牌加大了在新加坡的投资。中东炼油商的策略是不再单纯出口原油，同时注重出口增值石油产品。沙特阿美石油和道达尔在沙特朱拜尔创建日产能40万桶的联合项目，将开始生产汽油、柴油和其他产品。

（三）欧洲炼油行业矛盾突出

由于炼油毛利下降和计划检修，欧洲炼油盈利和产能出现快速下降。在欧元区经济普遍萧条的环境下，欧洲炼油商还面临着高操作成本的困境。国际能源署（IEA）表示，能源成本占到欧洲炼油成本的60%，而在美国仅占20%。欧洲炼油

产能下降将是一个长期趋势，据预测2030年欧洲石油产品的消费量将比2006年的峰值下降20%。此外，欧元区一些石油产品越来越短缺，包括柴油，尤其是航空燃料，这深化了欧洲炼化产品的供应不均衡问题。

对炼油厂进行改造、出售及关闭成为欧洲炼油商应对产能与盈利下降问题的主要举措。2013年6月，菲利普斯66公司表示将出售位于爱尔兰的71,000万桶/天Whitegate炼油厂。10月份英力士集团宣布将关闭位于苏格兰的210,000桶/天格兰奇茅斯炼油厂和石化厂。在东欧，俄罗斯石油生产商——俄罗斯Gazprom Neft公司5月宣布，计划在2013～2015年投资约15亿美元升级改造其莫斯科炼油厂，目的是生产更高级的石油产品、提高加工转化率、提高能源效率，并减少炼厂对环境的影响

（四）新兴国家炼化行业投资呈现复苏态势，维护费用持平

在2013年，世界炼油投资达到700亿，较2012年增长1.9%。小幅的增长基本来自于新兴国家，尤其是亚洲地区、中东以及南美地区。炼化行业投资增长幅度与炼化行业生产能力增长幅度大致相当。

随着生产能力的更新和项目的跟进，炼化行业的投资逐年增加，与此同时，由于世界炼油大环境良好，所以2013年的设备维护费用大体持平，而对炼化行业中催化剂和化学用品的投资也在逐年增加。其中，工业化程度较高的国家对投资较为敏感。影响这些指标增长的因素有几个：炼化利用率的增加，项目的扩展以及新增项目的出现。

世界经济的增长、石油需求的增加以及任何削弱供给风险的因素都为炼化行业营造了良好的投资氛围。对生产能力的订单数量则揭示了这一乐观的预期，尽管如此，新兴国家的经济逐渐放缓，利比亚和伊朗等地区的政治环境以及印度和泰国等地区的货币危机等问题将为炼化行业的投资环境带来诸多不确定性问题。

（五）世界炼油行业出现发展新趋势

迫于全球经济增速放缓的压力以及产品绿色化与生产清洁化的要求，全球炼化行业呈现以下发展趋势。

1．重质化、劣质化成为世界原油质量变化的主要趋势。从世界石油资源剩余储量来看，高硫、重质等劣质原油比例在逐年上升。世界常规石油资源的储量约为4万亿桶，而非常规石油资源（重油、超重油和油砂沥青等）的储量接近8万亿桶。从世界原油产量的变化趋势来看，尽管重质油开发存在进度缓慢、难度大以及技术尚不成熟等问题，但含硫、重质原油的产量依旧逐年增加低，硫和轻质

原油产量不断减少。加拿大、美国等国纷纷投入超重油、油砂的开采，甚至如沙特、科威特等产油大国也加入了重质原油开发的大潮。据统计，含硫原油和高硫原油的产量已占原油总产量的75%以上，今后10年含硫和高硫原油比例还会进一步增加。

2. 装置大型化与产业集中化趋势明显。2003年至今，世界炼厂总数逐年下降，从700多座下降至600多座；平均单厂生产规模增加，由500万吨/年上升到600多万吨/年。

3. 石化产业基地化、园区化趋势明显。美国墨西哥湾沿岸是世界最大的炼化工业基地之一，炼油能力接近4亿吨，其国内绝大多数乙烯也产于此地，这个地区乙烯总产能为2,600多万吨。印度的贾姆纳加尔、伊朗的伊玛姆等地也正在加快建设一批新的世界级炼化工业园区；比利时安特卫普的炼油化工基地拥有5座炼油厂和4套蒸汽裂解装置，是欧洲最大的炼油石化生产中心。这都有助于炼化企业节省投资、优化资源利用、降低运营成本、分散经营风险以及提高经济效益。

4. 清洁油品需求持续上升。随着对环境要求的不断提高，各国对清洁燃料产品的要求日益严格。其中，车用燃料清洁化的总趋势是低硫和超低硫。美国目前在执行中的清洁汽油的标准是硫含量≤30ppm，欧洲标准是硫含量≤10ppm。美国和欧洲的清洁柴油标准硫含量分别是≤15ppm和≤10ppm。发展中国家的清洁燃料也在升级换代。中国正在执行的国3汽柴油标准的硫含量分别是≤150ppm和≤300ppm。预计到2015年，全球消费84%的汽油是含硫量≤50ppm的超低硫汽油；到2020年，72%的汽油是含硫量≤10ppm的无硫汽油，对＞500ppm汽油的需求几乎消失。到2015年，所有发展中国家年全球消费的低硫和超低硫柴油将上升到75%。

七、2014年世界油气产业发展展望

欧盟经济持续低迷和美国经济增长态势仍不明朗，2014年全球经济将进入微弱复苏与增长时期。欧盟和日本石油消费将继续下滑，而美国石油需求微涨，新兴市场国家和亚太地区仍将成为拉动全球石油消费增长的主导力量并有望全面增长。与此同时，以沙特为首的石油输出国组织（OPEC）成员国将2014年上半年石油产量维持在3,000万桶/日不变；中东局势缓解之后仍需较长时间恢复到正常原油产量；北美页岩气的发展使得美国有望进一步实现“能源独立”，南美产油

国家石油也将有不小贡献。总的来看，未来一个时期，虽然国际油气市场面临着诸多不确定因素，总体的供应可以保持稳定均衡，有助于形成油价稳定态势。值得注意的是，国际原油市场格局进入微妙调整期，能源需求正在向非石油输出国组织（NON-OPEC）产油国转移。此外，全球油气投资2014年有望创新高。

（一）全球油气产业面临的经济前景仍存隐忧

在国际货币基金组织（IMF）的《世界经济展望报告》，2014年全球经济增速为3.8%，仅比2013年经济增长率提高0.7个百分点。其中美国2014年经济增速分别下调至2.7%；欧元区经济2014年微弱增长0.9%，并且欧元区各国之间经济差距仍较为显着，尤其是法国经济的疲软状态令整个欧元区的经济前景蒙上了阴影；日本则将降至1.2%，中国的增速为7.7%。国际货币基金组织（IMF）还指出，中东、北非、阿富汗和巴基斯坦（MENAP）石油进口国面临着经济停滞的恶性循环和社会经济冲突持续的风险。尽管国际货币基金组织（IMF）已经与约旦、摩洛哥、巴基斯坦以及突尼斯等国制定了财政安排计划，在埃及的工作却尚未取得进展，而埃及在整个地区中发挥着举足轻重的作用。

石油输出国组织（OPEC）预测2014年全球经济增长率将从2013年的2.9%提高到3.5%，并预估2014年全球对其原油的需求将为2,957万桶/日，较2013年持平。然而，欧洲面临劳动力市场就业问题的严峻挑战，中国和印度经济增速已经放缓，美国可能退出量化宽松货币政策等问题都将对全球经济的发展构成威胁，进而影响全球油气产业的经济发展环境。

（二）世界原油供需趋于平衡，助于油价平稳调整

尽管2014年全球经济仍处于危机后的调整期，但发达国家重整制造业战略加快推进，新兴经济体成为全球经济增长的主要动力，2014年世界经济继续向复苏态势发展。经济形势对石油需求的支撑作用在2014年会有所改善，世界石油需求呈稳步增长态势并主要来自石油输出国组织（OPEC）以外的国家。根据国际能源署（IEA）数据，2014年国际石油需求将每天增长120万桶（2013年为93万桶），2014年石油生产和消费增长动力主要为美国。中国、美国、印度、巴西、印度尼西亚和韩国将是重要国际能源消费国。中国仍是增长的主要动力，增幅达385,000桶，从而使日均需求量达1,030万桶；而最大原油消费国美国的需求量将减少0.1%，日均需求量达1,860万桶。同时，由于非石油输出国组织（NON-OPEC）国家石油开采量将持续快速增长，在满足本国石油需求同时将减少石油进口，国际市场对石油输出国组织（OPEC）国家石油需求将逐渐放缓。与此对应

的，石油输出国组织（OPEC）也发布了自己的预测，根据其发布数据，2014年国际石油需求增长的主要来源将是发展中国家，发达国家石油需求将显着下降。2014年国际石油需求增加104万桶/天，将呈2010年最快增速。此外，美国能源情报署（EIA）预测，2014年国际石油需求将增长5万桶/天，达124万桶/天。

国际能源署（IEA）和石油输出国组织（OPEC）都指出，2014年石油开采量增长将主要依赖美国、加拿大、苏丹和巴西四国，俄罗斯石油开采量也将显著增长。此外，随着北美页岩油气资源开采量的不断增加以及其他非石油输出国组织（NON-OPEC）产油国产量的增长，石油输出国组织（OPEC）成员国产量出现了下降的趋势。国际原油市场对石油输出国组织（OPEC）产量的需求可能会在未来一段时间内出现小幅调整。具体而言，2014年非石油输出国组织（NON-OPEC）国家石油供应增幅将由北美带动，巴西和哈萨克斯坦亦会有所贡献，其石油开采量将达到20年来最高值，对石油输出国组织（OPEC）石油的需求将从2013年的2,960万桶/天下降到2,940万桶/天（当前开采量为3,061万桶/天）。在这种情况下，包括沙特阿拉伯在内的大多数石油输出国组织（OPEC）国家将由于市场饱和而有被迫减少石油开采量的可能性。

2014年全球石油市场将供应充沛，因需求成长慢于预期，同时产量快速增加，所以原油价格将不会大涨。此外，当前西亚北非地区的不稳定局势也对石油输出国组织（OPEC）成员国的产量产生了负面影响。如果北美地区的产量不断增加，将会为西亚北非地区的不稳定局势提供一定程度的缓冲，从而确保国际油价在该地区出现更大动荡的情况下保持相对稳定。

（三）国际原油市场格局进入微妙调整期

能源需求正在向非石油输出国组织（NON-OPEC）产油国转移。随着北美页岩油气资源开采量的不断增加以及其他非石油输出国组织（NON-OPEC）产油国产量的增长，石油输出国组织（OPEC）成员国产量出现了下降的趋势。一方面，石油输出国组织（OPEC）报告预测指出，2014年非石油输出国组织（NON-OPEC）产油国的产量将增长114万桶/天，达到5,506万桶/天。国际能源署（IEA）则预测，2014年非石油输出国组织（NON-OPEC）国家的产量将增加130万桶/天，达到20年来的最高点。国际能源署（IEA）的报告也指出，随着北美地区页岩油气资源开采技术的不断发展，2014年来自北美地区的产量增加将为80万桶/天。预计美国在未来5年内有可能取代沙特阿拉伯成为世界上最大的产油国。另一方面，国际原油市场对石油输出国组织（OPEC）产量的需求可能会在未来一段时间内出现小幅调整。在石油输出国组织（OPEC）的月度报告中，该组织首次明确表示了对当前页岩油气资源增产的担忧。报告称，2014年非石油输出国组织（NON-OPEC）成员国将会挤占石油输出国组织（OPEC）成员国将近30万桶/天的产量。页岩油气资源的产量增加将会在一定程度上动摇石油输出国组织（OPEC）在国际能源市场上的地位。

国际能源署（IEA）认为，页岩油气资源的开发将会导致2014年国际能源市场出现供大于求的局面。这将对石油输出国组织（OPEC）成员国的产量产生一定影响。总的而言，在非石油输出国组织（NON-OPEC）国家普遍增产的情况下，石油输出国组织（OPEC）成员国产量反而有所减少，表明国际能源市场的格局正在发生微妙的调整。

然而，石油输出国组织（OPEC）同时指出，政治局势、价格波动和技术等因素可能会造成非石油输出国组织（NON-OPEC）国家产量出现波动。因此，对2014年这些国家的产量预期具有一定的不确定性。

（四）全球油气投资有望2014年创新高

法国石油和新能源研究所指出，全球用于石油和天然气勘探和开发的投资总额2014年将达7,500亿美元，有望创历史新高。报告显示，2014年全球油气投资总额预计将增长8%，拉动投资增长的主要因素是预计持续高位的油价、非常规能源的发展以及液化天然气（LNG）的发展。

就国家而言，美国油气公司已经探明许多有开采潜力的油井，可开采油井的存量可观。虽然美国2013年油气开采与生产投资增幅仅为2%，但由于主要石油公司有望将更多资金从国际市场上转投美国国内市场，美国2014年油气开采与生产投入很可能大幅攀升。而中东地区2014年在油气开采与生产上的投入可望大增14%。

此外，新的地区与资源将成为投资的热点，例如非洲西部、地中海以及北极等地区。这些地区与资源的开发会通过增加成本的形式刺激投资。

国内篇

中国2013年GDP增幅为7.7%，CPI涨幅为2.6%。在经济增速有所放缓和通货膨胀较为明显的情况下，中国化石能源需求增速放缓，2013年全年原油油表观消费量为4.89亿吨，同比增长3.2%，比2012年降低1.8个百分点；但全年天然气表观消费量1,631.4亿立方米，同比增长15.4%，比2012年上升4.6个百分点。同时，中国原油和天然产量增速也有所放缓，全年生产原油共2.08亿吨，同比增长1.7%，增速比2012年降低约0.2个百分点；天然气产量约1,129.4亿立方米，同比增长约9.1%，增速比上年提高2.4个百分点。中国油气供应形势依然紧张，油气生产企业着眼资源可持续性，加大油气勘探力度，2013年实现油气动用储量替代率100%。下游方面，2013年底中国炼油总能力达到5.4亿吨/年，是仅次于美国的全球第二大炼油国；2013年中国成品油产量达2.96亿吨，同比增长4.4%，增速比上年降低3.8个百分点。油气管道方面，2013年中国建成原油管道1,520公里，成品油管道1,050公里，新增天然气管道5,795公里。展望2014年，中国经济继续保持稳定增长阶段，预计中国石油消费需求增速将略有回升，原油产量将继续增加；成品油市场供需总体平衡，汽油将继续供大于需，柴油供应依旧偏紧；天然气消费随着管网的建成将明显增加，供应能力继续加强，但局部地区仍将出现供不应求的局面。

中国宏观经济及油气产业政策分析与展望

2013年，中国宏观经济保持稳定增长，但是增速减缓。政府加强了投资控制，如通过抑制信贷遏制金融风险；引导经济结构转型，主张更有针对性和更有限度的支持中小实体经济，而不是采取广泛的刺激措施；加大经济监管，维护市场经济运行中的正常秩序。这些行动反映中国在向更均衡、更可持续的增长道路转型。2013年，在油气政策方面，政府进一步推动油气价格市场化改革，鼓励非常规能源开采，推行节能环保政策。

一、2013年中国宏观经济运行及展望

根据国家统计局发布的数据，2013年中国全年国内生产总值（以下简称GDP）为568,845亿元，按可比价格计算，同比增长7.7%。全年宏观经济运行主要有以下几个特点。

（一）GDP增幅放缓

2013年，中国宏观经济增速略有放缓，GDP实现7.7%增幅，比2012年降低0.1个百分点。宏观经济在第二季度构筑经济底部，三季度开始企稳回升。其中一季度中国经济增长7.7%，二季度增长7.6%，三季度增长7.7%，第四季度增长7.8%。

（二）CPI同比持平

2013年居民消费价格指数（CPI）同比上涨2.6%，与2012年持平，其中，城市上涨2.6%，农村上涨2.8%。分类别看，食品价格同比上涨4.7%，烟酒及用品上涨0.3%，衣着上涨2.3%，家庭设备用品及维修服务上涨1.5%，医疗保健和个人用品上涨1.3%，交通和通信下降0.4%，娱乐教育文化用品及服务上涨1.8%，居住上涨2.8%。2013年工业生产者出厂价格比2012年下降1.9%，工业生产者购进价格比2012年下降2.0%。

（三）城乡居民收入稳定增长

国家统计局发布的数据显示，2013年居民收入继续增加，全年城镇居民人均

总收入29,547元人民币。其中，城镇居民人均可支配收入26,955元，同比名义增9.7%，扣除价格因素实际增7%。在城镇居民人均总收入中，工资性收入同比名义增9.2%，经营净收入增9.8%，财产性收入增14.6%，转移性收入增10.1%。全年城镇居民人均可支配收入中位数24,200元，同比名义增10.1%。

（四）经济结构调整有新进展

2013年，第三产业增加值262,204亿元亿元，占GDP的比重为46.1%，工业累计增加249,684亿元，占GDP比重43.9%，服务业在GDP所占的比重首次超工业。

（五）深化经济体制改革

2013年是全面贯彻落实“十八大精神”的开局之年。面对一度较大的经济下行压力，中央统筹稳增长、调结构、促改革，注重用改革的办法强化经济发展方式转变的内生动力，特别是十八届三中全会提出了全面深化改革的路线图时间表，使中国改革迈上了新的伟大征程。2013年11月，党的十八届三中全会审议通过了《中共中央关于全面深化改革若干重大问题的决定》，提出了全面深化改革的总目标、总方向、时间表等，并对全面深化改革做出系统部署。

二、2013年中国主要油气产业政策

2013年针对油气产业而出台的政策主要着力在三个方面，一是油气产品市场化定价，二是非常规油气资源开发，三是油气产业节能环保政策。这些政策的出台，对中国油气产业的发展势必会产生深远的影响，尤其是在向市场化迈进和非常规油气资源开采这两方面。

《石油与化学工业“十二五”发展规划》中明确提出，石油天然气产业不但要满足国内社会经济发展需要，还要通过科技创新，促进产业结构调整与升级，加大节能减排力度，提高资源利用效率，减少污染物的产生和排放；重点开拓海域和陆地油气新区，以技术创新为依托，大幅提高油气田采收率，继续推动天然气产业快速发展；进一步加强与境外油气资源合作与开发，完善油气干线管网及其配套设施建设；提高行业准入门槛，淘汰落后产能，控制炼油产能盲目扩张。2013年，中国油气产业按照规划有序发展，各种政策的出台也以这一指导思想为基准。

（一）完善油气产品市场化定价机制

1. 调整国内成品油定价机制

2013年3月26日，国家发展改革委发出通知，决定缩短成品油调价周期，取

消调价幅度限制，调整挂靠油种。具体说：一是将成品油调价周期由22个工作日缩短至10个工作日，同时将计价办法由原来的22个工作日移动平均价格，改为10个工作日的平均价格；二是取消了国际市场油价波动4%才能调价的幅度限制；三是根据国内原油进口结构变化，适当调整了挂靠油种。调整之后，成品油调价频率加快，调价时间节点透明度增强，国内油价能够更加灵敏地反映国际市场油价变化，尽可能避免经营者无风险套利行为，大大遏制市场投机，有利于进一步规范成品油市场秩序，向市场化方向又迈出了重要一步。此次价格机制的调整总体上属于在现行体制机制框架内的适当调整。

2. 深化天然气价格改革

根据深化资源性产品价格改革的总体要求，为逐步理顺天然气价格，保障天然气市场供应、促进节能减排，提高资源利用效率，国家发改委提出天然气价格调整方案。

此次天然气价格调整的基本思路是，按照市场化取向，建立起反映市场供求和资源稀缺程度的、与可替代能源价格挂钩的动态调整机制，逐步理顺天然气与可替代能源比价关系，为最终实现天然气价格完全市场化奠定基础。为尽快建立新的天然气定价机制，同时减少对下游现有用户影响，政府将平稳推出价格调整方案，区分存量气和增量气，增量气价格一步调整到与燃料油、液化石油气（权重分别为60%和40%）等可替代能源保持合理比价的水平；存量气价格分步调整，力争“十二五”末调整到位。调整的范围是：天然气价格管理由出厂环节调整为门站环节，门站价格为政府指导价，实行最高上限价格管理，供需双方可在国家规定的最高上限价格范围内协商确定具体价格。门站价格适用于国产陆上天然气、进口管道天然气。页岩气、煤层气、煤制气出厂价格，以及液化天然气气源价格放开，由供需双方协商确定，需进入长输管道混合输送并一起销售的（即运输企业和销售企业为同一市场主体），执行统一门站价格；进入长输管道混合输送但单独销售的，气源价格由供需双方协商确定，并按国家规定的管道运输价格向管道运输企业支付运输费用。

（二）非常规油气资源开发政策

1. 推进煤层气产业发展

2013年2月22日，国家能源局发布《煤层气产业政策》。该政策提出，要强力推进煤层气产业发展，把煤层气产业发展成为重要的新兴能源产业；“十二五”期间，建成沁水盆地和鄂尔多斯盆地东缘煤层气产业化基地，形成勘探开发、生产加工、输送利用一体化发展的产业体系；建立健全以企业为主体、市场为导向、产学研相结合的技术创新体系，同时鼓励具备条件的各类所有制企业参与煤层气勘探开发利用，鼓励大型煤炭企业和石油天然气企业成立专业化煤层气公司，培育一批具有市场竞争力的煤层气开发利用骨干企业和工程技术服务企业，形成以专业化煤层气公司为主体、中小企业和外资企业共同参与的产业组织结构。

2013年9月14日，国务院办公厅发布了《关于进一步加快煤层气（煤矿瓦斯）抽采利用的意见》。为适应煤矿瓦斯防治和煤层气产业化发展的新形势，进一步加大政策扶持力度，加快煤层气（煤矿瓦斯）抽采利用，该意见指出：中央财政要加大财政资金支持力度，提高煤层气（煤矿瓦斯）开发利用中央财政补贴标准；同时完善增值税优惠政策，加大所得税优惠力度；加强煤气层开发利用管理，完善煤层气价格和发电上网政策。

2. 页岩气产业政策出台

2013年10月22日，为深入贯彻落实科学发展观，加快发展页岩气产业，根据《页岩气发展规划（2011–2015年）》及相关法律法规，国家能源局制定并发布了《页岩气产业政策》。该政策主要包括以下几点内容：一是加大政策扶持，将页岩气开发纳入国家战略性新兴产业，对页岩气开采企业减免矿产资源补偿费、矿权使用费，页岩气勘探开发等鼓励类项目项下进口的国内不能生产的自用设备（包括随设备进口的技术）免征关税，同时鼓励地方财政根据情况对页岩气生产企业进行补贴；二是鼓励投资与开发的多元化，鼓励页岩气资源地所属地方企业以合资、合作等方式，参与页岩气勘探开发，鼓励从事页岩气勘探开发的企业与国外拥有先进页岩气技术的机构、企业开展技术合作或勘探开发区内的合作，引进页岩气勘探开发技术和生产经营管理经验；三是支持建立页岩气示范区，支持在国家级页岩气示范区内优先开展页岩气勘探开发技术集成应用，探索工厂化作业模式，完善页岩气勘探开发利用的理论和技术体系，推动页岩气低成本规模开发；四是构建市场化定价机制，支持各种投资主体进入页岩气销售市场，逐步形成以页岩气开采企业、销售企业及城镇燃气经营企业等多种主体并存的市场格局，页岩气出厂价格实行市场定价，制定公平交易规则，鼓励供、运、需三方建立合作关系，引导合理生产、运输和消费。

（三）油气产业节能环保政策

1. 加快油品质量升级

2013年2月6日中国国务院常务会议决定加快油品质量升级，会议明确了油品质量升级的时间表，并指出要按照合理补偿成本、优质优价和污染者付费的原则合理确定成品油价格。为加快油品质量升级，决定在已发布的第四阶段车用汽油标准（硫含量不大于50ppm）基础上，由国家质检总局、国家标准委尽快发布第四阶段车用柴油标准（硫含量不大于50ppm），过渡期至2014年底；2013年6月底前发布第五阶段车用柴油标准（硫含量不大于10ppm），2013年底前发布第五阶段车用汽油标准（硫含量不大于10ppm），过渡期均至2017年底。目前中国各地实行的汽油标准不尽相同，北京实行京标V标准，上海和江苏、浙江、广东的十多个地市实行国IV标准，其他地区仍实行国Ⅲ标准。

同时，为了治理重型柴油车尾气污染，降低各地的PM2.5，根据环保部的公告，从2013年7月1日起，所有柴油车必须符合国Ⅳ标准的要求。国Ⅳ标准柴油发动机与国Ⅲ发动机相比，不仅可以减少5~7%的油耗，而且可以减少80%颗粒物（也就是PM）的排出。

2013年9月26日，国家发展改革委发布《关于油品质量升级价格政策有关意见的通知》。通知的主要内容为：一是明确油品升级的加价标准，确定车用汽、柴油（标准品）质量标准升级至第四阶段的加价标准分别为每吨290元和370元，从第四阶段升级至第五阶段的加价标准分别为每吨170元和160元；二是规范操作方式，按照国务院确定的油品质量升级时间表，第四阶段车用汽油标准过渡期至2013年底，第四阶段车用柴油标准过渡期至2014年底；第五阶段车用汽油和柴油标准过渡期均至2017年底，各地可结合当地实际情况确定油品升级进程，并报发展改革委备案。

2. 继续推进节能减排

2013年3月18日，国家发改委推出《低碳产品认证管理暂行办法》，办法明确认证机构与人员资质，规范认证实施的过程，推动低碳产品认证活动，鼓励使用获得低碳认证的产品。

2013年9月10日，国务院关于印发《大气污染防治行动计划的通知》。通知中，明确提出，加快调整能源结构，增加清洁能源供应。加大天然气、煤制天然气、煤层气供应。到2015年，新增天然气干线管输能力1,500亿立方米以上，覆盖京津冀、长三角、珠三角等区域。

三、2014年中国宏观经济及油气产业政策展望

（一）2014年宏观经济展望

1. 坚持稳中求进，全面深化改革

自2011年以来三年间的宏观经济运行态势表明，中国经济因为结构性因素导致内部需求不足，宏观经济步入结构调整与体制改革的关键时期。国内的消费需求短期仍然不会有较大幅度的增长，世界经济增长乏力，国内出口需求仍然不足；更进一步的结构调整才刚刚开始，国内经济依然面临转型中的"阵痛"。十八届三中全会明确了未来十年的改革目标、时间表，中国经济将要迈进深化体制改革、加速结构调整的关键时期。这一时期也是攻坚克难的时期，国内宏观经济依然是以结构调整为首要任务，经济增幅只要低于7.5%，国家便不会出太大的刺激性政策。

2. 释放有效需求，防控债务风险

随着改革的深入与产业结构的调整，2014年国内居民的消费需求将会进一步增加，有效需求的释放会加强消费对经济的拉动，经济结构更趋合理。但是，随着地方政府债务的不断积累，债务风险已经成为2014年国内经济平稳增长的一大隐患，中央对债务的监管将进一步加强。

（二）2014年油气产业政策展望

国务院2013年11月15日发布《中共中央关于全面深化改革若干重大问题的决定》，《决定》指出：完善主要由市场决定价格的机制，推进水、石油、天然气、电力、交通、电信等领域价格改革，放开竞争性环节价格。

1. 政府将深入推进能源产品价格改革

根据《中共中央关于全面深化改革若干重大问题的决定》的精神，2014年政府将出台相关政策，进一步完善资源性产品的定价方法，完善价格调整机制以及价格监管机制，同时更加重视价格改革的同步性与相关配套改革的协调性。

2. 油气管网体系或将开启渐进式改革

2013年下半年，《油气管网设施公平开放监管办法（征求意见稿）》、《天然气基础设施建设与运营管理办法（征求意见稿）》征求各方意见，这预示着天然气（包括煤层气、页岩气和煤制气）管网可能实现服务放开，从而开启油气管网体系的渐进式改革。

3. 进口原油权限有望逐步放开

在能源改革中，放开对进口原油、成品油、天然气的限制，是中国油气价格改革中的关键，也是油气行业实现市场化定价的前提条件。2013年10月，国家能源局印发的《炼油企业进口原油使用资质条件（征求意见稿）》，不再根据企业身份是公还是非公，而是根据企业的加工能力，确定原油进口权的发放。2014年，《炼油企业进口原油使用资质条件》有望正式发布，届时将使更多的民营石油企业获得原油进口权，进口原油新增配额也将主要分配给较小型炼油企业。

4. 城市燃气管网价格改革方案或将出台

2013年五月份出台的天然气价格改革方案中，并没有涉及居民用气的价格调整。然而一些地方已经就调整城市居民生活用管道燃气价格举行听证会。2013年11月29日，东莞市物价局就组织召开管道天然气价格改革听证会，对居民用气价格改革进行了尝试。预计2014年年中，国家将出台城市居民生活用管道燃气价格改革方案，而这一方案极有可能以“阶梯定价”为基本思路。

5. 将继续保持对页岩气开发的政策支撑力度

（1）页岩气勘查开发技术标准体系有望完成

为加强对企业的技术指导和规范，推进中国页岩气勘查开发进程，中国地质调查局围绕页岩气相关技术及规程编制工作开展研究，共完成23项页岩气地震、非地震、钻井、测井、非地震监测、实验分析测试相关技术规程（试行稿）的编制。2014年一系列页岩气勘查开发的相关技术规程有望初步完成。

（2）第三轮页岩气招标可能引入外资

国家能源局在2013年10月底《页岩气产业政策》中明确提出，“鼓励从事页岩气勘探开发的企业与国外拥有先进页岩气技术的机构、企业开展技术合作或勘探开发区内的合作，引进页岩气勘探开发技术和生产经营管理经验”。根据《页岩气产业政策》的精神，第三轮页岩气招标，可能进行适度开放，允许外资企业和国内企业进行合资，共同开发页岩气。

6. 炼油企业或面临节能减排政策压力

当前中国节能减排形势严峻，雾霾防治形势逼人，2014年节能减排政策力度会进一步加大。2013年12月10号国家发改委组织召开全国发展改革系统加强节能减排促进大气污染防治工作电视电话会议，明确提出2014年要组织编制《国家清洁生产推行规划》，大力推广清洁生产先进技术，实施清洁生产改造。在关于PM2.5污染源的讨论中，石油化工企业首当其冲。尽管2013年成品油标准已经提高，但是迫于环境的持续恶化，政府必将加速推进成品油质量向国Ⅴ标准升级。加之《国家清洁生产推行规划》政策的出台，势必进一步提高炼油企业的成本，并可能推高国内成品油价格。

中国油气市场分析与展望

2013年中国经济弱势复苏，全年GDP增速为7.7%，较2012年有明显回落。中国制造业产值增幅也呈现放缓趋势，同时国内工业燃料价格走高，原油需求量增长放缓。2013年中国石油产品供需总量虽然仍保持平稳增长。原油进口主要来源于中东、非洲，原油对外依存度已高达57.4%，高依存度下要保障国内石油供应稳定的压力日益增大；成品油供需维持紧平衡格局，国内成品油价随国际原油价格出现高位波动；从天然气产量、净进口量与消费量比较来看，国内天然气市场基本处于供需平衡，但是受国内外原油和成品油价格影响，价格处于稳中上升态势。展望2014年，中国原油供需缺口将进一步扩大，对外依存度将超58%，国际油价保持高位窄幅震荡；成品油市场形势较为乐观，但柴油的供应问题受原料供应及炼油企业结构的变动，可能仍将面临供应不足等问题。随着成品油市场机制的成熟，成品油价格将呈现频繁波动；受环保、政策等因素影响，天然气消费量将持续快速增长，但消费量增幅仍将大于国内产量增幅，缺口不断扩大，进口量将继续保持增长。

一、2013年中国原油市场发展分析与展望

2013年全年国内原油表观消费量达到48,865.3万吨，同比增长3.2%，国内原油生产量达到20,812.9万吨，原油净进口量28052.4万吨，整体供需基本平衡。预计2014年原油产量和消费量增长速度都将放缓。趋缓趋稳的世界经济形势将弱化全球石油需求增速，而伊朗局势虽然仍充满不确定性，但由于存在沙特等较为可靠的石油供给替代，推动国际油价继续持续上升的动能不足。

（一）2013年中国原油市场发展分析

1. 国内原油产量小幅上涨，加工量先降后升

根据国家统计局数据显示，中国2013年全年累计原油产量20,812.9万吨，较2012年同期上升1.7%。与2012年原油产量增速0.2%相比，2013年年中国原油产

量小幅上升，原油增产有所加速，月度产量稳中有升。

受国内成品油需求走势、炼厂事故和检修以及原油加工利润和炼能变化等因素影响，2013年一、三季度国内月度原油加工量和同比增速波动下降。二、四季度原油加工量均呈现上涨趋势。除4月和9月份外，其他月份原油加工量均在3,900万吨以上，其中12月份加工量为4,201.6万吨，突破了4,200万吨，如图1所示。

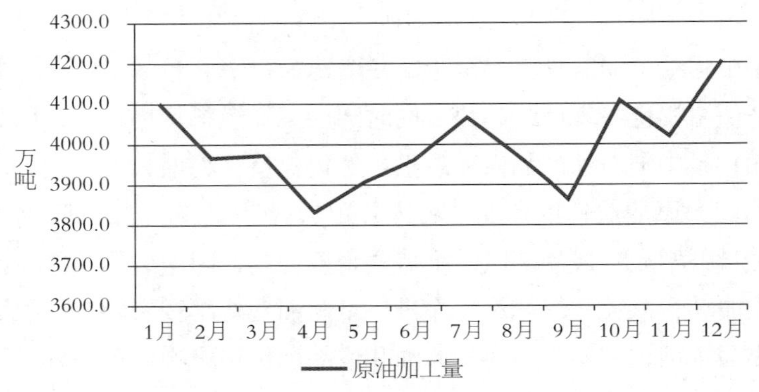

图1　2013年原油月加工量趋势图

数据来源：国家统计局

2. 原油进口仍以中东为主，对外依存度达57.4%

根据国家海关总署数据显示，2013年累计原油进口量达2.82亿吨，同比上升4.1%；累计原油出口量达162万吨，同比下降33.5%，原油净进口达28,052.4万吨，比2012年高4.4%。另据中国石油集团经济技术研究院《2013年国内外油气行业发展报告》，2013年中国石油和原油表观消费量分别达到4.98亿吨和4.87亿吨，同比分别增长1.7%和2.8%，增速较2012年下降2.8和1.7个百分点。可以推算，2013年中国原油对外依存度达57.4%，比2012年增加1个百分点，增速继续放缓。

受叙利亚以及海湾局势影响，为保障石油安全供应，中国石油企业调整了进口来源，减少伊朗的原油进口，从西非、南美以及北非地区增加原油进口，但中国从中东进口的原油量仍占总进口量的38%，居于首位。

3. 原油消费量增长放缓，绝对量居全球第二位

2013年中国原油市场的主要矛盾表现在需求增长快于供应增长，如图2所示。2013年全年累计原油表观消费量呈现出先增后降的趋势，总量全球排名第二，高

达48,865.3万吨，同比增长3.2%，增速比2012年降低约1.6个百分点。

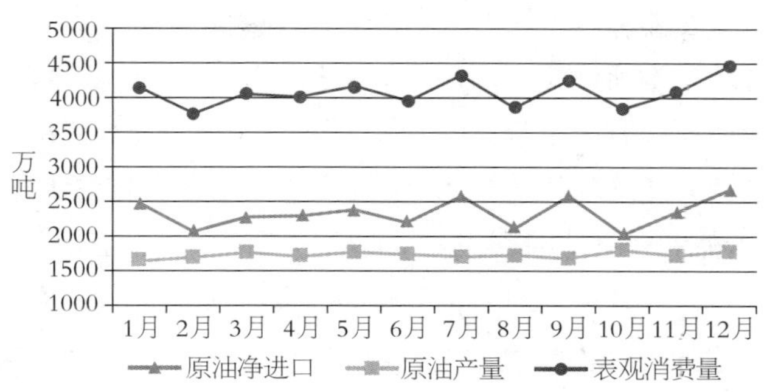

图2　中国原油月度供需趋势图

数据来源：中国石油和化学工业联合会

4. 国内油价联动国际油价，呈现高位波动

2013年国际原油价格整体处于高位，波动较频繁，呈“过山车”态势。2013年油价的走势与欧美发达国家经济状况和地缘政治因素密切相关。影响2013年油价走势的短期因素有两个，一上一下：一是中东地缘政治因素，伊朗问题是最主要的支撑，构成油价向上压力；二是欧债危机，全球经济低迷，构成油价向下压力。通常经济低迷导致需求疲软，油价也涨不高，但2013年地缘政治因素影响很大，油价向上压力大于向下压力。

其他支持油价高位运行的因素是全球范围内的量化宽松与投机力量。美元等多种货币贬值，导致原油等大宗商品价格上涨。另外，投机者利用地缘政治因素与主权债务危机等短期因素炒作油价，投机的主力是向上的。

（二）中国原油市场展望

2014年世界经济仍处于危机后的恢复期，总体态势趋于稳定。欧洲经济走出衰退将增强全球经济的增长动力，但需要高度关注美国量化宽松政策退出对美国经济复苏的影响和对新兴经济体的冲击。预计2014年全球经济增速将略高于2013年，中国外需状况将小幅改善。同时，由于削弱出口竞争力的因素短期内难以改变，预计出口增长10%左右。预计2014年中国石油需求将继续增长，增速会有所放缓，预计全年原油表观消费量接近5亿吨，增长2.2%，对外依存度将进一步提高，国内原油价格也将保持高位震荡。

1. 国内原油供需缺口扩大

近十年，中国原油产量年均增长1%~2%，如图3所示。预计，2014年原油产量将继续保持相对稳定低速增长，2014年原油产量2.1亿吨左右，将增长0.9%。

2014年，由于主要出口市场的经济增长陷入停滞甚至衰退，中国经济增长速度会放缓；经济结构不断优化，高污染、高能耗、低水平重复建设项目以及基建投资、重化工业增速等有所下降；国家调整经济结构、提高经济质量、发展新能源和替代能源以及节能降耗的政策力度还将进一步加大。以上因素会一定程度上会放缓原油需求增速。但是国家战略石油储备、商业石油储备以及石油企业炼厂、管道、生产经营的发展，对石油需求特别是原油需求构成有效支撑。考虑到中国近10多年来原油表观消费量保持持续较快增长态势，年平均增长率为7.6%，如图3所示。预计2014年国内原油需求增速会有所放缓，表观消费量将接近5亿吨，国内原油供需缺口会达到2.9亿吨。

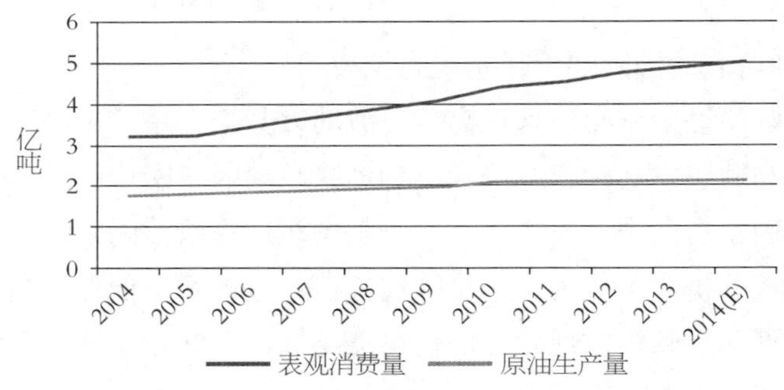

图3　2003~2014年中国原油产量和表观消费量

数据来源：中国石油和化工联合会

2. 原油对外依存度继续攀升

海关总署主要统计数据显示，2003~2013年中国原油对外依存度持续上涨，每年增长速度保持在2%左右（图4）。随着全球经济发展进一步减速，中国经济增速也将趋缓，石油消费量较快增长的态势可能趋缓。预计，2014年原油进口增速超过消费增速，对外依存度将超过58%。

3. 国内油价随国际油价窄幅波动

在不发生高风险事件的前提下，2014年国际油价会在目前水平的基础上波动，幅度不会太大，但波动会更加频繁。需求仍然低迷：欧洲难以轻易走出欧债危机；美国经济增长缓慢；新兴经济体增幅趋向适中，井喷式增长难现；日本的石油需求稳定。供应持续增长：伊拉克的产量在往上走；美国的原油产量也在增加，预计2014年将增长5%。

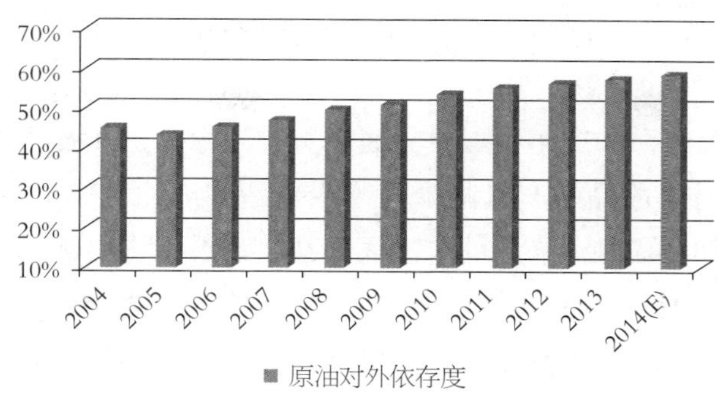

图4　2003~2014年中国原油对外依存度

数据来源：国家统计局

现阶段国际投机力量与金融危机前夕相比其实是减弱的。由于金融危机的爆发，美国等国家加强了对金融市场和场外市场的监管，抑制过度投机，游资减少，可供炒作的题材也比以前少。对于影响油价的货币因素，虽然美国财政紧张引起数轮量化宽松，但日元欧元等货币也会贬值，所以美元的宽松政策对油价直接影响有限。

2014年国内油价的波动受供求和政策两大因素影响。首先，成品油定价机制调整会让国内油价离国际市场更近。其次，供需关系不会比2013年紧张，转方式、调结构、建设生态文明等政策信号不断释放，投资冲动进一步减弱，需求量不会大涨。预计2014年国内油价变动空间不大，会跟随国际油价波动。

二、2013年中国成品油市场发展分析与展望

2013年，全球经济处于缓慢复苏阶段，但缺乏实质性的增长动力，受地缘政治、量化宽松政策和供需持续宽松等国际环境的影响，国际油价宽幅震荡。在这样的国际背景下，2013年中国经济温和复苏，中国成品油市场供给与需求较为稳定，同2012年相比，成品油价格呈现了较小幅度、较高频率的波动态势，两大主营企业炼油板块地位有所增强。展望2014年，国际经济状况将趋于稳定，中国成品油供需稳定增长。此外，成品油定价机制改革将出现新动作，随着成品油市场机制的进一步成熟，成品油价格将根据市场供需状况及国际油价变化呈现出更为频繁的波动。

（一）供需市场小幅波动，呈缓慢增长态势

1. 成品油生产供给稳定

由图5可以看出，2013年我国成品油产量较为稳定，其波动主要受柴油产量影响。其中，4月份成品油产量减少较为明显，共产油2,353.9万吨，同比减少6.13%，成为2013年成品油产量的首次同比减少。可以看出，成品油产量中柴油比重最大，约为60%，成品油产量受柴油产量的影响较为显著，走势也与柴油产量走势最为相近。除了4月份，10月份成品油总产量主要受到柴油产量增加的拉动，同比增长5.25%；12月份成品油量增至2,584.8万吨。近几年柴油消费量的高峰主要集中在3月与10月左右，集中在3月的行业需求推动了3月的柴油高消费量，而10月的用油高峰主要受到农业秋收及休渔期结束的影响，还受到居民出行量增加的影响。

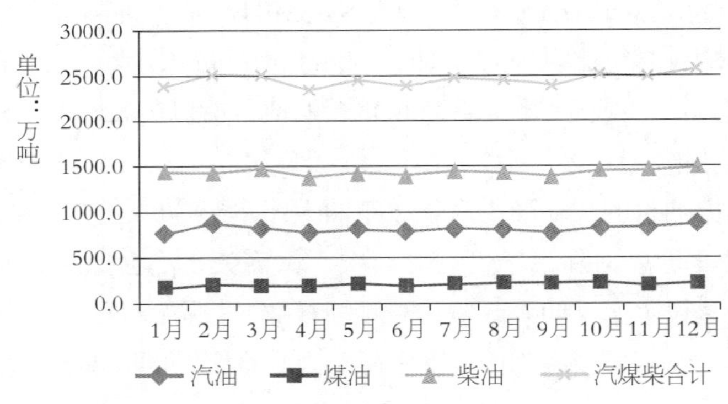

图5 2013年成品油产量趋势图

数据来源：国家统计局

2. 成品油进出口波动走势变缓

与2012年相比，2013年成品油进口量波动幅度变小，出口量变化仍然比较稳定。由于4月份国内成品油产量的减少，4、5月份成品油的进口量大幅增加，以维持整体供给量的相对稳定。5月份之后，国内外油价波动频繁，国内需求有所减少，加之国内成品油供应比较稳定，导致成品油进口动力不足，进口量逐渐减少。8月份，我国成品油进口257万吨，同比下降20.9%，出口249万吨，净进口量8万吨，成品油净进口量为2010年2月以来新低，这对市场供需结构及成品油库存造成直接影响。从变化趋势来看，2013年我国成品油进口量与出口量波动走势存在较大差异，但波动态势变缓。

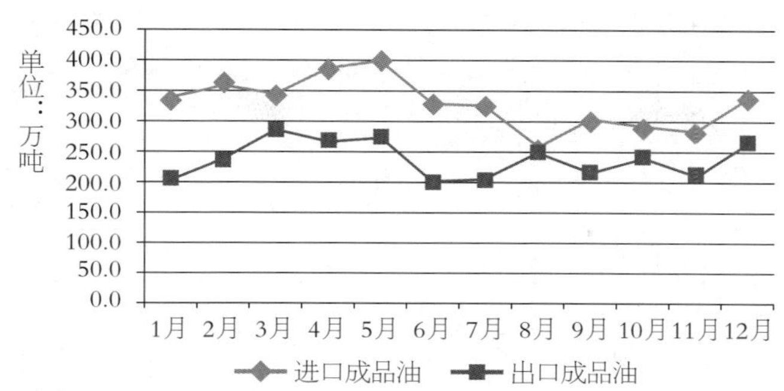

图6 2013年成品油进出口量趋势图

数据来源：中国海关总署

3. 成品油供需基本平衡

2013年国内成品油市场供需基本平衡，结构性矛盾比较温和，柴油供应较为充足。但受国内经济增长放缓的影响，成品油总供给和总需求的变化都比较平缓。2013年全年国内原油加工量达到44,398万吨，增长6.9%；共生产成品油(汽油、煤油、柴油合计) 27,289万吨，增长6.1%。其中，汽油增长11.9%；柴油增长1.3%。进出口方面，2013年成品油进口量累计达到3,959万吨，同比减少0.6%，出口量累计达到2,851万吨，同比增加17.5%。消费方面，成品油表观消费量达到26,334万吨，增长4.8%，其中，汽油表观消费量增幅为12.2%；柴油表观消费量增幅较小，仅为0.3%。2013年国内成品油市场受几次成品油价格调整的影响较大，但供给与需求曲线走势基本一致，整体供需状况较为稳定。

从图7可以看出，2013年的1–2月，伴随油价升高，以及春节前后各行业休假等因素，国内成品油需求量有所下降；3月开始，随各行业工作的陆续展开，以及成品油价格下降的趋势，国内成品油需求量逐步回升；7月，市场需求增加，炼厂随之增产，国内原油加工量为4030万吨，环比上涨1.8%。35家主营炼厂开工率攀升0.73个百分点，升至85.99%。此外，下半年工业库存周期和农机增长周期的变动促使工业、农业生产需求有所恢复，工业、发电、农业和运输业柴油需求均有所好转。因此，受需求回暖、油品升级等因素影响，成品油供应维持紧俏状态。

（二）成品油价格波动频繁，市场化程度提高

2013年，欧美经济复苏前景向好，全球经济有逐步趋稳的态势，但国际油价仍呈不稳定状态，这对国内成品油价格造成一定程度的影响。具体来看，2013年汽柴油价格调整状况如表2。

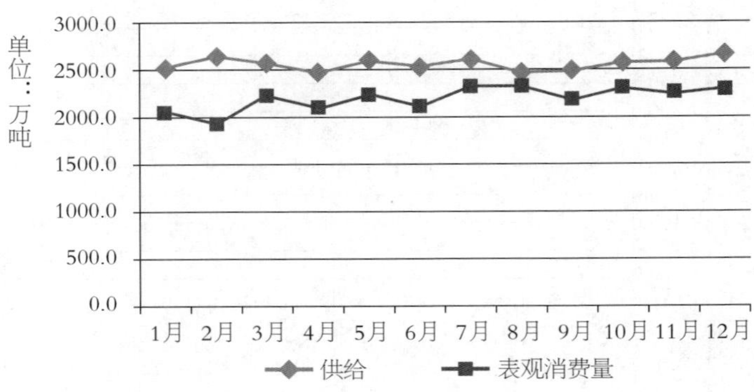

图7　2013年供需状况趋势图

数据来源：国家统计局、中国海关、国家发展和改革委员会

表2　　2013年汽柴油价格调整情况表

时间	详情
2013年12月12日	汽柴油均上调60元/吨
2013年11月28日	汽油上调160元/吨，柴油上调155元/吨
2013年11月14日	汽油下调160元/吨，柴油下调155元/吨
2013年10月31日	汽柴油均下调75元/吨
2013年09月29日	汽油下调245元/吨，柴油下调235元/吨
2013年09月13日	汽油上调90元/吨，柴油上调85元/吨
2013年08月30日	汽油上调235元/吨，柴油上调225元/吨
2013年07月19日	汽油上调325元/吨，柴油上调310元/吨
2013年07月05日	汽油下调80元/吨，柴油下调75元/吨
2013年06月21日	汽油上调100元/吨，柴油上调95元/吨
2013年06月06日	汽油下调95元/吨，柴油下调90元/吨
2013年05月09日	汽柴油均上调95元/吨
2013年04月24日	汽油下调395元/吨，柴油下调400元/吨
2013年03月26日	汽油下调310元/吨，柴油下调300元/吨
2013年02月25日	汽油上调300元/吨，柴油上调290元/吨

数据来源：中华人民共和国国家发展和改革委员会

2013年，中国成品油价格共经过15次调整，其中，涨价8次，降价7次。3月26日，国家发展和改革委员会在下调国内成品油价格的同时，出台了价格机制完善方案，将调价周期由22个工作日缩短至10个工作日，取消了4%的调价幅度限制，调整挂靠油种。油价调整政策的变更意味着，中国油价调整频繁的状态将变

为常态。今后成品油定价将更多由油气企业根据市场供需变化及国际油价波动进行调整，政府对油价的控制作用将减弱。成品油价格调整的频率加快，有利于减少投机套利的机会，可以更真实地反应市场状况及供需水平，有利于进一步规范成品油市场秩序，向市场化方向又迈出了重要一步。但当前这种成品油定价机制的“不稳定性”和“不透明性”也会增加供应商和消费者的担忧，对供给与需求行为造成影响。与此同时，由于中国大型油气企业的市场主导地位不变，国家的宏观调控不可或缺，需要在整体上进一步加强对市场进行监管，同时做好相应的补贴措施。

成品油价格在年初有所上涨，2013年2月份第一次调价，汽油价格涨幅为300元/吨，柴油价格涨幅为290元/吨。成品油价格的上涨，会导致物流运输等相关机构成本和居民生活成本随之增加，前两个月成品油需求量出现较大幅收缩。3月，成品油价格开始回落，且跌幅较大，这主要是受到宏观经济数据低迷、大宗商品价格持续走低以及市场预期的影响。4月到7月，成品油价格出现“三跌三涨”，油价重回接近年初的水平。11月后，受美国原油库存和发达国家经济数据向好影响，国际原油期货价格连续反弹，对国内成品油市场形成利好，柴油供应紧张，成品油价格上行。

2013年成品油价格调整的表现，表明经过价改，中国成品油价格调整市场化程度有了显着提高。图8呈现了2013年中国成品油剧烈的价格波动态势。总体来看，成品油价格是“降–升–降–升”的“W形”频繁波动走势，变动结果是最高连续增幅近650元/吨，最高降幅达705多元/吨的价格变动。

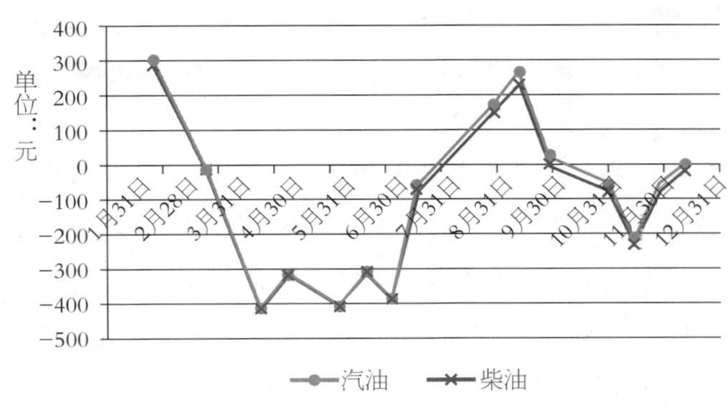

图8　2013年成品油价格调整趋势图

数据来源：中华人民共和国国家发展和改革委员会

自2月25日第一次调价后，国家发改委每月至少对汽柴油供应价进行一次调整，其中，6月、7月、9月、11月均进行了两次价格调整。经过这15次调价，与年初相比，汽油价格累计每吨上升了5元，柴油价格累计每吨下降了15元。相比往年，成品油价格波动频率加快，但波动区间缩小，成品油价格保持在居民消费的可接受范围内。

（三）两大石油集团受油价波动影响较大，炼油优势有所加强

2013年，中国石油化工集团公司原油加工量为2.32亿吨，同比增加4.81%；汽油产量4,556万吨，同比增12.36%；煤油产量1,743万吨，同比增16.12%；柴油产量7,740万吨，同比增0.01%。2013年上半年，中国石油天然气集团公司共加工原油0.68亿吨，同比增长1.91%；汽油产量1,470万吨，同比增12.10%；煤油产量183万吨，同比增18.70%；柴油产量2,860万吨，同比减少1.90%。受发达国家经济状况以及地缘政治影响，国际油价2013年波动较大；两大集团受国际油价影响明显，并作为主要动因影响到国内成品油价格的调整。2013年上半年，中石油炼油板块亏损达77.69亿元，同比大幅减亏155.39亿元，这与国内外成品油市场价格变动趋向吻合密切相关。9–11月份是成品油的传统旺季，汽油消费旺盛，供应更为充足；柴油也进入消费旺季，但与往年相比需求回升幅度较小，两大集团出现较大的销售压力。

2013年，由于新消费税政策实施导致成本增加，以及受油品升级等影响，部分地方炼厂加工量有所降低。地方炼厂开工率低且不稳定，这一方面将增加主营炼厂的市场占有率、炼油利润贡献率；另一方面，主营炼厂生产负荷增加，若主营炼厂进行检修或暂时停工，地方炼厂将无法弥补主营炼厂造成的产量损失，将对市场供给量造成影响；此外，主营炼厂地位的提升，或将对市场均衡造成一定影响。

（四）2014年中国成品油市场发展展望

2013年国内外政策上都发生了较大变动，尤其中国对成品油的政策影响尤为明显，如调价政策的改变等。预计2014年中国政策市场化导向作用会不断增强，这将对中国成品油市场造成重大影响。由于居民收入水平和消费水平的提高、国民经济的稳定发展、市场化程度的提高等因素的拉动，成品油供需将平稳增长，成品油出口低速增加，成品油市场形势较为乐观。

1. 成品油供需稳定增长

在稳增长政策的带动下，2014年国内经济将保持平稳增长态势。交通运输和工业是柴油消费的主要行业，随着实体经济逐步好转，工业增加值反弹，货运量增加，从而带动柴油需求有所增长；乘用车产销量的预计增长将支撑汽油消费小

幅增长；随着欧美经济回暖，国际航线有望复苏，航空市场形势向好也将有利于煤油消费的稳定。同时，在国家积极鼓励民间资本、外资通过与国有企业合作的方式进入油气建设领域的政策下，成品油产量将会不断提高。预计2014年成品油产量约3.12亿吨，表观消费量约2.98亿吨。

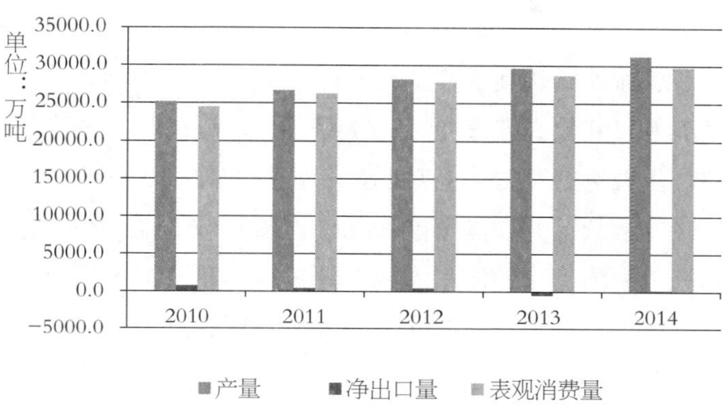

图9　2010~2014年成品油供需趋势图

数据来源：中国石油与化学工业联合会

2. 成品油消费柴汽比呈下行趋势

近几年国内市场成品油消费中柴油和汽油的比例出现了一定的变化，2005-2012年国内成品油消费柴汽比由2.31：1回落至1.97：1，2013年柴汽比继续降低。这一变化与我国所处的工业化发展阶段以及居民收入水平的变化、汽车行业的发展趋势密切相关。工业化后期柴油消费增速低于汽油消费增速将成为常态。因此，各炼厂应适当结合这一趋势和当地实际的柴汽油消费情况，适时、适度地进行炼油装置的新建和改扩建安排。国家也或将通过推广柴油汽车或利用价格杠杆来调节汽柴油的消费与生产情况。

3. 成品油价格改革继续深化

十八届三中全会通过的《中共中央关于全面深化改革若干重大问题的决定》提出："完善主要由市场决定价格的机制。凡是能由市场形成价格的都交给市场，政府不进行不当干预。推进水、石油、天然气、电力、交通、电信等领域价格改革，放开竞争性环节价格。"因此，无论是从政策导向，还是从改革目标上看，2014年成品油价格改革会在新的定价机制上继续深入。随着我国成品油市场条件的不断成熟，市场主体会更加多元化，只有引入市场机制才能提高资源的配置效率。政府则逐渐向市场监管职能转变，保证市场竞争的健康有效。

三、2013年中国天然气市场发展分析与展望

2013年全年国内天然气表观消费量达到1,631.4万亿立方米，同比增长15.4%，国内天然气生产量达到1,129.4亿立方米，天然气进口量529.6亿立方米，整体供需基本平衡。2013年天然气对外依存度突达30.5%。中国天然气供需呈季节性周期变化，总体偏紧，增长较2012年略放缓。目前中国天然气已形成的“西气东输、北气南下，液化天然气（LNG）登陆，就近外供”的良好局面，并将随着输气管网和液化天然气（LNG）项目的建设投产得到进一步深化。中国天然气消费量将持续快速增长，并在国家能源结构调整和节能减排中发挥重要作用。预计2014年天然气占中国一次能源消费比例将进一步提高，市场供需平稳增长，国内天然气产量增速仍将低于消费增速，对外依存度将进一步攀升。

（一）2013年中国天然气市场发展分析

1. 国内产量稳步增长

近年来中国天然气产量呈上升趋势，2013年天然气产量达1,129.4亿立方米，比2012年同期增加9.1%，增速有所提高。从季度数据来看，中国一、二、三及四季度的天然气产量分别为294、269、263、301亿立方米，第一季度和第四季度天然气产量高于第二季度和第三季度。从月度数据来看，除1月份以外，其他月份产量平稳，基本在90~100亿立方米范围内（见图10）。随着2012年西气东输二线建成投产、大连液化天然气（LNG）项目正式运营，以及2013年7月中缅油气管道投产通气，开始向中国输送天然气，中国天然气资源统筹调配与供应保障能力进一步提高。

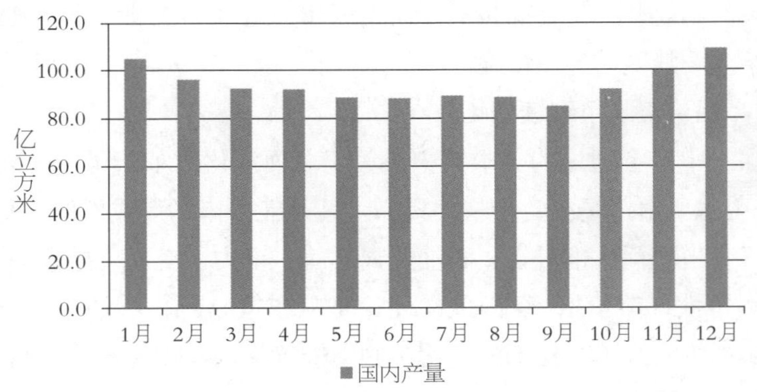

图10　2013年月度天然气产量

数据来源：中国人民共和国发展改革委员会

2. 市场供需整体平稳

2013年全年累计天然气表观消费量1,631.4亿立方米，比2012年同期增加9.1%。国内产量稳速提高和进口量大幅增加基本满足了国内天然气消费需求。中国天然气消费量全年变化趋势呈明显季节化特点：2013年前3月，由于气温偏低国内天然气消费量维持在高位，表观消费量408亿立方米，同比增长4.6%，较历史消费保持较快增长；4月份至8月份期间消费量平稳，维持在相对较低水平，消费量固定在125~135亿立方米范围内。从9月份开始消费量逐渐上升，迎来新的用气高峰（见图11）。

3. 天然气进口持续攀升

2013年进口天然气持续扩大，累计达529.6亿立方米，同比增长29.9%；除12月份进口量高达59.5亿立方米外，其他月份天然气进口量相对平稳，在38~50亿立方米区间波动。引人关注的是2013年进口天然气占国内天然气消费量的32.4%，与2011年28.9%相比增加3.5个百分点。根据2013年国家发改委公布的各月进口量及表观消费量数据，可以计算出各月天然气对外依存度情况（见图12），总体来看对外依存度有震荡上涨趋势，全年大部分各月数据多次突破30%，这也使得2013年天然气对外依存度达到30.5%。2013年中国已成为土库曼斯坦天然气的最大进口国；乌兹别克斯坦的乌天然气运输公司从4月1日起对华供应天然气，通过中国—中亚天然气管道每年向中国供应天然气100亿立方米。中国天然气进口渠道进一步拓宽，多元化的进口格局不断深化。

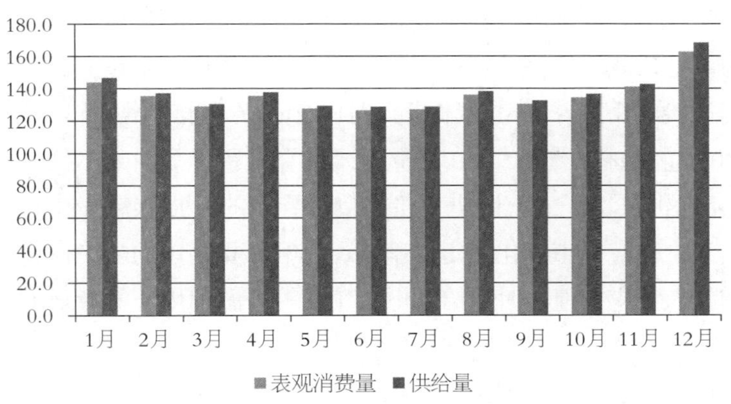

图11　2013年月度天然气消费量和供给量

数据来源：中国人民共和国发展改革委员会

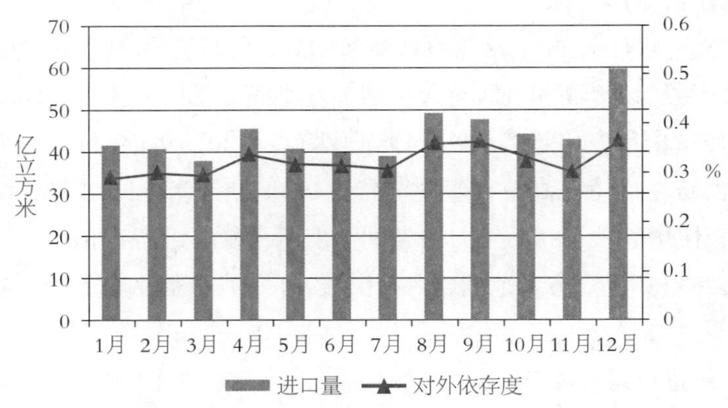

图12　2013年月度天然气进口量及对外依存度

数据来源：中国人民共和国发展改革委员会

4. 出台价格调整措施

中国天然气价格机制长期与国外价格脱节，对中国天然气产业产生的不利影响主要表现在两方面：一是天然气价格与国外脱节造成进口商进口越多亏损越多，抑制了国内天然气进口商的积极性，不利于进一步扩大天然气进口规模；二是受制于国内较低的天然气价格水平，天然气企业在参与国外项目竞购时报价被迫处于较低水平，价格竞争力不强，限制了天然气企业的对外发展步伐。为此，2013年6月28日，国家出台天然气价格调整方案：一是国家对价格管理由出厂环节调整为门站环节；二是区分存量气和增量气，适当提高存量气门站价格，增量气门站价与可替代能源价格挂钩；三是居民用气不作调整。按照新方案调整后的全国平均门站价将由1.69元/立方米提高到1.95元/立方米，增幅15.4%。按2013年存量气1,120亿立方米、增量气110亿立方米计算，预计全国天然气行业利润增幅约为240亿元，但进口天然气因进销价格倒挂导致的亏损依然存在。新定价机制为中国天然气价格完全市场化奠定了基础，有利于提高国内生产商和进口商的积极性，增加国内供应，但同时也给发电、工业等下游利用产业带来了挑战。

（二）2014年中国天然气市场发展展望

“十二五”规划中，为保证中国天然气产业可持续发展，中国政府及相关决策部门将加快推进一系列的配套改革，加快财税体制改革、深化天然气价格改革、强化节能减排目标责任考核，并出台扶持低碳及非常规能源发展的政策。可以预见，随着环保要求和人民对生活质量要求及政策引导，用气区域深入东部发达省市地区以及用气方式向低碳方向发展，天然气在中国能源消费结构中的占比将进一步提高。预计2014年天然气供需将继续平稳增长，消费增长速度在10%以上，进口天然气增速将远高于国内产量增速，对外依存度预计为32%左右。

1. 国内产量继续增长

在国家积极鼓励民间资本、外资通过与国有企业合作的方式进入油气建设领域的政策下，石油天然气产量将不断提高，尤其是非常规天然气开发会突飞猛进。2014年，中国塔里木、川渝、长庆、青海等四大天然气气藏地区向外输气管网项目以及液化天然气（LNG）进口项目的进一步推进和实施，中国天然气供应格局“西气东输、北气南下、液化天然气（LNG）登陆，就近外供”的天然气供应格局将进一步铺开，并覆盖全国。特别是大型长输天然气管道的建成投产，使天然气消费市场区域不断扩展至东部能源消费大户，新的用户用气条件将日益成熟，尤其是在长三角、珠三角、环渤海地区等天然气干线沿线省区。

2. 天然气占一次能源消费比例将会上升

自哥本哈根气候大会中国承诺减排目标以来，中国就非常重视低碳经济发展，2014年是中国经济转型、产业调整的关键一年，天然气作为清洁能源，提高其在中国能源消费结构中的比例有利于中国节能减排和能源供应安全问题的解决。预计2014年天然气在中国能源消费结构中的比例将会达到5.7%左右。“十二五”末天然气在中国能源消费结构中的比重由4%提高到8%。届时，国内天然气普及率将有显着提高，天然气用户将由大城市逐步向县市级等二三线城市的普及，在经济条件发达的地区，还将向城镇及农村进行延伸。

随着各地城镇化水平和环境质量要求的提高，具有价格竞争力的天然气将在各城市公共交通领域得到较快发展，主要表现为：天然气将成为大多数中小城市出租车的主要燃料；大中城市的公交车燃料将逐步升级为天然气等清洁燃料；液化天然气（LNG）车将向城际车发展；局部地区私家车天然气燃料改造将比较踊跃。预计2020年中国天然气汽车总数将接近200万辆，车用天然气消费量约为200亿立方米/年。公交车和出租车气化率将达到50%。

3. 进口持续增加

2008年以来，国内天然气产量与消费量的缺口逐渐增大（见图13），受环境问题影响，国家鼓励具有清洁环保特点的天然气的发展，预计2014年国内供需缺口将超过600亿立方米。为满足国内天然气需求，天然气进口量必将继续增加。目前已经基本形成了以中亚、中缅、中俄等陆上管道和沿海液化天然气（LNG）

为主的四大天然气进口通道，形成“西气东输、海气登陆、就近外供”的多元化进口格局。2014年中国油气企业将继续加大外部资源引进力度，并通过积极进行海外并购的方式，进行海外区块开发，努力保障国家用气需求。除了加大煤层气、页岩气等非常规天然气资源的开发力度外，中国为保障天然气消费需求，必然加大天然气进口量。国内天然气市场将沿着“供气来源国多元化、供气种类多元化、供气主体多元化”的方向发展。

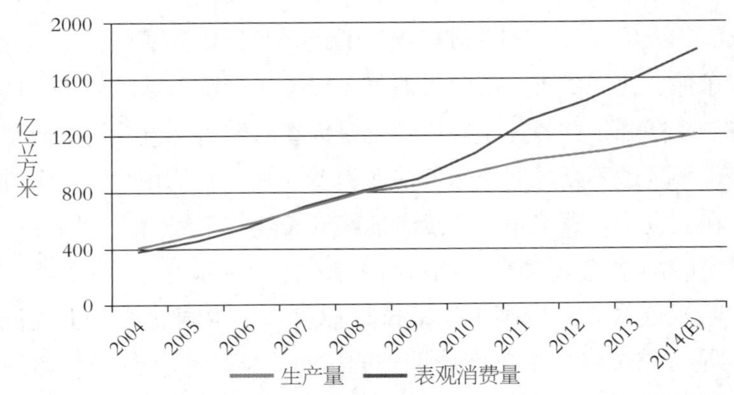

图13　2004~2014年中国天然气产量和表观消费量

数据来源：国家统计局

4. 价格改革继续深化

天然气价格改革仍是未来工作重点之一，国家发改委计划采取进一步的措施，用2~3年时间在全国理顺天然气价格，使天然气定价在符合新的定价机制上，取得突破性进展。总体来看，未来中国天然气价格改革将主要呈现以下趋势：以“小步快跑”的方式逐步理顺国产气与进口管道气、进口液化天然气（LNG）价格的矛盾；国内气价格结构与国际渐趋一致；天然气的市场价格逐步按照竞争性替代能源的热当量价格来确定；逐步完善天然气价改的配套措施。随着价格改革在全国各地逐步推进，进口天然气价格倒挂现象有望在2014年得到缓解。

中国油气勘探产业发展分析与展望

在“油气并举，稳住东部，加快西部勘探开发”的总体思路下，2013年中国油气勘探成果明显，探明储量替代率继续保持100%。截止2013年底，中国石油天然气集团公司新增石油探明地质储量超过6亿吨、天然气探明地质储量超过4,000亿立方米；中国石油化工集团公司油田板块资本支出891亿元，重点安排济阳、塔里木、准噶尔、鄂尔多斯、四川盆地等区域油气勘探；中国海洋石油集团公司2013年用于油气勘探的资本支出约为183亿元，其中用于国内油气勘探的比重是54%；延长石油集团公司新增探明石油储量超过1亿吨。

一、2013年中国油气勘探产业发展分析

（一）东部地区油气资源勘探进展情况

1. 常规油气资源勘探进展情况

中国石油化工集团公司胜利油田有限公司（胜利油田）发现近千万吨级油田——青南油田。2013年，胜利油田由传统地质勘探向商业勘探转变，通过先进的勘探开发技术在莱州湾附近青南地区发现一个近千万吨级油田——青南油田。此油田已顺利通过中国石油化工集团公司储量评审专家组验收，并成为胜利油田开发史上发现的第80个油田。其勘探面积近300平方公里，胜利油田与青南油田一起完成控制石油地质储量8,100万吨，及预测石油地质储量9,100万吨。青南洼陷位于东营凹陷东南部。2004年，探井莱64井钻获工业油流。2009年以来，胜利勘探工作者提出青南洼陷“三带成藏、满洼含油”认识。2011年，在此部署的莱87井获自喷高产，一举打破几十年来小洼陷贫油低产的传统认识。2012年，完钻的3口井均获日产18至40吨的自喷高产，使得青南洼陷迅速升级为东营凹陷东部勘探热点，并成为胜利东部探区2013年重大突破之一。2013年，该洼陷新增控制石油地质储量近千万吨。

胜利油田依托《油气成藏过程动力构成差异性及控藏模式》科研课题，围绕

油气成藏动力展开探索研究，选择压力体系相对完整、油藏类型相对丰富、资料比价齐全的东营凹陷和沾化凹陷为主要研究区，采用动静结合、正反演结合的研究思路，经过两年多的系统攻关，创新形成了以成藏动力为核心的油气藏勘探思路和评价技术。此研究成果有力指导了东营、沾化凹陷的勘探部署，近两年来共部署探井74口，累计新增探明石油地质储量近1.4亿吨，控制石油地质储量约8,600万吨，其中梁75–梁76区块滩坝砂油藏上报探明石油地质储量8,400多万吨，成为自进入隐蔽油气藏勘探阶段以来，胜利油田一次性上报储量最大的区块。东营凹陷、沾化凹陷是中国东部陆相断陷盆地的典型代表，其油气运聚过程中成藏动力研究取得突破，对国内外其他相似盆地油气勘探具有借鉴意义。

中国石油化工集团公司河南油田春光区块形成亿吨规模储量。河南油田深化油气成藏及富集规律研究，确立了“立足沙湾组精查细找，努力增加规模储量；探索新层系，力争新突破，开拓资源接替领域”的指导思想，逐步深化断层—岩性圈闭研究，依靠成熟的岩性油气藏勘探技术，使得春光探区地层—岩性油气藏勘探取得重大成果：排10井区多类型油藏增储规模4,000万吨，春10井和春17井区多层系稠油增储规模4,000万吨，加上已经提交的2,060万吨探明储量，春光探区呈现出一个亿吨级储量阵地。春光区块位于准噶尔盆地西缘车排子地区，矿权面积1,023平方公里，是一个具有多层系、多圈闭类型（潜山、断块、地层、岩性油气藏）和多油品（稠油、中质油、轻质油、天然气）的复式油气聚集区。春光区块1亿吨增储阵地的发现，为河南油田“十二五”增储上产打下了坚实的基础，对河南油田可持续发展具有重要的现实意义。

辽宁地区勘探出3,000万吨的新油田。经过多年勘探，中国石油化工集团公司东北油气分公司于2013年在辽宁省阜新市彰武县双庙镇地区勘探出一处石油资源储量达3,000万吨的新油田。东北油气分公司在彰武地区进行油气勘探工作始于20世纪80年代末，2011年，该公司在彰武县双庙镇二台子村地下2,700米处发现石油。之后，公司在双庙地区又进行了三维地球物理勘探，并辐射到丰田、平安、五峰等乡镇，2013年已探明彰武地区石油资源储量3,000万吨。

中国石油天然气集团公司所属的大庆油田整合勘探系统并提出“8710”目标。2013年，大庆油田致力提高组织管理和运行水平，进一步增强资源掌控能力，强化地质研究与工程技术的紧密结合，扎实推进勘探开发一体化，并提出“8710”目标，即从2013年到2020年，新增石油探明储量8亿吨，新增天然气探明储量7,000亿立方米，动用石油储量10亿吨；以规模效益储量为目标，打好非常规、塔东、深层“三大进攻仗”，为4,000万吨硬稳产和重上5,000万吨提供资源保障。

大庆油田将勘探部、勘探分公司、海拉尔勘探评价项目管理部整合为勘探事业部，围绕加快致密油、塔东和深层气等重点领域勘探，重点抓好地质研究与工程技术的紧密结合，勘探系统围绕一个目标进行。地质研究把重点放在深化成藏理论、规律再认识上，工程技术把重点放在发展地震、钻井、压裂和储层评价等关键技术上，力争形成理论和技术两个创新，相互依托，相互带动，加快推动勘探进步。大庆油田树立老探区还有新潜力、探明区还有新层系、差储层也能变成好储层的思想，打破传统观念和认识的束缚，进一步推动勘探工作向前发展。

中国石油化工集团公司南方油气勘探战场收获成果。2013年4月，中国石油化工集团公司实施“稳定东部、加快西部、准备南方、开拓海外”资源战略的重要决策，与此同时，江苏油田实施“走出苏皖，发展苏皖”资源战略的重要步伐，经过多年的地震采集、处理和多轮次资料解释、地质评价攻关，发现并落实了一批构造圈闭。2012年，在圈闭评价和优选的基础上，部署了徐闻X6井。江苏油田在域外勘探区块徐闻地区部署的重点探井徐闻X6井，完井试油在涠州组试获8.3立方米工业油流。该井经过大型压裂作业后，在同井另一层系上又试获5.2立方米油流，标志着中国石油化工集团公司南方新区油气勘探获得突破。徐闻X6井，位于广东省湛江市徐闻县境内。该井是中国石油化工集团公司在徐闻区块部署的第4口探井，钻探目的是探明该构造涠洲组、流沙港组含油气情况，设计井深4,072米。徐闻X6井自2012年9月26日开钻，于2013年1月18日顺利完钻。在钻探过程中，分别在涠洲组和流沙港组见到良好油气显示，全井录井共见51层95.83米油气显示，测井解释油层9层25.3米，油干层8层16米，已经在两个含油层系中试获工业油流，展示了徐闻地区油气勘探的良好前景。

2. 非常规油气资源勘探进展情况分析

渭河盆地蓝田区块非常规资源勘探取得新突破。由中国石油化工集团公司华北研究院部署、设计的该区块第一口水溶氦气井渭新1井于高陵群试获高丰度含氦天然气，氦气含量高达5.81%，超过含氦天然气工业标准（0.1%）的58倍，是富氦天然气标准（>0.7%）的8倍。经预测，华北分公司蓝田区块地热资源量为944.37×10^8m^3，水溶氦气资源量为126×10^8m^3，勘探潜力巨大。

中国石油化工集团公司华北分公司蓝田区块所在的渭河盆地是大型地热水盆地、大型水溶氦气盆地，氦气资源赋存于地下热水中。渭河盆地是集地热、水溶氦气资源为一体的综合性资源盆地，具有优越的资源条件和良好的勘探前景。氦气资源属于非常规紧缺资源，也是重要的战略资源，目前世界上的氦气主要作为天然气的副产品生产，中国所需氦气基本依赖于国外进口，资源十分紧张。

渭新1井的试气成功对华北分公司非常规资源的突破和发展、对常规资源的有效补充具有重大意义；对打造中国石油化工集团公司“上游长板”，丰富资料类型具有重大意义；同时对改变中国贫氦资源面貌，提高氦气资源保障能力，保障国家资源安全供给具有深远意义。

泌阳凹陷陆相页岩油勘探取得重大进展。泌页2HF井大型压裂后喜获高产工业油流，截至2013年2月16日，累计产油330立方米，平均日产油23立方米，最高日产油28立方米，这标志着泌阳凹陷陆相页岩油勘探又取得重大进展。泌阳凹陷面积1,000平方千米，已经发现9个油田，累计探明储量2.7亿吨，是一个典型的陆相富油凹陷，页岩主要分布在深凹区，分布面积近400平方千米，具有形成页岩油的优越条件，初步计算页岩油资源量为11.01亿吨，具有良好的勘探前景。

泌页2HF井是中国石油化工集团公司部署在河南油田的第二口页岩油重点预探井，目的是进一步评价和落实泌阳凹陷深凹区东部的页岩油气藏平面展布范围、储量规模及产能情况，探索页岩油气藏水平段水平井钻井及分段压裂等新技术的应用效果，为非常规油气勘探开发积累经验，并为河南油田建立中国石油化工集团公司页岩油勘探开发先导试验区奠定基础。由于泌页2HF井具有页岩层埋藏深、水平段长、压裂级数多、施工难度大等难点，现场专家和技术施工人员及时调整优化压裂施工方案，从而确保了压裂施工成功。压裂施工完成后一直在进行钻桥塞作业，开始排液求产取得成功。

泌页2HF井获得高产工业油流，再次展示了泌阳凹陷陆相页岩油气的较大资源潜力和良好勘探开发前景，同时也为下一步采用水平井钻井及多级分段压裂技术开发页岩油气提供了新的思路和技术方法。

（二）西部地区油气资源勘探进展情况

1. 常规油气资源勘探进展情况

中国石油天然气集团公司所属的塔里木油田取得重大勘探成果，三级储量7年超4亿吨。2013年10月下旬，在“两新两高”工作方针指引下，塔里木油田迪北104井试获高产，迪北区块持续两年的氮气钻井技术攻关取得阶段性突破，依奇克深克里油田增加了新的探明储量；9月16日，克深501井获得高产，库车山前又落实一个储量丰富的大气藏。塔里木油田油气藏深埋地下6,000多米，持续释放出三级储量7年超过4亿吨。

中国石油化工集团公司所属的西南油气田油气勘探硕果累累。西南油气田突出资源战略，注重油气发现和商业发现，坚持走高效勘探之路，2013年新增天然气探明储量302亿方，新增天然气控制储量1,300多亿方，新增天然气预测储量2,400多亿方，超额完成储量目标。西南油气田已有探明储量5,000多亿立方米，还有前景上万亿立方米的规模增储阵地，为建设天然气年产量200亿立方米大气田的远景目标奠定了物质基础。

中国石油化工集团公司所属的西北油田塔中奥陶系深层勘探获重大突破。2013年，西北油田按照中国石油化工集团公司“以基础研究和技术攻关带动勘探大突破，走高效勘探开发之路”的要求，加强基础资料、基础图件、基础研究”的“新三基”工作，深化基础地质研究，强化圈闭目标评价，优化井位部署，在塔中奥陶系深层勘探领域获得重大突破。位于塔中北坡的重要勘探井——顺南5井在奥陶系蓬莱坝组钻遇优质碳酸盐岩储层，在蓬莱坝组7,209.8米钻遇漏失，截止8月21日，累计漏失泥浆1,152.5方，井口点火火焰高达15米，这是继顺南4井在奥陶系鹰山组获得重大发现后又一重大突破。

顺南5井位于塔中顺南工区，距顺南4井约15公里，设计井深7,575.0m，以奥陶系蓬莱坝组为主要目的层，重点探索蓬莱坝组的储层发育特征和含油气性，同时验证分析本地区奥陶系蓬莱坝组“串珠状”反射特征的地震解释技术和储层预测技术。

顺南4、顺南5井相继所取得的重要发现，不仅表明塔中北坡奥陶系的油气资源勘探潜力巨大，同时也表明中国石油化工集团西北油田分公司向“准备塔中”的战略部署目标迈出了实质性的步伐，为该公司打造西部资源接替阵地、建设千万吨级大油气田奠定了坚实的资源基础。

2. 非常规油气资源勘探进展情况

2013年10月30日，国家能源局发布中国首个《页岩气产业政策》，提出把页岩气开发纳入国家战略性新兴产业，加大对页岩气勘探开发等的财政扶持力度。国家将鼓励建立页岩气示范区；加快示范区用地审批，支持示范区其他相关配套设施建设；鼓励页岩气勘探开发技术自主化，加快页岩气关键装备研制。

中国石油化工集团公司海相页岩气勘探取得重大突破。按照中国石油化工集团公司提出的要求，南方勘探公司于2013年6月4日前完成了针对焦石坝地区海相页岩气部署的594.5平方千米三维地震，为页岩气勘探开发采集了高品质的地震资料；在焦页1HF井周围甩开部署和实施3口海相页岩气探井，进一步落实焦石坝地区龙马溪组含气页岩层平面分布、厚度、品质和含气量等主要参数，开展提高单井产能工程工艺试验，为规模开发提供钻井、完井和压裂设计标准。

在焦页1HF井钻进和压裂过程中，中原石油工程公司等单位应用了多项先进技术，保证了安全顺利钻进，创造了中国石油化工集团公司页岩气单井加砂量最高和单层（段）加砂量最高等多项页岩油气测试新纪录。

焦页1HF井取得海相页岩气勘探的商业性发现，具有里程碑意义。首先，这是中国石油化工集团公司自主完成的海相页岩气水平井，是目前国内单井产量最高、最稳定的页岩气井，标志着中国页岩气勘探成藏理论、评价技术有了实质性突破。其次，该井所在区域的海相页岩气层埋深小于3,500米，埋藏浅、面积大、气量足。焦页1HF井的突破将推动南方海相页岩油气勘探大发展。

中国石油化工集团公司涪陵区焦石坝的页岩气田勘探开发取得重大进展。2013年11月22日，国家发改委副主任、国家能源局局长吴新雄实地考察重庆涪陵国家级页岩气示范区并召开专题调研座谈会，对重庆页岩气勘探开发取得重大进展予以了充分肯定。资料显示，重庆是页岩气资源富集地区，分布面积约7.6万平方公里，地质资源量约12.8万亿立方米，可采资源量约2万亿立方米，列全国第三位。

此外，2013年川西坳陷侏罗系与上三叠系天然气资源量为1.8万亿～2.5万亿立方米，在四川盆地已发现并开发的中坝、平落坝、九龙山、合兴场、新场、洛带、新都、邛西、马蓬等气田，仍有大量的资源待发现。川中地区遂南、南充、八角场等气田均在须家河组致密岩气藏生产工业天然气。鄂尔多斯盆地北部已发现苏里格、榆林、长北、大牛地等致密岩气田。苏里格气田是近年来发现的大气田，探明天然气地质储量6,025亿立方米，为目前中国最大的气田，具有巨大的开发潜力。

（三）海上地区油气资源勘探进展情况

1. 常规油气资源勘探进展情况

秦皇岛29-2东油气田是渤海海域目前规模最大的轻质隐蔽油气藏。秦皇岛29-2构造位于渤海中北部海域，平均水深约27米。在秦皇岛29-2东构造中块钻探的秦皇岛29-2东-4井获得重大突破，发现油层厚度218.4米，单层最大油层厚度达133.7米。

蓬莱15-2地处渤海湾盆地东部边缘的庙西北洼陷。其洼陷面积极小，仅有

440平方公里，烃源岩面积占40%左右。经评价证实，蓬莱9–1为大型油田，蓬莱15–2构造与蓬莱9–1油田仅隔一条断裂带。经进一步的油源分析表明，庙西北洼陷在蓬莱9–1油田的油气供应上起着重要作用。此后，对庙西北洼陷的三维地震资料进行补采，并加强对这一凹陷的基础研究工作。立足于详细的资料解释，再次钻探蓬莱15–2–1井。蓬莱15–2首口探井钻遇丰厚油层，随后的10口评价井对储量做了进一步的精确评价。蓬莱15–2油田的发现，不仅填补了庙西北洼陷的勘探空白，更重要的是为今后周边其他类似洼陷的勘探提供了有益的经验借鉴。

2013年7月30日，中国海洋石油总公司宣布，在渤海海域获得两个油气勘探新发现：渤中8–4和垦利10–4。其中，渤中8–4构造位于渤海海域渤中凹陷西斜坡，平均水深约28米。发现井渤中8–4–4井完钻井深1,962米，共钻遇约50米厚的油层和11米厚的气层。垦利10–4构造位于渤海海域莱州湾凹陷南部斜坡带，平均水深约15米。垦利10–4–1井完钻井深2,395米，共钻遇约45米厚的油层。

2013年10月23日，中国海洋石油总公司宣布，垦利9–5/9–6中型含油气构造评价成功。垦利9–5/9–6构造位于渤海南部海域莱西构造带，平均水深约9米。公司钻探了垦利9–5–2D和垦利9–6–2井，完钻井深分别约2,220米和1,250米，并分别钻遇约70米和120米厚的油层。垦利9–5/9–6油气构造的评价成功，进一步扩大了该区域的储量规模。

2. 非常规油气资源勘探进展情况

旅大5–2北油田在渤海稠油勘探史上具有里程碑的意义。2013年10月23日，中国海洋石油总公司宣布在渤海海域获得旅大5–2北中型新发现。

旅大5–2北构造位于渤海辽东湾海域，紧邻绥中36–1油田，平均水深31米。旅大5–2N–2井和5–2N–4井完钻井深约1,140米，并分别钻遇约120米和85米厚的油层。

旅大5–2北新发现是中国海洋石油有限公司稠油热采技术的成功实践，该项技术的突破有助于实现对油质重、黏度大的特稠油的开采，为解放其稠油储量探索了一条新路。旅大5–2北油田历经25年艰辛探索，攻克特稠油产能关，在渤海稠油勘探史上具有里程碑的意义。

二、2014年中国油气勘探产业展望

（一）总体思路

根据国家能源发展“十二五”规划，油气资源勘探开发方面的总体思路为：

加大内陆常规油气资源勘探开发力度，在保证石油增储稳产的同时推进天然气快速发展，优化开发常规化石能源，巩固能源供应基础；加快海洋油气资源勘探开发，坚持储近用远原则，重点提高深海资源勘探开发能力；加快发展非常规油气资源，以煤层气和页岩气勘探开发为着力点，增加天然气产量，调整能源结构，逐步提高天然气在一次能源中的比重，降低石油对外依存度，保证国家能源供应安全。

常规油气资源勘探开发方面，按照稳定东部、加快西部、发展南方、开拓海域的方针，推进原油增储稳产、天然气快速发展。稳定东部发展，立足松辽盆地、渤海湾盆地，努力挖掘东部潜力，加强老区精细勘探，拓展外围盆地资源；加快西部重点盆地勘探开发，着力发展塔里木盆地、准噶尔盆地，增加油气储量和产量，建立油气战略接替区，建设国家西部综合能源基地；加大南方海相区域勘探开发力度，创新地质理论，突破关键勘探开发技术瓶颈。海洋开发以东海、渤海、南海等近海海域为主，稳定发展现有油气田，坚持储近用远则，加强研发重点技术，提高深水资源勘探开发能力。预计到2015年，新增石油探明地质储量65亿吨以上，产量稳定在2亿吨左右；新增常规天然气探明地质储量3.5万亿立方米，产量超过1,300亿立方米。

非常规油气资源开发方面，加快煤层气勘探开发，以沁水盆地和鄂尔多斯盆地为中心建设煤层气产业基地，西部重点开发陕西、甘肃、宁夏、新疆，中部重点开发河北、安徽、山东、河南，完成个地区煤层气勘察与开发评价，增加探明地质储量；预计到2015年煤层气探明地质储量和商品量达到1万亿立方米和200亿立方米。突破页岩气开发核心技术，在四川、鄂尔多斯等页岩气资源富集盆地选择勘探开发合作区，建设先导性示范工程，建设长宁、威远、昭通、富顺–永川、鄂西渝东、川西–阆中、川东北、延安等页岩气勘探开发区，初步实现规模化商业生产，为页岩气快速发展奠定坚实基础；建立页岩气勘探开发新机制，落实产业鼓励政策，完善配套基础设施，预计到2015年，页岩气探明地质储量达到6,000亿立方米，商品量达到65亿立方米。

（二）勘探投入

1. 中国石油天然气集团公司

在勘探方面，中国石油天然气集团公司一方面将继续加强综合地质研究，增加勘探投入，优化部署，推进勘探开发一体化，巩固资源基础，强化圈闭储备；另一方面围绕提高储量动用率、采收率和单井产量目标，加强技术攻关，优化产能建设，保证油气产量稳中有升。2014年中国石油天然气集团公司勘探与开发板块的资本性支出有望超出2,400亿元，其中约1,160亿元用于油气勘探活动。国内重点突出储量增长高峰期工程，强化预探和风险勘探，推进致密油气勘探，在四川盆地高石梯—磨溪地区和鄂尔多斯盆地姬塬地区取得重要成果，在塔里木盆地、准噶尔盆地、渤海湾盆地、松辽盆地和柴达木盆地获得重要发现，国内油气储量继续稳定增长。

2. 中国石油化工集团公司

中国石油化工集团公司2013年通过加大在国内重点区域的勘探，注重油气商业发现，油气勘探呈现高效态势，塔里木等新区勘探取得重大突破，实现了油气增储上产；在非常规油气资源开发取得明显成效，重点区带评价勘探取得新进展。2014年该公司资本性支出将超过2,150亿元，其中：勘探及开采事业部资本支出约1,036亿元，占总支出的48.2%，在原油开发上，抓好老区精细开发和致密油有效开发，加快推进重点产能建设；加强开发潜力区块的地质研究与产能评价，做好产能建设区块接替工作。在天然气开发上，加快推进元坝、川西中浅层和大牛地气田产能建设。在非常规资源上将加强四川盆地及周缘地区海相页岩气整体评价；加快涪陵海相页岩气示范区和延川南煤层气产能建设。

3. 中国海洋石油总公司

中国海洋石油总公司将进一步加大投资力度，预计2014年资本支出预计约为1,050~1,200亿元，其中19%用于勘探开发的支出；国内勘探开发的资本性支出将占54%。中国海洋石油总公司公推进采集二维地震数据和三维地震数据，并将继续加强深水勘探；在非常规能源勘探方面，中国海洋石油总公司表示在2015年前将投资99.333亿元进行煤层气的勘探；其全资子公司将与中联煤层气在山西、陕西等9省份共同勘探、开发、生产及销售煤层气及煤层气产品。

（三）政策展望

1. 大力推进非常规天然气勘探开发

非常规天然气源将成为未来天然气供应的重要增长级，大力推进非常规天然气资源开发，加大煤层气和页岩气的开发力度是现阶段的工作重点。

煤层气作为中国非常规油气开发领域的先锋军，大力发展煤层气对保障煤矿安全生产、优化能源结构、保护生态环境具有重要意义，煤层气产业将在国家“十二五”期间迎来发展的黄金阶段。在2015年之前建成沁水盆地和鄂尔多斯盆地东缘煤层气产业化基地，形成勘探开发、生产加工、输送利用一体化发展的产业体系。煤层气勘探开发按照整体部署、分期实施、滚动开发的原则，注重提高区块开发的总体效率；坚持普查与重点勘探相结合，实现地质研究与勘探工程的有机结合，准确获取探明储量；坚持自主研发与技术创新，为煤层气规模化开发提供技术保障。

加快页岩气勘探开发，按照统一规划、合理布局、示范先行、综合利用的原则，依靠科技进步，实现资源利用率高、经济效益良好、环境污染少，为国家提供清洁能源保障。立足四川盆地和鄂尔多斯盆地，拓展盆地外围能源，建立勘探开发合作区，初步实现规模化商业生产；加强页岩气勘探开发关键技术自主研发与国外先进技术引进相结合，在页岩气分析测试技术、水平井钻完井技术、水平井分段压裂技术、增产改造技术、微地震监测技术等领域实现突破，完善页岩气勘探开发理论和技术体系，提高页岩气勘探成功率与开发利用率，保证页岩气资源有序开发。

2. 鼓励民营企业进入

十八届三中全会提出全面深化经济体制改革，要紧紧围绕使市场在资源配置中起决定性作用。深化经济体制改革，坚持和完善基本经济制度，加快完善现代市场体系、宏观调控体系、开放型经济体系，加快转变经济发展方式，加快建设创新型国家，推动经济更有效率、更加公平、更可持续发展，建设统一开放、竞争有序的市场体系，是使市场在资源配置中起决定性作用的基础。

2013年国家能源局出台《煤层气产业政策》与《页岩气产业政策》，都提出通过鼓励包括民营企业在内的多元投资主体投资非常规油气资源勘探开发，加快非常规油气资源勘探利用，但具体政策仍为落实。目前油气开发产业尚属垄断行业，准入门槛较高。应进一步放宽能源投融资准入限制，设立切实可行的政策与法规，细化民间投资和非国有企业的准入领域和进入规则。鼓励民间资本进入法律法规未明确禁入的能源领域，鼓励境外资本依照法律法规和外商投资产业政策参与能源领域投资，推进油气管网等基础设施投资多元化。国家能源发展“十二五”规划也提出以煤层气、页岩气、页岩油等矿种区块招标为突破口，允许符合条件的非国有资本进入，推动形成竞争性开发机制。规范流通市场秩序，稳步推进油气开发产业成熟、规范、快速发展。

3. 加强监管保护生态环境

十八届三中全会提出加快生态文明制度建设，紧紧围绕建设美丽中国深化生态文明体制改革，加快建立生态文明制度，健全国土空间开发、资源节约利用、生态环境保护的体制机制，推动形成人与自然和谐发展现代化建设新格局。近年来频发的油气勘探开发环保问题使得三大石油集团公司饱受诟病，究其根本是相关法律法规制度不健全，监督处罚力度不足。在油气勘探开发的新领域，如页岩气、煤层气和深海油气勘探开发过程中，目前国内技术尚未成熟、开采风险较大，可能产生相应的污染与生态环境破坏。

生态文明建设将在未来与中国经济发展与经济结构转型紧密相关，相应的政府会陆续出台一系列政策，加强对中国油气资源开发过程中的节能环保等问题的监管。真正落实“建设生态文明社会”，坚持页岩气勘探开发与生态保护并重的原则，在钻井、压裂等作业过程中减少占地面积、及时恢复植被、节约利用水资源，实行各类废弃物处置措施，保护生态环境，推动能源产业绿色、清洁、高效发展。

4. 促进深海油气资源勘探开发

深海油气资源作为世界油气资源的重要接替区，近年受到世界各国的普遍重视，随着陆地和浅海油田的资源枯竭，海洋油气资源将成为未来全球开发的重点区域，海洋深水区已经成为很多国家的战略要地。中国南海油气资源极为丰富，总储量占中国油气资源总量的三分之一，加快中国南海区域深海油气勘探开发能力对国家能源安全有重要意义。国家对深海油气资源的开发给予高度重视，在国家能源发展“十二五”规划与“十二五”科技规划中都提出强化深海油气勘探开发能力，这也符合十八大提出的提高中国海洋资源开发能力，坚决维护国家海洋权益，建设海洋强国的精神。深海油气勘探开发存在较高风险，需要先进的深水工程装备与技术支持，目前中国的深海开发区域还处于起步阶段，面临诸多挑战。

面对南海复杂的海底地质条件与恶劣的自然环境，提高和完善中国自主设计深海资源勘探、深水钻探、深海资源开发辅助等装备的能力迫在眉睫。技术方面，加强与其他国家合作，在地震勘探技术、非地震勘探技术、电磁勘探技术、钻井技术、立管技术、完井采油技术实现突破，攻克深海油气勘探开发中的核心技术瓶颈。同时，面对复杂的南海区域地缘政治，增强中国海权主张意识，提早实现中国深海油气勘探开发质的飞跃。

中国油气开发产业发展分析与展望

2013年中国国内原油产量约2.08亿吨，比上年增长约1.7%；天然气产量约1,129亿立方米，比上年增长约9.1%。2013年全年原油天然气开发生产仍延续2012年趋势（见图14）。从全年月度数据来看，2013年原油全年产量呈平稳态势；天然气产量全年呈现“两头高，中间低”的态势，4月以后随着供暖季节的结束，天然气产量平稳回落（见图15）。

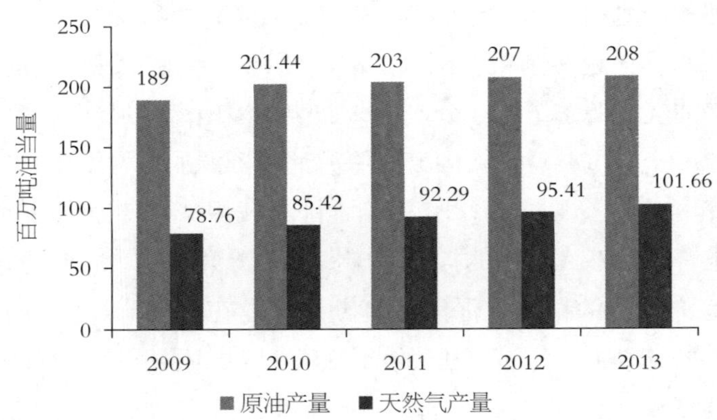

图14　2009~2013年中国油气产量趋势图

数据来源：中国石油和化学工业联合会

2013年，在三大石油集团公司公司中，中国石油天然气集团公司油气产量最大，境内原油产量超过1.1亿吨。2013年，中国石油化工集团公司境内生产原油4,378万吨，天然气186.79亿立方米。

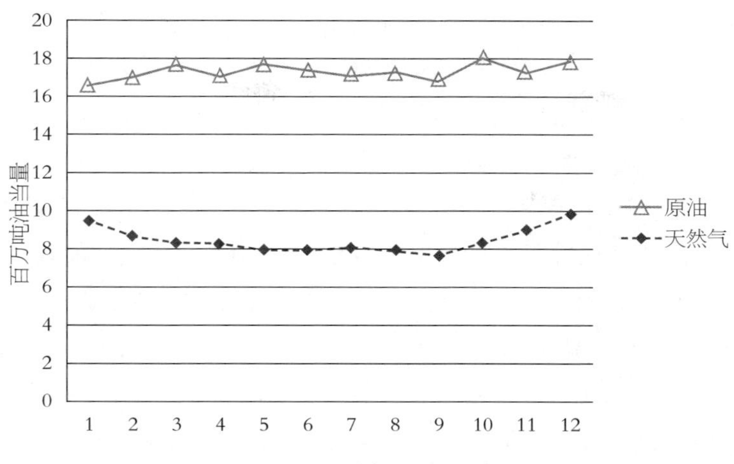

图15 2013年中国月度原油天然气产量

数据来源：中国石油和化学工业联合会

一、2013年中国油气开发产业发展分析

（一）陆上原油实现西部增产中东部稳产

2013年中国境内陆上原油实现西部地区保增长、东部地区稳产的格局。西部地区以中国石油天然气集团公司的长庆油田、新疆油田、塔里木油田、吐哈油田和中国石油化工集团公司的西北石油分公司为代表的西部油气田开发公司，在2013年针对油田开发现状，大力推广技术创新，同时加强新区产能建设，均实现历史最高原油产量。

长庆油田，连续五年油气当量递增500万吨，2013年实现年油气当量5,000万吨，其中，原油产量2,433万吨，同比增长171万吨，已实现全面建成“西部大庆”这一目标。为实现这一目标，2013年长庆油田计划新建原油产能550万吨，新建天然气产能86.7亿立方米。

新疆油田、塔里木油田、吐哈油田为实现“新疆大庆”这一目标，生产油气当量合计约3,800万吨。其中，新疆油田2013年生产原油1,160万吨，计划到2015年实现1,540万吨油气当量，其中原油产量达到1,300万吨，天然气产量达到30亿立方米；塔里木油田连续六年实现2,000万吨，2013年生产油气当量2,366万吨，同比增长10.4%；吐哈油田日增产能1,550吨以上，原油日产达到5,000吨。吐哈油田2013年生产原油170万吨、天然气11.5亿立方米，油气当量262万吨，比2012年增加22万吨。

为实现“新疆大庆”这一目标，新疆油田2013年新建产能276万吨，实现新井产量102万吨。其中，风城作业区计划新建产能142.4万吨，其中稠油建产能125万吨。2013年，新疆油田针对稀油产能建设，制定了“5753”工程规划，即5年内稀油将建产能70万吨，保障“十二五”末稀油产量上50万吨并稳产3年。风城作业区乌尔禾油田全年计划在乌5井区和乌33井区建设产能19.05万吨。其中，重点产能建设区块乌5井区计划2013年实施新井160口，建设产能11.55万吨。同时，新疆油田开展四大重大开发实验，分别为风城超稠油SAGD开发先导试验、红浅1井区火驱先导试验、七东1区克下组油藏聚合物驱工业化试验和七中区克下组油藏二元驱工业化试验。自2006年以来，新疆油田开始展推广砾岩油藏聚合物驱技术和砾岩油藏二元驱技术，累计增产原油17.6万吨。按照聚合物驱筛选标准，新疆油田适合聚合物驱的开发区块51个，可增加可采储量2,006万吨。其中，七东1区克下组油藏聚合物驱工业化试验已取得成功，比水驱提高采收率11个百分点，全区扩大试验已完成方案的钻井工作，303口油水井全面投产投注，预计2015年达到30万吨产量目标；七中区克下组油藏二元驱工业化试验已累计产油4.97万吨，阶段采出程度达到4.12%。同时，新疆油田利用微生物吞吐采油技术为油井解堵、增油、清蜡，达到提高采收率的目的。采油一厂通过在稠油老区——四二区和红一6区采用微生物吞吐采油和生物酶解堵增油两项技术，取得显着增油效果。其中，生物酶解堵技术共实施4口井，5个月内实现增油808吨，单井平均增油202吨；微生物吞吐采油技术共实施20口井，累计增油1,734吨，单井平均增油86.7吨。

塔里木油田，2013年11月6日，首个百万吨产能的碳酸盐岩油田——哈拉哈塘油田哈6区块地面产能建设工程投产。在塔里木盆地，碳酸盐岩分布区域大于30万平方公里，油气资源约占盆地总量的40%。针对碳酸盐岩油藏高产不稳产的特点，塔里木油田利用储层改造技术、水平井分段改造技术和携砂压裂技术解决了这一生产开发难题。碳酸盐岩有别于砂岩油藏的最大特点是储集空间复杂多变、天然裂缝发育和基质渗透率低，95%以上的油井需要进行储层改造。但埋藏深、温度高和非均质性强等特点，使储层改造技术成为一项世界级的难题。

吐哈油田，2013年大力推进勘探开发一体化，瞄准鲁克沁中西区等重点开发建产区域，在鲁克沁二叠系实施勘探开发一体化评价建产，目前已投产33口，每天新增产能422吨。在三塘湖砂岩油藏，吐哈油田采取加密调整与滚动建产并重的方式，投产40口井，单井日产量达5.5吨。在胜北、胜南、火焰山和温米等区块，滚动增储建产捷报频传。葡406井9毫米油嘴放喷，日产原油近百吨、日产天然气4.8万立方米。胜北3-2井日产油12.8吨，日产天然气1.4万立方米。截至2013年10月8日，吐哈油田完钻开发井306口、勘探井38口，日增产能1,550余吨；通过加大选井选层措施力度，实施压裂和补改层等增产措施，日增产753吨；以井网完善、分层注水和降压增注为重点，通过精细注水，日注水由2.45万立方米增至2.9万立方米。

中国石油化工集团公司西北油田分公司，2013年生产原油735万吨，新建产能18.98万吨，以“展开塔河、准备塔中”为战略目标。上半年实现油气产交量“双超”，累计生产原油363.85万吨，交油353.35万吨，同比增加4.58万吨。在产能建设上，坚持优先动用已落实的储量、优先评价新区域新层系、优先研究未动用储量，加快资源转化步伐；开发上，努力提高储量动用率和采收率，降低自然递减率。针对低孔、低渗类油气藏，利用分级加砂压裂及常规加砂压裂技术。在压裂结束开井测试求产初期，会出现支撑剂回流、地层出砂等问题，造成地面测试设备被冲蚀甚至酿成事故。为解决冲蚀问题，满足加砂压裂后试油求产要求，过去采用的均是高配置返排流程结构。根据单井的储层类别、加砂规模，设计、优化加砂压裂地面返排流程，单井流程连接时间缩短12小时，单井节约费用24万元。该优化流程可根据加砂压裂井区块特点选择性地运用，大大提高时效，降低成本费用。

截止到2013年7月，中国石油天然气集团公司长城钻探压裂公司针对“低孔、低产、低压、低渗透、低丰度”的苏里格地区天然气井共成功实施5口井二次加砂压裂施工任务，泵入液量3,100立方米，注入砂340立方米，成功率100%。从区块地质状况、储层特点和压裂施工等环节入手，逐步探索出两种有效提高单井产量的直井压裂改造模式。一是“加砂—停泵—加砂”模式，有效控制缝长、缝高，增加缝宽，达到提高支撑裂缝导流能力的目的，克服常规加砂压裂小层改造不均且缝长不能有效控制的弊端；二是“加砂—暂堵或返排—加砂”模式，有效实现缝网结构的体积压裂，降低施工风险，且能提高单井产量，延长单井生产周期。

针对超稠油藏的开采，中国石油化工集团公司西北油田分公司塔河油田利用低温催化降粘技术，解决了原有工艺成本高等问题。该技术能够使超稠油在低温条件下发生催化反应，将稠油胶质沥青质等大分子裂解为相对分子质量较小的饱和烃等小分子，有效降低了稠油粘度及密度，改善了稠油质量，从而达到了在保证油井正常生产的同时，大量节约稀油用量的目的。该技术最大的优点在于实现不可逆的降粘，可一次性解决稠油从开采到集输的降粘问题。截止2013年11月底，这种低温催化降粘技术已先后在塔河油田TH12407、TH12148、TH12314等多口井成功开展了现场试验，节约稀油率达到了30%以上。

东部地区以大庆油田、辽河油田、胜利油田为代表的中东部油气田开发公司在2013年针对油田开发的现状，启动老油田的二次开发，利用技术创新提高油气采收率，实现油田平稳生产。

大庆油田，2013年实现第十一年稳产4,000万吨原油。计划到2020年原油产量保持4,000万吨，天然气上产到120亿立方米以上，实现油气总当量重上5,000万吨目标。大庆油田处于中后期开发阶段，经过长期开发，综合含水高，如何提高采收率成各油气田开发重要课题之一。精细注水开发技术持续为老油田中后期开发提供了有效的技术支撑。2013年1月28日，《多层细分注水工艺及配套测调方法研究》项目通过大庆油田评定验收。多层细分注水技术从过去的4段以下提高到7段、最多达10段，从最小卡距6米缩小到0.7米，从最小隔层1米缩短到0.5米，可大幅度提高多层细分注水质量，创建了特高含水期大庆油田精细注水新模式。

辽河油田，2013年全年实现生产原油1,009万吨，天然气7.2亿立方米，实现28年稳产千万吨以上。全面实施“五大开发布局”，通过加快新井产能建设，实施二次开发、分层开发，加强难采储量评价，新建原油生产能力95万吨。同时，通过推进恢复产量布局，实施蒸汽驱、SAGD、常规火驱等十大类184个井组，年产油269万吨；开展水平井专项治理，恢复生产能力20万吨。自2012年，辽河油田利用新兴的清洁增油措施——非烃类气驱，改善油藏开发效果，提高采收率。非烃类气驱分为氮气、空气和二氧化碳驱，应用非烃类气驱进行注气开发，未注水的低渗油藏可提高采收率20%，水驱开发油藏后期可提高10%以上。截止到2013年底，辽河油田已在沈625潜山等5个潜山油藏9个井组进行非烃类气驱试验，累计增油7,000余吨，投入产出比达到1：1.7。

胜利油田，2013年全年生产原油2,776.2万吨，天然气5亿立方米，连续18年稳产在2,700万吨原油以上。2013年胜利油田发现青南油田，通过勘探开发工程一体化运作，使青南洼陷的产能建设速度达到常规产能建设的两倍。截止到2013年10月底，胜利油田已在莱87块建成产能4万吨，下步规划在莱斜78侧区块滚动建产能7万吨。青南油田，已成为胜利油田最新的规模上产优质阵地之一。

（二）陆上天然气西部产量持续大幅增长

2013年，中国陆上天然气开发产量持续增长，其中西部地区天然气产量增长明显，为全国天然气产量持续增长做出重要的贡献。其中，以塔里木油田、普光气田、大牛地气田为代表的西部气田2013年利用推广技术创新、加快产能建设，实现天然气产量大幅增长。

天然气产能建设方面，吐哈油田2013年将新钻天然气井38口。一是红台气田加密调整和丘东气田、米登气田滚动扩边，新建产能1.28亿立方米，部署新井15口。二是在鄯善、温米、吐鲁番等老油气田区域部署23口新井，完成1.42亿立方米的天然气新建产能建设。

普光气田2013年生产天然气106.73亿立方米，同比增长5.8%；硫磺222万吨。2013年1月，"特大型超深高含硫气田安全高效开发技术及工业化应用"获得了国家科技进步特等奖，并已全面应用到中国石油化工集团公司大湾、元坝、兴隆等高含硫气田开发建设中。2003年，中国石油化工集团公司在四川省东北地区发现了探明储量4122亿立方米的普光气田。2005年，中国石油化工集团公司启动了高含硫气田安全高效开发关键技术研究。2006年全面开展了普光气田开发建设，在这七年间，创新形成了高含硫气田高产高效开发、腐蚀防护、天然气深度净化和安全控制等4项核心技术，研发了5类关键抗硫管材及装备，安全高效开发了普光特大型高含硫气田。

大牛地气田，2013年生产天然气34.4亿立方米。随着大牛地气田近10年的快速发展，每年产生的压裂返排液近40万立方米，不但耗费巨大的水资源，也给气田的污水处理工作带来巨大的压力。2013年，中国石油化工集团华北分公司在大牛地气田DPS-33井压裂现场，实施了压裂返排液循环再利用项目的试验。该实验是利用污水处理装置去除返排液中的有害固相和离子，保留瓜胶等有效成分，直接作为新的压裂液循环使用。该井于10月19日完成加砂压裂施工，入地总净液量3,870.9立方米。截至10月29日，累计返排压裂液1,580.8立方米，现场收集600立方米。华油公司先期配置的30立方米压裂前置液，各项性能符合指标要求。该项目实施后，每口井可重复利用的压裂液960立方米，节约压裂添加剂38.3万元，同时节约了污水拉运、处理及回注等费用，去掉项目运行成本，单井增效36万元。

在页岩气勘探开发上，中国石油化工集团公司自2012年5月启动涪陵区块页岩油气勘探开发项目，已开钻27口，完钻21口，已投入试采水平井10口，平均单井产量15万立方米/天，累计实现商品气量近7,300万立方米。2013年将建成5亿立方米产能，计划到2015年年产能达到50亿立方米，并将于2014年2月前向国家储委提交川东焦石坝地区国内首个页岩气藏探明地质储量。

（三）海上油气产量与2012年持平

2013年中国海上油气产量基本与2012年持平。其中2013年中国海洋石油公司净产量为4.12亿桶油当量。根据《中国海洋石油有限公司2013年战略展望》，中国海洋石油有限公司2013年持续加大勘探开发力度，实现油气开发总量可持续增长。根据该战略展望显示，2013年中国海洋石油有限公司资本性支出约为740亿人民币（不包含尼克森公司），比2012年增加23.5%，其中开发总投入占总资本性投资的70%，开发投入同比上年有明显大幅增长。该公司"十二五"期间主要业务领域将由"十一五"期间的浅水、常规油气领域转型成成熟区块稳产增产、深水、非常规油气领域；深水业务的新增产能逐步释放、深水作业进入实际操作阶段；成熟区块的稳产增产业务将稳中有升；还扩大煤层气等非常规油气领域的服务种类。

中国海洋石油公司2013年的开发重点工作主要是新油气田项目投产，公司迎来工程建设新高峰，全年预计共有24个在建新项目。2013年，该公司在中国海域投产10个心油气田项目，南海西部项目分别为涠洲6-12/12-8西，南海东部项目分别为文昌8-3东/19-1北、陆丰7-2、流花19-5、荔湾3-1，东海项目有丽水36-1，渤海项目有岐口18-1调整项目、绥中36-1二期调整项目。其中，荔湾3-1气田是中国海上第一个大型深水气田；绥中36-1二期调整项目将新增4座平台、84口新井。

二、2014年中国油气开发产业展望

（一）总体思路

根据国家"十二五"规划的指导思想，油气开发产业总体发展思路体现为加强陆上油气开发，提高原有采收率、增加经济可采储量、提高难采储量的动用率，扩大油气生产能力；强化海域勘探开发，提高油气产量；加快推进非常规油气开发进程，为保障国家能源安全提供支持；建设多元化的全球油气生产与供应基地，力争增加海外油气权益产量；突破油气开发关键技术，提升自主创新能力。

在《国家能源科技"十二五"规划（2011-2015）》中指出，油气开发产业

高效开发体现为低品位油气资源的开发。该规划还指出，在“十二五”期间中国油气勘探与开采技术领域，将完善复杂地质油气资源、煤炭及煤层气资源综合勘探技术，形成页岩气等非常规天然气勘探开发核心技术体系及配套装备。煤层气、页岩气、致密气、油砂等非常规油气资源也将会成为传统油气资源的有效补充，也已成为三大石油集团公司未来发展重要战略方向之一。

（二）开发投入

2013年中国石油天然气集团公司资本性支出预计达到人民币3,550亿元，其中用于油气勘探开发部分的支出约为人民币2,396亿元；中国石油化工集团公司资本性支出预计累计人民币1,817亿元，其中用于勘探开发部分支出人民币891亿元；中国海洋石油有限公司资本性支出共人民币740亿元，其中开发投入占70%。为了实现油气上产增储、油气稳产，预计2014年各石油公司的油气开发投入规模将进一步加大。

（三）2014年油气产量预测

原油产量方面，2014年中国石油天然气集团公司的国内产量预计将维持1.1亿吨，中国石油化工集团公司将达到0.44亿吨，中国海洋石油总公司将达到4.4亿桶油当量。

天然气产量方面，2014年中国石油天然气集团公司的国内产量预计将超过1,000亿立方米，中国石油化工集团公司将超过200亿立方米，中国海洋石油公司将达到80亿立方米。

（四）政策展望

1. 继续推进页岩气勘探开发财税激励政策出台

2013年10月30日，国家能源局发布《页岩气产业政策》。该政策继2012年出台《页岩气发展规划（2011–2015年）》之后，就页岩气产业政策做了进一步细化。其中，明确将页岩气开发纳入国家战略性新兴产业，国家将加大对页岩气勘探开发等的财政扶持力度，同时鼓励各种投资主体进入页岩气销售市场，对页岩气出厂价格实行市场定价。新出台的《页岩气产业政策》重申了《页岩气开发利用补贴政策》中的条款，表示国家将按页岩气开发利用量，对页岩气生产企业直接进行补贴。对申请国家财政补贴的页岩气生产企业，将实行年度报告审核制度和公示制度。对于存在弄虚作假行为的企业，国家将收回补贴并依法予以处置。国家还鼓励地方财政根据情况对页岩气生产企业进行补贴，补贴额度由地方财政自行确定。除财政补贴支持外，页岩气开采企业还可享有减免矿产资源补偿费、矿权使用费等政策。下一步，国家还将研究出台资源税、增值税、所得税等税收激励政策。页岩气勘探开发等鼓励类项目项下进口的国内不能生产的自用设备（包括随设备进口的技术），可按现行有关规定免征关税。

同时，该政策鼓励各种投资主体进入页岩气销售市场，以期逐步形成以页岩气开采企业、销售企业及城镇燃气经营企业等多种主体并存的市场格局；并将页岩气出厂价格实行市场定价扩大到全国范围。国家将制定公平交易规则，鼓励供、运、需三方建立合作关系，引导合理生产、运输和消费。还鼓励页岩气就近利用和接入管网，以促进页岩开发利用。国家将鼓励企业在基础设施缺乏地区投资建设天然气输送管道、压缩天然气（CNG）与小型液化天然气（LNG）等基础设施。该政策明确指出，天然气基础设施对页岩气生产销售企业实行非歧视性准入。另外，该政策高度重视页岩气的环保开发和节约利用，制定专门规定7条。其中，在页岩气技术引进方面，提出加强节能和能效管理，明确规定引进技术、设备等应达到国际先进水平；坚持页岩气勘探开发与生态保护并重的原则，规定钻井液、压裂液等应做到循环利用，开采过程逸散气体禁止直接排放；钻井、压裂、气体集输处理等作业过程必须采取各项对地下水和土壤的保护措施，防止页岩气开发对地下水和土壤的污染；钻井、井下作业产生的各类固体废物必须得到有效处置，防止二次污染。

2. 煤层气抽采补贴等系列扶持政策或将出台

2013年9月22日，国务院公布了《关于进一步加快煤层气（煤矿瓦斯）抽采利用的意见》。该意见主要分为三部分：加大中央财政支持力度、强化税费扶持政策，以及完善煤层气定价机制和发电上网政策。

在加大中央财政对煤层气开发的支持力度方面，提高煤层气（煤矿瓦斯）开发利用中央财政补贴标准，煤炭淘汰落后产能，中央财政奖励资金重点支持关闭高瓦斯和煤与瓦斯突出小煤矿。目前中央财政对煤层气补贴政策是从2007年起开始实施的，补贴标准为0.2元/立方米，同时，地方对开发利用煤层气每立方米配套补贴0.1元。至于未来具体的补贴标准，该意见尚未明确，接下来还需由财政部会同发展改革委、能源局等部门研究制定。未来或将煤层气抽采补贴由目前的每立方米0.2元，提高到每立方米0.6元。

另外，该意见首次将煤层气开发利用示范项目纳入煤炭产业升级改造投资支持范围，这意味着国家每年下拨的30亿元煤炭产业升级资金，将部分甚至全部用于煤层气行业发展。

在税费扶持政策方面，该意见提出将逐步扩大煤矿企业增值税进项税抵扣范围，研究制定煤层气（煤矿瓦斯）发电的增值税优惠政策；此外，煤层气定价机制和发电上网政策也做出了说明，将放开煤层气出厂价格，煤矿企业利用煤层气发电的富裕电量需要上网的，由电网企业全部收购，并适时提高煤层气发电上网标杆电价水平。

中国油气工程技术服务产业分析与展望

随着中国三大石油集团公司与油气工程技术服务公司的分离以及民营油气工程技术服务公司的市场准入，逐步形成了油气工程技术服务行业的竞争性市场。2013年，中国油气需求的持续增长和页岩气开采的鼓励性政策为油气工程技术服务企业带来了新的发展机遇，油气工程技术产业5大板块及下属具体项目在业务数量、业务收入、业务利润等方面继续增长，但同时也出现了国际化水平、综合一体化水平与国际相比存在差距、关键技术难以突破等难题。

一、2013年中国油气工程技术服务市场分析

（一）油气工程技术服务行业业绩表现良好，行业利润增长较快

油气工程技术服务行业呈现明显的季节性，总体而言，2013年第三季度行业利润增速30%~35%，下半年业绩表现整体好于上半年。尤其是得益于中国海上油气开发的高景气状态，中国海洋石油总公司资本支出加速提升，中海油服、海油工程业绩增速加快。其中中海油服业绩超出预期的主要原因是新装备投产、工作量饱满带来使用效率的提高。国际市场上，原油价格的攀升导致各大油气工程技术服务公司在全球的开采加速，相比之下，美国油田市场较为疲软，增速明显的是亚洲和中东市场。

因为中国石油天然气集团公司、中国石油化工集团公司的相关数据难以获得，在此以下列公司为例，说明本行业的相关特征。据中海油服2013年上半年财报显示，该公司上半年实现营业收入127.07亿元人民币，同比增长23.9%，实现归属于上市公司股东的净利润为31.803亿元人民币，同比增长32.6%。2013年上半年，百勤油服的持续经营业务收入增长至4.96亿港元，涨幅为60%，经常性业务净利润增长至0.77亿港元，涨幅为177%，营业利润率由7%大幅增长为22%。据杰瑞油服2013年前三季度报告显示，该公司前三季度实现收入为26.67亿元人民币，同比增长78.83%，其中归属于上市公司股东的净利润为7.1亿元人民币，

同比增长77.88%。据仁智油服2013年的中期报告显示，该公司上半年实现的净利润为1,708.13万元人民币，同比增长2.49%。在国际市场上，斯伦贝谢前三季度净利润为51.1亿美元，同比增长25%。其中斯伦贝谢第三季度净收益为17亿美元，同比增长21%，而在斯伦贝谢的销售额中，超过60%的收入来源于北美以外的市场。

（二）中国油气工程技术服务海外市场业务继续扩大，趋于稳定

根据2013年全球主要油气开发企业公布的开发计划，全球整体油气工程技术服务及设备市场将继续扩大，其中南美地区资本增长最快，其次为亚洲和中东。基于国内油气资源对外依存度持续上升的情况，中亚、南美等海外油气工程技术服务业务，将成为中国油气工程技术服务企业的重要增长点。

2013年上半年中海油服海外业务收入比2012年同期增长29.6%，占总收入比例为37.1%。在2013年下半年，中海油服先后与墨西哥国家石油公司（PEMEX）续签了两套模块钻机的长期合作合同，并且合同日费提高。恒泰艾普公司外延扩张与内生增长并重，海外市场拓展顺利，其全资子公司新赛浦已经取得623万欧元的测井技术服务合作合同，截止2013年9月30日已确认收入2,193.54万元人民币。另外，2013年全年，中原石油工程公司海外市场累计新签合同73项，新签合同额7亿美元，海外队伍共计开钻490口井，同比增加37口井，其沙特项目部日费收获率高达99.45%，科威特项目部的5支钻井队日费率连续6个月保持100%；2013年下半年，中国海洋石油总公司与中国石油天然气集团公司组成联合投标体，成功中标了位于巴西东南部里约州外海桑托斯盆地的里贝拉区块，成为全球最大的海上油田，联合投标体中国海洋石油总公司和中国石油天然气集团公司分别持有10%的权益，这次成功中标，不仅标志着中国石油企业海外战略的重大突破，而且表明与国内石油企业长期合作的油气工程技术服务企业也有望进入巴西市场。除此之外，一些民营企业（如通源石油通过对美国安德森射孔有限合伙企业进行收购）也积极通过各种方式扩大海外油气工程技术服务市场。

（三）三大石油集团公司仍然占据油气工程技术服务市场大部分份额，民营市场份额有所扩大

由于特殊的政治、经济地位以及高额资金成本，中国油气工程技术服务企业仍然以三大石油集团为市场主导，其旗下的油气工程技术服务企业颇具实力，仍然占据国内油气工程技术服务市场大部分份额。另一方面，国有企业拥有强大的融资能力，得以在油气开发领域保持主导地位，而民营油气工程技术服务企业虽

然具备了较强的生产研发能力，但是受到资产短缺的限制，融资难的现象仍然普遍存在，融资能力弱成为制约民营油气工程技术服务企业发展的重要原因之一。国家10月份出台的《页岩气产业政策》，对一些具备页岩气高新技术的民营油气工程技术服务企业是一项利好政策，加之部分银行也针对民营油气工程技术服务提出了相关的资金支持政策，使得民营油气工程技术服务企业的市场份额有所扩大。

就目前油气工程技术服务市场可得的数据，中海油服和海油工程前三季度收入为332.38亿元人民币，神开股份、杰瑞股份、安东油服、仁智油服、通源石油前三季度收入为49.44亿元人民币。其中，中海油服是中国近海最具规模并且占主导地位的综合性油气工程技术服务商，拥有中国规模最大、功能最齐备的近海工作船队，在国内船市场上，控制着超过60%的市场份额。据2013年上半年估计，中国民营油气工程技术服务企业龙头企业的经营规模约为20~30亿元人民币。据测算，中国国内油气工程技术服务市场规模包括物探服务、海上油气工程技术服务等业务在内，有望超过5,000亿元人民币，假设民营油气工程技术服务企业占据15%~20%的市场份额，那么民营企业可达到的市场空间接近1,000亿元人民币。再考虑到市场集中在3~5家龙头企业，那么民营企业在国内市场可以达到200~300亿元人民币的经营规模。目前，民生银行针对民营油气工程技术服务企业融资难的问题，为一些公司提供资金支持，有助于民营油气工程技术服务企业扩大市场份额。

（四）中国油气工程技术服务公司通过多种途径提升综合一体化服务能力

进入21世纪以来，由于原油价格的提高，国际大的油气工程技术服务公司已经通过并购、重组等方式纷纷实现由专业化向综合一体化的成功转型，以降低原油价格大幅波动对其影响，增加企业的国际竞争力。在这种形势下，中国油气工程技术服务企业也逐渐开始向产业链综合一体化和研发、制造、服务一体化等综合一体化方向发展。

2013年，中国各油气工程技术服务企业在原有基础上积极通过多种途径加快推进综合一体化进程。中国石油化工集团公司石油工程技术服务有限公司继2012年年底重组成立并成为中国规模最大的石油工程综合一体化服务公司之后，2013年又欲与美国威德福国际有限公司合资成立联合油气工程技术服务公司，加强企业综合一体化服务能力。中国海洋石油总公司旗下海洋石油工程股份有限公司2013年推行“设计采办建造一体化”等措施，缩短了丽水36–1、绥中36–1等项目的周期，提高了作业效率。安东石油与斯伦贝谢在2012年年底合资成立的同舟一体化油田技术有限公司在2013年积极扩充团队建设，加速其综合一体化发展；且安东石油于2013年6月3日又与斯伦贝谢达成互相供销框架协议，在一体化项目管理方面等向斯伦贝谢进行销售和采购；另外，安东石油还与斯伦贝谢旗下M–ISWACO公司合作，打开塔里木高端市场，延长油田技术服务产业链，加快企业的一体化进程。杰瑞股份则将投资5亿元人民币建立工程技术服务、油田开发为一体的油气工程技术服务基地。通源油服2013年继续实施与上游井筒作业相关的钻井业务延伸战略，并积极提高其油田增产一体化服务能力。

（五）中国油气装备水平不断提高，加快技术创新步伐

近年来，中国积极引进国外先进油气装备制造技术、加快自主创新步伐，使中国的油气装备制造水平不断提高，且部分大型设备和关键产品目前已位居世界先进行列，其出口数量也与日俱增。

在数量水平方面，2013年中国国内超过85%的大中型钻机、修井机及全部抽油机都由国内企业制造，稠油热采、强采设备等非常规采油设备可满足国内原油稳产增产等需求，中国生产的低温极地钻机、1,000~7,000m橇装钻机等钻井装备满足国内需求的同时也已出口至30余个国家和地区，钢管等管道集输设备也可满足国内需求并有出口，固定式平台钻机和海洋修井机等海洋油气钻采设备已完全不再依赖进口，船舶锚链甚至大量出口、在全球的份额接近50%。

在技术水平方面，目前中国已经掌握大部分勘探装备、钻井装备、测井录井装备、完井装备、试油和采油采气装备、油气集输装备、海洋油气钻采装备的制造技术，并且大多数产品的制造能力已具备相当规模，甚至部分装备的技术水平已达国际标准。

（六）海洋油气勘探向更深水域拓展，深水油气勘探开发技术与设备成就显着

深水是世界油气重要接替区，中国海洋石油资源总量的70%位于深海，随着中国陆上油气增产更加困难，加快深水油气勘探开发成为必然战略选择。全球深水油气勘探开发投资2012年达到246亿美元，Douglas–Westwood预计2013~2017年高达2,230亿美元。中国三大石油集团公司均已开始了海洋深水油气勘探开发装备的研究工作，计划在“十二五”期间研制中国具有自主知识产权的3,000米

深水半潜式钻井平台；中海油服2013年资本支出约为120亿美元，预计2014年将高达150亿美元，深海支出继续保持高增长。

2013年中国深水油气勘探开发技术装备取得一系列可喜成就。在深海勘探开发领域占据较强优势的中海油服、海油工程等公司在深水油气勘探、深水工程及重大装备等技术领域都取得了突破性进展。深水铺管作业方面，海油工程深水铺管起重船“海洋石油201”顺利完成中国首条超千米水深海管——荔湾3-1项目6吋深水海管铺设，实现了从浅水作业到深水作业的实质突破；深水油气勘探方面，中海油服“海洋石油720”圆满完成了中国石油天然气集团公司和泰国国家石油勘探生产公司缅甸两个深水区块的地震资料采集；深水钻井固井方面，中海油服自主研制的EMRT核磁共振测井仪顺利完成作业任务，深水钻井液和深水固井泥浆体系也在期内获得成功应用；平台建设创新方面，中国自主研发的具更好稳定性的新型深水-超深水不倒翁平台（deepwatertumblerplatform）研发成功并获得国家专利。

（七）页岩气开发纳入国家战略性新兴产业，油气工程技术服务行业页岩气勘探开发成热点

2013年，中国国家能源局发布了《页岩气产业政策》，将页岩气开发纳入国家战略性新兴产业。继前两轮页岩气区块招标后，第三轮的招标也在紧锣密鼓的准备当中。

页岩气是一场油气开发的革命，以钻井完井技术进步为动力，随着政策、技术、投资等方面的支持力度的加强，2013年，中国油气工程技术服务企业在页岩气勘探开发方面热情高涨，通过技术开发、国际合作和收购并购等方式继续深入涉足页岩气勘探开发领域。2013年10月，杰瑞集团在烟台总部举办了“小井场大作业”新概念成套页岩气压裂解决方案新品发布会，之后“小井场大作业”新概念成套页岩气压裂解决方案荣获“2013装备中国创新先锋-产品创新奖”；恒泰艾普子公司西油联合在2013年10月份在中国石油天然气集团公司壳牌页岩气区块已完成两口井固井，后续还会跟中国石油天然气集团公司壳牌页岩气区块进行更多的合作，有望成为民营油气工程技术服务企业中的“页岩气第一股”。通源石油于12月发布收购预案，拟收购掌握水平井泵送射孔电缆服务技术的安德森服务公司，通过本次并购掌握该项技术，以大幅提升本公司页岩气勘探开发能力；据统计，2013年全国页岩气水平井钻完井数量为50口，比2012年的26口增长了约一倍。

（八）中国自主研发能力不断提升，油气服务技术水平持续提高

技术创新能力是油气工程服务企业可持续发展、扩大市场的根本动力。随着国内油气工程技术服务市场竞争越来越激烈，各油气工程技术服务公司纷纷将技术创新放在企业发展的重要地位。2013年，各油气工程技术服务公司不断提升其自主研发能力，油气服务水平不断提高，一大批重要科技利器相继问世，为摆脱国际技术垄断、提高中国油气工程技术服务企业竞争力再添动力。

一方面，各油气工程技术服务公司2013年的研发投入大大增加：中海油服2013年上半年研发支出同比增长42%，安东石油同比增长14.6%，杰瑞股份同比增长77.43%，仁智油服同比增长37.5%，神开股份同比增长55.58%等。另一方面，定向工程软件、储气库固井、开窗测钻井技术、水下采油树等诸多科研项目相继进入研发阶段；一大批技术研发成果已经相继问世，包括高性能成像测井技术、油基钻井液技术、水平井裸眼分段压裂技术、连续油管带底部封隔器分段压裂技术、高速螺杆定向井技术、多元热流体技术、EMRT核磁共振测井仪、FLIIS软件等等。这些科技成果的问世为应对油气勘探开发难度和风险加大的现状等提供了良好的基础。

二、2013年中国主要油气工程技术服务企业经营现状

近几年来，中国油气工程技术服务企业迅速成长，技术水平及业务量大幅提高，这些企业承担了中国陆地及海洋勘探开发的重担，并逐步走向国际。中国油气工程技术服务企业众多，下面介绍中国石油天然气集团公司、中国石油化工集团公司、中国海洋石油总公司工程技术服务板块及在A股上市、主营业务为工程技术服务神开股份、江钻股份、杰瑞股份、安东油服、仁智油服、通源石油、准油股份2013年的经营情况。

（一）三大石油集团工程技术服务板块

1. 中国石油天然气集团公司

自重组以来，中国石油天然气集团公司工程技术服务业务不断理顺运行机制和业务链，积极转变发展方式，高新技术快速发展，保障作用显着增强。油气工程技术服务海外市场不断拓展，从单一的技术服务发展为工程技术总包服务，从低端市场走向中高端市场，且市场份额逐步增加。

在技术装备方面，中国石油天然气集团公司工程技术服务钻井、测井和试油等板块取得了多项专利技术，有了突飞猛进的发展。在钻井技术方面，2013年1

月18日，中国石油天然气集团公司长城钻探工程公司作为主要完成单位，获得两项国家科技进步奖，其中一等奖水平井钻完井多段压裂增产关键技术及规模化工业应用是中国石油天然气集团公司“九五”以来在石油工程技术领域获得的最高奖项；长城钻探通过科技创新和自主研发的压裂液在美国、加拿大等国际高端市场实现规模销售，全球高端市场占有率超过10%。在测井方面，2013年初以来，中油测井长庆事业部瞄准国内外射孔前沿技术，通过自主创新和合作研究等途径，形成了6项关键射孔技术，解决了长庆低渗透油藏单井产量这一高难度工程。川庆钻探科技有限公司也在新型取心工具获得5项国家专利授权，同时还研发了无基坑岩屑处理系统和国内首套旋转导向钻井系统。2013年9月24日，渤海钻探测井公司应用多级增压起爆技术，顺利完成官19–5井射孔作业，射孔一次成功率100%。在试井方面，西部钻探石油公司研制成功中国首套压缩天然气净化移动装置，可以有效回收放空燃烧天然气，在国内尚无先列。

在市场开拓方面，中国石油天然气集团公司工程技术服务企业发挥技术装备优势，积极开拓国内国外新市场，市场高端化趋势日益增强。2013年，东方物探加快一体化业务进程，积极开拓国内外市场，在国内与相关油田合作在在川中古隆起、塔里木库车、准噶尔玛湖、鄂尔多斯姬塬等地取得9项新成果；同时积极提升海外业务保障能力，投入采集队伍就达36支之多，并配合五大油气合作区在乍得、尼日尔、哈萨克斯坦等国的项目获得新发现，与此同时，该公司还积极发展多用户业务，2013年 1 月 9 日首个自主开发的多用户项目——马达加斯加二维深海项目在马达加斯加北部港口安齐拉纳纳举行了开工仪式。2013年2月，长城钻探钻井液公司古巴项目部近日在GBO–105井的钻井液技术服务取得突破性成功，试油结果获得良好工业油流。2013年9月26日，渤海钻探与俄罗斯鲁克石油公司在阿联酋迪拜正式签署了伊拉克西古尔纳Ⅱ油田钻井总承包合同。10月14日，渤海钻探与钻井研究院在印度尼西亚首口井作业成功，是国产精细控压钻井技术与装备在国际市场首次亮相。10月28日，渤海钻探钻井四公司第四部钻机集港完毕，赴伊拉克施工。2013年11月，中国石油天然气集团公司西部钻探公司在俄罗斯伏尔加格勒–普拉托夫斯尕亚区块承钻了第70号定向井，这是该公司首次成功进入俄罗斯油气技术服务市场。

在高效增产方面，中国石油天然气集团公司工程技术服务企业勇于探索，改善组织管理模式，进行相关技术创新，实现了高效增产。2013年，川庆钻探创新生产组织方式，积极研发新技术，川庆钻探机械式可开关滑套试验成功，成为了大幅提高单井产能利器；进行了水平井技术革新，刷新了体积压裂催生历时最短、层数最多、工艺最新等多项纪录，在苏里格气田的开发过程中，创下国内陆上最长水平井新纪录；同时推行工程技术一体化服务，孕育出一大批包括川庆特色的“1632”及大EPCC等高效服务模式特色技术和产品，取得了多项目科技成果。西部钻探国际钻井公司在国内使用8台“油改电”钻机，2013年累计用电3,344万千瓦时，综合能源消耗同比下降18.43%，平均每台钻机月能耗下降22.22%，降耗效果明显。中油测井创新管理，提高装备效能，建立了岗位轮休制度，与以往相比，在只有50支机动测井队伍的情况下，提升了20%的运行效率，等于增添了10支队伍。

2. 中国石油化工集团公司

中国石油化工集团公司石油工程技术服务有限公司是中国石油化工集团公司的全资子公司，也是未来中国石油化工集团公司唯一对外开展油气工程技术服务业务的公司，其业务覆盖物化探、钻完井、测录井、井下特种作业、技术研发等领域，是中国目前规模最大、产业链最完整的一体化油气工程技术服务公司。

在海外市场方面，中国石油化工集团公司石油工程技术服务公司充分发挥专业化发展优势，市场规模稳步扩大，盈利能力显着提升，强化生产组织和提速提效，生产时效不断提高，品牌优势进一步凸显，朝着国际一流石油工程综合承包商不断迈近。2013年年初以来，石油工程公司海外市场持续深化国际化经营战略，按照“老市场恢复、传统业务拓展、目标市场培育”三个层次展开，不断优化市场结构，精细生产运营。2013年，该公司累计新签合同73项，新签合同额7亿美元，共计开钻490口井，同比增加37口井；打进尺62.154万米，同比增加10.21万米，入选中国对外承包工程企业50强和ENR全球最大工程承包企业250强。石油工程公司统筹做优传统业务与发展高端业务的关系，大力度拓展高端市场，与沙特阿美、道达尔、哈里伯顿、贝克休斯等国际知名公司的战略合作、区域联盟关系更加紧密。

中国石油化工集团公司始终坚持“以科研为龙头、技术支持和产品研发为两翼”的发展方针，努力培育核心技术和特色技术，推动科技创新和石油工程技术进步。2013年3月，世界首台3000型压裂车问世，这标志着石油工程公司的压裂装备研发制造水平跻身世界领先行列。2013年9月3日，由石油工程机械公司四机厂研制完成的国内首套井口设备现场气密封检测系统，成功交付西南石油工程公司进行工业应用。

3. 中国海洋石油总公司

（1）中海油服

中海油服是中国近海规模最大的综合性油气工程技术服务企业，主要从事海洋油气工程及生产服务，其业务分为物探、钻井、油田技术服务及船舶四部分。2013年，中海油服的装备产能进一步扩充，运营效率提升，经营效益继续上升：2013年前三季度，营业收入达到人民币203.114亿元，净利润为人民币53.734亿元，分别同比上升24.4%和39.9%。

在海洋油气工程技术服务装备方面，2013年6月19日，中海油服签订了15艘船舶的建造合同。建造这批船舶，是该公司实施大型装备"调整结构、进军深水、走向高端"的重要举措，将进一步提升公司在深水油气作业的能力，满足中国近海油气勘探开发的不同需求。2013年9月27日，中海油服旗下全资子公司COSL Drilling Europe AS在建的第四座半潜式钻井平台COSLProspector上下船体成功合拢，目标市场为欧洲北海地区。

在海洋油气工程技术服务技术方面，2013年7月，中海油服与斯伦贝谢就深水领域开展深度合作签署了相关协议，斯伦贝谢将为中海油服提供深水定向井钻井、深水电缆测井、深水固井等七大方面的技术培训和相关管理培训，双方将进一步巩固互信互助机制，通过在联合作业、合作培训以及新技术研发等诸多领域开展深度合作，实现优势互补与互利共赢。

在海外服务方面，2013年1月，中海油服与加拿大阳光油砂有限公司签署了为阳光油砂在加拿大的油砂区块提供多元热流体技术服务的谅解备忘录。2013年10月，中海油服与文莱石油服务公司签订了关于成立合营公司的协议，该公司主要将为海上油田勘探开发提供服务。2013年11月，中海油服先后与墨西哥国家石油公司续签了两套模块钻机（COSL1和COSL2）的长期作业合同。

（2）海油工程

海油工程是目前中国唯一从事海洋油气开发工程建设的承包公司，业务范围主要是海洋油气开发及陆地终端建设、海上油气田平台建设等。2013年，公司坚持技术革新，发挥技术对生产的促进作用，大力开拓国内外市场，前三季度实现国内外市场承揽额99.84亿元，其中获得国内订单89.61亿元，获得印度尼西亚BD项目等4份海外合同6.13亿元，以及2份海外合同意向书4.10亿元。2013年1~9月份累计实现销售收入129.27亿元，实现归属于上市公司股东的净利润13.29亿元，分别较上年同期增长68%和188%。

2013年11月，中国海洋石油总公司海油工程公司所属恩平油田群联合开发项目组完成了“海洋石油278”船新型压载系统调载试验，这意味着该公司掌握了半潜式自航工程船的横向装船成套关键技术，填补了国内海洋工程技术的一项空白。

2013年11月，海油工程与苏格兰科技公司Unmanned Production Buoy Limited签署了一项总价值达25亿英镑的谅解备忘录，海油工程将为后者批量生产浮标系统的外壳和各种组件，合同有效期10年，这意味着公司面临国内海洋油气开发的良好机遇，同时，其海外业务拓展潜力巨大。

（二）其他主要油气工程技术服务企业

1. 神开股份

神开公司是中国石油化工装备制造业的骨干企业之一，是中国石油天然气集团公司、中国石油化工集团公司的网络采购供应商，并提供综合录井等工程服务。2013年，神开股份公司实现营业收入7.65亿元，比上年同期增加2.08%；归属于上市公司股东的净利润6,241万元，比上年同期增加21.16%。

神开石油设备公司自主研发的HH级高抗硫井口装置项目，从2010年起被列为上海市重大自主研发项目，2013年5月16日通过验收。根据公司发布2013年年报，该公司继续加大对高科技石油勘探开采装备的研发投入，保持了海外重点市场的良好发展势头，不断加强海外销售体系的建设，美国子公司的顺利开业运营，进一步提升了公司产品的海外销售及服务覆盖能力。

2. 杰瑞股份

杰瑞股份主营业务是油气田钻采设备、油井服务设备、完井设备等研发制造及开展油田工程技术服务、油气工程设计总包的综合性企业。2013年前三季度，杰瑞公司实现营业收入26.671亿元，税后净利润7.10353亿元。2013年，杰瑞公司不断创新制造技术和工艺研究成果，持续完善产业结构，力争成为世界领先的油气开发全产业链的装备制造商与技术服务商，荣获商务部评选的“最具创新力走出去企业50强”。

2013年3月，代表国际最先进水平的世界首台超大功率压裂车——杰瑞3100型压裂车顺利完成工业性试验，最高输出功率达到3115水马力，一举打破了世界油气开采发展史上单机压裂车最高输出功率的记录。2013年3月19日至21日，杰瑞参加了第十三届中国国际石油石化技术装备展览会（CIPPE 2013），向国内外行业专家阐释了“小井场大作业”的新概念压裂解决方案，并展示了世界首台

3100型压裂车、国内第一台闭式罐混砂车、全自动智能控制固井车等多台高端油田专用装备，以及天然气压缩设备、油田环保服务设备等。2013年5月，杰瑞集团再获中国石油天然气集团公司哈萨克斯坦公司10套大功率压缩机组大单，将与2012年中标的6套将于一起发至哈萨克斯坦阿克纠宾项目现场。8月，杰瑞集团成功中标土耳其国有输气公司（Botas）投资的盐湖（Lake Tuz）天然气地下储库项目，为该工程提供大功率往复式压缩机组，成功挺进欧洲市场。8月20日–8月22日，亚洲最大石化展——第五届中国（上海）国际石油化工技术装备展览会（cippe）在上海新国际博览中心拉开帷幕，杰瑞集团携液化天然气（LNG）绿色概念清新亮相。10月18日，杰瑞集团在烟台总部举办了“小井场大作业”新概念成套页岩气压裂解决方案新品发布会，11月28日，“小井场大作业”新概念成套页岩气压裂解决方案荣获“2013装备中国创新先锋–产品创新奖”。

3. 安东石油

安东石油是中国最大的民营油田技术服务公司，也是中国领先的独立油田技术服务提供商，其油气田开发一体化服务产品及服务涵盖油气田开发作业的全过程，超过业务总量的20%来自于海外市场。2013年上半年，公司实现营业收入10.57002亿元，税后净利润1.697亿元。安东油田服务集团已经被香港股票指数编制机构恒生指数有限公司纳入恒生综合指数成份股，2013年9月9日起正式生效，这标志着安东石油总市值已经突破一定规模，流动性良好，成为对资本市场具有一定影响力的股票。

在市场开拓方面，2013年安东也颇有建树，赢得了中东地区连续油管及酸压服务合同，获得鄂尔多斯盆地分段压裂服务订单、塔里木盆地八口井油基钻井液服务总包合同。

同时安东还十分重视团队建设和人才吸引，与石油及相关高校达成战略合作联盟，而安东励志奖学金、安东讲堂、高校共建实习基地、安东石油夏令营等主打项目的实施，比如冠名2013年长江大学科技节等活动，都为公司提前吸引“跨跃人才”和“蚂蚁精英”奠定良好的基础。

作为一家负责任的油气工程技术服务企业，安东石油大力促进企业安全文化的形成。安东石油在2013年7月8日发布了《安东石油救命规则》,《规则》详细规定了12项高风险操作的执行规范，内容涵盖公司各项业务中的重要风险。2013年8月16日，安东石油与国际SOS举行了“综合医疗和安全企业会员服务协议”签约仪式，这将为每位海外工作的安东人提供健康、生命和安全保障服务。

4. 仁智油服

仁智油服是中国实力较强的民营钻井液技术服务提供商，主要提供石油天然气钻井工程、钻井液及油田环保等技术服务，西南地区（尤其是四川省）是其主市场。2013年，前三季度，仁智油服实现营业收入37,834.6万元，税后净利润2,540.06万元。

仁智油服2011年12月启动重晶石粉API（美国石油协会）会标认证工作以来，历时近两年，经过体系文件文审、现场审核、不符合项整和现场确认审核等环节，于2013年9月份成为国内首家获得重晶石粉API会标认证的企业，标志着公司重晶石粉产品已具备参与国际市场竞争的资格，为石油钻探油气井旋转钻探中的环流泥浆加重剂冷却钻头，带走碎屑物，润滑钻杆，封闭孔壁，控制油气压力，防止油井自喷做出了重大贡献。

5. 通源石油

通源石油是一家以油田增产服务（复合射孔技术、爆燃压裂）为核心、完井和油田综合治理服务为补充的综合油气工程技术服务公司，目前正在进行重组。2013年前三季度，通源石油实现营业收入27,602.5万元，税后净利润3,568.73万元。

2013年，通源石油加快推动复合射孔技术、产品的升级换代，以加大效能差异化体现，持续增强复合射孔产品、技术、服务的市场竞争力，巩固了公司在国内复合射孔技术领域领先的市场地位。在海外市场方面，对美国安德森射孔有限合伙企业进行收购，有助于企业相关产品的出口。

通过对民营油气工程技术服务发展状况的分析可见民营油气工程技术服务产业2013年呈现以下特点：一是注重技术开发，技术实力逐步增强，市场竞争能力不断增强。2013年，神开石油设备公司自主研发了HH级高抗硫井口装置项目；江钻公司“江钻牌”石油钻头被授予“2013年度中国石油和化学工业知名品牌产品”称号；杰瑞公司研制出国际最先进水平的世界首台超大功率压裂车——杰瑞3100型压裂车，该公司“小井场大作业”新概念成套页岩气压裂解决方案备受瞩目，荣获“2013装备中国创新先锋-产品创新奖”；仁智油服在重晶石粉应用领域取得重大突破，成为国内首家获得重晶石粉API会标认证的企业；二是积极参加技术设备展会，进行技术展示与交流。神开股份、江钻股份、杰瑞股份、安东油服、仁智油服、通源石油等油气工程技术服务公司都参加了2013年3月19日至3月21日在北京以及8月20日至8月22日举办的中国国际石油石化技术装备展览会

（CIPPE），纷纷展出了自己的科技创新及成果；三是积极参与竞争与合作，高端市场份额不断增加，海外市场不断扩大，市场竞争力不断增强。2013年，神开股份美国子公司顺利开业运营，杰瑞集团成功中标土耳其天然气地下储库项目与中国石油天然气集团公司哈萨克斯坦公司10套大功率压缩机组大单，安东赢得中东地区连续油管及酸压服务合同，通源石油公司对美国安德森射孔有限合伙企业进行了收购，有助于该公司在美国市场的拓展；四是积极进行非常规能源的勘测与开发，完善相关技术，提升装备制造水平。比如，仁智油服紧追市场脉搏，紧紧围绕页岩气主题，通过自主研发，完成了对页岩气井进行技术服务的技术储备，并通过实施2口页岩气水平井的技术服务；安东石油在页岩气资源量丰富的四川市场部署一体化服务模式，2013年上半年，已率先在该盆地的边际区块实施钻机拉动的总包服务；2013年通源石油对美国安德森射孔有限合伙企业进行了收购，安德森的业务主要来源于页岩气开发，在水平井分段射孔方面拥有丰富的施工经验，这有助于该公司在国内页岩气领域工程技术服务水平进一步发展；四是注意人才吸引与储备，与相关石油高校联系密切，比如，安东石油公司已与长江大学等石油及相关高校达成战略合作联盟，实施了安东励志奖学金、安东讲堂、高校共建实习基地、安东石油夏令营等项目；杰瑞集团举办了2013年全国大学生“走进杰瑞·走向未来”夏令营活动，拉近了学生与杰瑞的距离，为其人才培养与储备奠定良好的基础；五是重视安全施工，大力建设企业安全文化，比如，在2013年7月8日，安东石油发布了《安东石油救命规则》；2013年8月20日，杰瑞公司顺利通过了美国石油学会的审核，成为中国第一家通过API QHSE一体化整合管理体系认证的公司。

三、2013年中国油气工程技术服务产业面临的问题

（一）油气工程技术服务技术水平与国际仍有差距，高端油气工程技术服务市场成长空间广阔

虽然中国油气工程技术服务企业积极加大自主研发力度、研发支出逐年递增，但在前沿技术、高端技术方面的研发多属跟进，真正的自主创新还处于初级阶段。且国内研发手段落后、研发环境难以与国际接轨、大多数油气工程技术服务企业对引进国外技术再创新的能力不足，这些问题导致中国与国际一流油气工程技术服务公司仍有差距，如目前中国非常规地震技术、智能钻井技术、井下增产措施技术等都与国际一流油气工程技术服务公司相比有一定的差距，油气工程

技术服务行业的大多数高端技术和装备（如压裂车组、连续油管等）仍需依赖进口，中国油气工程技术服务公司在2013年继续与斯伦贝谢等公司进行技术合作就说明了这一问题。因为高端技术缺乏，虽然中国油气工程技术服务公司财务报告中的利润逐年增加，但盈利能力低下，主要业务仍然集中在油田建设、常规钻井等低端领域，这严重制约了中国油气工程技术服务行业的发展。在目前油气勘探开发难度和风险不断加大、非常规能源勘探开发势在必行、国外一流油气工程技术服务公司纷纷进入中国市场的情况下，进一步加快油气服务技术自主研发的步伐对于中国油气工程技术服务行业有着至关重要的意义，但同时也是对中国各油气工程技术服务公司的挑战。

三大石油集团公司不断优化业务链条、转变发展方式、积极进行自主创新和技术研发，增强其国际竞争力，各旗下油气工程技术服务公司的国内外业务也逐渐从低端市场向中高端市场迈进，2013年也取得了一系列的成就，但仍与国际一流油气工程技术服务公司存在差距。其中，2013年9月26日渤海钻探与俄罗斯鲁克石油公司正式签署了《伊拉克西古尔纳Ⅱ油田钻井总承包合同》，实现了在国际市场上首次进行钻井总承包业务；2013年11月6日川庆钻探研制的国内首套旋转导向钻井系统试运行成功，为页岩气和致密气等非常规油气资源的开发提供了基础，有利于其扩大油气工程技术服务高端市场份额；川庆钻探致力于克服高压、高含硫、低压、低渗透等问题，其2013年高端业务收入比例高达50%以上；2013年11月中国海洋石油总公司旗下公司海油工程正式掌握了半潜式自航工程船的横向装船成套关键技术，为应对海洋石油产业深水化、油气生产平台大型化提供了有力保障等等。

由于特殊的政治和地缘原因，中国民营油气工程技术服务企业的生存压力远大于三大石油集团公司，各公司通过技术创新、开拓高端市场业务等途径增强自身的竞争力，提高其市场生存能力。尽管如此，中国民营油气工程技术服务公司的关键技术水平、企业盈利能力以及高端市场份额仍不能与三大石油集团公司相提并论。就油气工程技术服务高端市场中连续油管设备的拥有量而言，中国2012年年末需求量约为200台左右，而国内企业实际存量约为60余台，其中中国石油天然气集团公司和中国石油化工集团公司拥有台数约为90%，安东石油、杰瑞股份等民营企业的拥有量仅10%左右。因此，中国民营企业油气工程技术服务高端市场的发展前景美好，但困难重重。

（二）中国油气工程技术服务企业一体化服务能力尚且薄弱，影响其国际竞争力

尽管中国油气工程技术服务公司在2013年通过多种途径加快了提升其综合一体化的能力，但截至2013年年底中国油气工程技术服务公司的综合一体化水平仍然较为低下，与国际差距较大。目前，斯伦贝谢、哈里伯顿已经通过多轮战略合并、兼并重组等方式实现了由专业化向综合一体化的成功转型，而中国油气工程技术服务企业的资源大都分散在不同的油气企业，不具备集中优势，难以形成集勘探开发为一体的产业链效应，也不利于资源优化配置。目前，中国大多油气工程技术服务企业在进行勘探开发项目设计时按照传统工艺进行，但一体化项目管理要求全生命周期应用区域装备、模块化成型等，其离一体化项目管理的要求还相差甚远。

一体化服务能力的薄弱影响了中国油气工程技术服务企业的国际竞争力，阻碍了其国际化进程。从各公司的财务报告中可以看出，虽然2013年国际市场份额保持稳定，但其国际业务主要是为中国三大石油集团公司海外项目提供油气工程服务，真正与国际石油公司的合作则少之又少。因此，国内油气工程技术服务公司面临着快速提高其综合一体化水平的严峻挑战。

（三）页岩气勘探开发困难重重，三大瓶颈制约行业发展

虽然中国页岩气机遇良好，但存在多种阻碍因素，中国实现页岩气大规模开发利用还需要重点突破定价机制、技术和环保三大瓶颈。价格体系是中国页岩气市场的最大瓶颈，虽然通过2013年发布的《页岩气产业政策》确立了页岩气市场定价机制，但未就四大石油公司对页岩气资源、天然气管网的垄断地位提出相关解决之策，这使页岩气市场化定价政策短期内形同虚设。中国虽在页岩气技术开发上取得了初步成就，但仍未掌握水平钻井和水力压裂等页岩气开采的核心技术，而且中国开发条件特殊，国外先进技术不会完全适用，急需突破钻井完井方面的核心关键技术；中国页岩气资源主要集中在地质复杂、环境脆弱的西南和西北地区，使得页岩气开发和环境保护困难重重。因此中国不论是在进一步完善页岩气市场定价机制、重点突破核心技术方面，还是勘探开发与环境保护相结合方面都任重道远。

四、2014年中国油气工程技术服务产业展望

（一）国家加大政策扶持，整个油气工程技术服务市场有望扩大

随着中国油气企业海外油气开采量不断提升，国内油气工程技术服务企业也面临着不断扩大的出口机遇，正如2013年中国几个石油集团公司组成的联合投标体，将带动国内部分油气工程技术服务企业走出国门，这样的伴随式策略成为很多油气工程技术服务公司打开国外市场的方式之一。就短中期而言，中国石油增产和致密油气开发力度会持续加大，将会带动水平井数量快速增加，压裂需求成倍增长。而就中长期而言，页岩气开发技术一旦具备经济性，水平井及压裂需求将进一步扩大，并可能会产生爆发式增长。就目前情况来看，民营油气工程技术服务公司在致密气、页岩气开发方面已经充当了重要角色，未来，具有较强技术储备的民营油气工程技术服务龙头企业将有望迎接能源开发带来的油气工程技术服务行业的大机遇。

2013年10月底，海油工程取得壳牌Nyhamna项目合同，承建总重约1,960吨的陆上气站设施的模块建造工作，这预示海油工程在国际高端客户取得突破。吉爱科技公司的石油测井设备具有明显的竞争力和成本优势，该公司开发的随钻测井仪（LWD）预计2014年下半年投产，届时有望赶超国际技术水平。2013到2014年研发的750修井机、测试车、采油车、2500压裂车、连续油管车等设备将面世，面临的市场空间非常广阔。2013年下半年，杰瑞油服成为第一家在中国石油化工集团公司系统获得独立作业资质的民营油气工程技术服务企业，并也中标了总金额达8,000万元人民币的中国石油化工集团公司完井一体化16口油井，在后续的80~100口井的议标中也有较好的前景。

（二）油气工程技术服务企业向综合一体化、国际化方向发展进程加快

目前，中国国内老油气田勘探开发难度不断加大，西部新油气田市场化程度提高，国家政策使页岩气勘探开发主体破除垄断，加之国际油气工程技术服务公司纷纷进入中国市场，使得中国油气工程技术服务产业竞争加剧。面对竞争激烈的国际市场和国内市场，中国油气工程技术服务企业开始借鉴国际油气工程技术服务企业巨头的成功经验，通过加大油气勘探开发投入、加强合资合作等方式扩展自身产业链，由专业化向综合一体化方向发展，增强竞争力。2013年中国石油化工集团公司、中国海洋石油总公司以及安东石油等公司继续加快与国际油气工程技术服务公司合作、资产重组等行为说明了该趋势。尽管如此，目前中国油气

工程技术服务企业的一体化服务能力和国际化水平和国际油气工程技术服务公司相比都相差甚远，因此未来这些公司会朝着综合一体化、国际化的方向不断快速发展。

（三）国内页岩气勘探开发前景广阔，民营油气工程技术服务页岩气方向前途未卜

近年来中国不断加快页岩气勘探开发的步伐，迄今已两次共二十多个区块向国内民营企业、地方国企和央企招标，陆续建立了延长石油延安国家级陆相页岩气示范区、中国石油天然气集团公司长宁–威远国家级页岩气开采示范区和云南昭通国家级示范区以及中国石油化工集团公司重庆涪陵国家级示范区等多个国家级页岩气开采示范区。加之一系列产业政策相继颁布，中国页岩气开发成为热点，而页岩气勘探开发带来的油气工程技术服务需求也必然前景广阔。

随着国内油气工程技术服务市场化改革进程的加速，越来越高的成本压力和页岩气勘探开发对技术设备服务需求的扩张为民营油气工程技术服务带来了广阔的发展空间，各民营油气工程技术服务企业摩拳擦掌，陆续涉足页岩气领域，2013年12月，宏华油气工程技术服务（四川）有限公司在四川宜宾完成了首个页岩气钻井服务项目。然而，中国石油天然气集团公司、中国石油化工集团公司、中国海洋石油总公司和延长石油等在页岩气市场中占据了八成的资源，即便《页岩气产业政策》指出民企可以通过合资公司等方式参与页岩气的开采，但依旧困难重重。民营油气工程技术服务在页岩气方面进展缓慢，涉足页岩气领域者如履薄冰，步履维艰。不少民营企业与地方国企，已经开始拖延观望，或引入合作者，甚至转让股份。民营油气工程技术服务在页岩气勘探开发上依旧前途未卜。

（四）深水油气勘探开发领域高度景气将继续，中国油气工程技术服务行业将实现跨越式发展

随着石油需求与价格高、陆上油气增产缓慢等现状，世界各国加大了对海洋油气上游投资的力度，预计到2022年，该领域年吸纳投资额将从2012年的430亿美元增至1,140亿美元，深水领域高度景气将持续。而中国“十二五”期间中国海洋油气开发投资额约为2,500~3,000亿元，年均有望达到600亿元，中海油服、海油工程等油气工程技术服务企业资本支出也将持续高位。全球处于景气上行周期,中国深水油气市场空间巨大。

近年来中国在深水铺管、深水油气勘探、深水钻井固井、平台建设创新等方面取得了一系列成就，深海开发能力以具备。在对外合作方面，中海油服与斯伦

贝谢在2013年7月就深水领域开展深度合作签署了相关协议，双方将进一步开展多领域深度合作，实现优势互补与互利共赢。随着深水油气勘探开发的加快和中国深海开发能力的进一步加强，加之持续高位的技术、设备方面的投资，中国深海油气勘探开发必将实现跨越式发展。

中国炼油化工产业发展分析与展望

中国炼油化工产业历经2011年平稳较快增长以及2012年增速放缓后，受2013年国际宏观经济环境的稳定，国内宏观调控更趋稳健成熟，政府政策支持力度的不断加大的影响，2013年炼油化工产业呈现逐步回升、平稳运行的特点，全国炼油能力达到了5.4亿吨/年，成为仅次于美国的全球第二大炼油国。2013年是全面深入贯彻落实党的十八大精神的开局之年，是实施“十二五”规划承前启后的关键一年，炼油化工产业发展的有利条件在逐步增加，政府在化工产业和煤化工行业给予更多的政策支持，以及油品质量升级步伐加快，炼油化工装置改造升级逐渐完成，炼油化工产业向着规模化、一体化发展，同时面临产能过剩、产业布局调整的新挑战，炼油化工行产业将稳步进入2014年。

一、2013年中国炼油化工产业发展状况

（一）2013年国际炼油化工产业低迷的情况下中国炼油化工产业扭亏为盈，但盈利能力依然偏低

2013年，国际炼油化工产业依然没有摆脱供过于求的局面，主要炼油化工企业的利润受到严重影响。需求方面，欧洲对精炼产品的需求量自2008年内以来发生大幅下降，据国际能源署（IEA）数据显示，欧洲2013年对精炼产品的需求平均为1,350万吨/日，比2008年下降近200万桶/日。产能方面，产能的增加主要来自亚洲和中东。欧洲自2008年以来，部分炼油厂的关停导致产能减少了170万桶/日，但是在2013年全球炼油产能增加126万桶/日，其中中国新增73万桶/日，中东地区新增53.1万桶/日，完全抵消掉了欧洲产能缩减带来的影响。产能上的供过于求带来的直接影响就是国际主要石油公司炼油化工业务利润的下滑。道达尔表示，2013年第三季度炼油利润为10.6美元/吨。而在一年前，炼油利润为51美元/吨。炼油和化工净利润下滑了42%，也即从5.67亿欧元下滑至3.3亿欧元。埃克森美孚称其下游产业利润是5.92亿美元，比2012年同期下滑了81%，或下滑26亿美

元。壳牌表示下游产业利润下滑了49%至8.92亿美元。

全球经济复苏的反复和国内经济增速放缓，都对中国炼油化工产业的发展产生了不利影响。国际市场需求的下降和内需的不稳定加重了当前炼油化工产业的供需矛盾。中国炼油化工产业陷入增产不增收，增收不增利的困境。据统计，2013年1~10月，全行业主营业务收入96,753亿元，同比增长9.8%，利润总额3,568亿元，同比增长30.5%。2013年以来炼油化工产业经营情况总体情况趋好，但盈利能力依然较弱，产业整体销售利润率3.7%。预计全年产业主营业务收入将达到12万亿元，同比增长约10%。这其中，随着国内成品油定价机制的的完善和价格调整周期的缩短，炼油产业效益明显增加。2013年1~10月利润额大幅上涨，炼油产业利润总额296.7亿元，利润同比上升492亿元；但盈利能力仍较弱，炼油产业销售利润率仅1%。而化工产业，受到2013年来国际市场需求下滑和内需不稳定的影响，产业库存压力巨大，产品价格持续处于低位，产业盈利水平不容乐观。2013年，化工产业降幅进一步缩小，整体收益回升。

（二）炼油化工装置规模不断扩大，装备改造升级进程不断加快

得益于新建和改扩建的大型炼油化工项目，中国炼厂装置的平均规模将进一步提高。到2015年末，中国石油化工集团公司、中国石油天然气集团公司的炼厂装置平均规模预计分别提高至850万吨和760万吨。随着油品升级步伐的加快和原油劣质化趋势的影响，中国装备改造升级呈现以下特点：

一是国家持续推进炼油化工产业质量标准化工作，淘汰了一批落后的工艺技术和装备，促进了炼油装备改造升级进程的加快。同时，国家明确要求各炼油企业要加大升级改造力度，结合自身技术水平和市场需求，制定具体升级方案，并要求中国石油天然气集团公司、中国石油化工集团公司、中国海洋石油总公司要带头如期完成装置改造升级任务，新建的炼油项目要按照第五阶段油品质量标准设计建设。

二是各炼油化工企业纷纷加快了炼油装置改造升级步伐，脱硫装置和加氢装置的比例不断升高。茂名石化150万吨/年催化汽油吸附脱硫装置和大庆炼油化工150万吨/年汽油加氢装置已经成功投产，扬子石化采用渣油加氢——催化裂化的加工路线提高了劣质原油和重油加工深度。中国石油天然气集团公司、中国石油化工集团公司、延长石油等下属各炼油化工企业装置改造升级使加氢裂化、加氢精制、延迟焦化能力比重不断上升，异构化、烷基化比例偏低的状况也得到了改善，有利于应对原油劣质化、重质化、含硫量增加的趋势，并配合中国油品升级

步伐。

三是化工装备在企业自主创新和国家政策扶持下得到快速发展。一方面，许多企业通过自主研发，填补了国产化技术装备的多项空白。沈阳鼓风机集团有限责任公司研发生产的乙烯压缩机投用成功，使中国成为世界上具备自主研制百万吨级乙烯“三机”技术和制造能力的少数国家之一。杭州杭氧股份有限公司成功研制了中国首套拥有自主知识产权的国产化6万等级煤化工空气分离设备。西安交大赛尔机泵成套设备有限责任公司成功研制了用于30万吨/年联碱装置的国内藤怠离心式脱碳气、清洗气压缩机组，结束了中国长期依赖进口的局面。另一方面，国家相关政策的扶持，为化工装备制造的发展带来机遇。从2012年起，国家相继出台了《环保装备“十二五”发展规划》、《节能减排“十二五”规划》等多项相关发展规划，预计将有2.366万亿元投资流入，以促进化工装备向高端、环保领域进军。

（三）油品质量升级步伐加快

2013年以来，持续大范围的雾霾天气将油品升级提上日程，油品升级的步伐已经刻不容缓。国家实施相关政策措施持续推进油品质量升级。根据国务院确定的油品质量升级时间表，2014年1月1日起中国在全国范围内车用汽油将执行国IV标准的要求，汽油硫含量要求低于50ppm；2014年底，车用柴油将执行国IV标准的要求，硫含量不大于50ppm；2018年以后，中国将全面使用国V汽柴油。

截止到2013年底，多个炼油化工企业加大了升级改造力度，油品质量升级成绩突出。从10月1日起，中国石油化工集团公司的所有炼厂都将生产国IV标准汽，部分企业将能生产国V标准汽油，硫含量低于10ppm。中国石油化工集团公司还提前在上海、江苏等沿江8地市及广东6地市开始置换相当于欧V标准的汽油,其余省区则提前3个月开始置换国IV汽油。2013年年底，中国石油化工集团公司可以向全国提供国IV标准的汽油，2014年底可以向全国提供国IV标准的车用柴油。5月31日，中国石油天然气集团公司大连石化汽油质量升级项目正式投产，已具备年产400万吨国V汽油的能力，成为中国石油天然气集团公司最大的国V汽油生产基地。11月6日，随着独山子石化公司生产的首批国IV车用汽油出厂，中国石油天然气集团公司也即将完成国IV汽油的布局。此次油品置换完成后，中国汽油天然气集团公司的质量标准将全面达到国IV标准，油品硫含量从国三标准的小于150ppm降低至小于50ppm，降低67%。但中国油品质量与欧美国家仍有差距，仅有北京、上海实施国五标准与欧洲相当，中国的油品升级步伐依然任重道远。

（四）国家加强化工产业的宏观政策的支持和引导，化工产业稳步发展

2013年，国家继续加强对化工产业在宏观政策方面的支持和引导。4月1日，工信部制定并发布《二氧化碳产业准入条件》，对促进二硫化碳产业节能减排、淘汰落后产能和结构调整具有积极意义。环保部于2013年5月24日发布《硫酸工业污染防治技术政策》着眼于减少相关企业的污染防治，促使硫酸工业健康、可持续发展。同时，国务院通过机构改革，下放行政审批权也有利于推动炼油化工产业健康、高效和多元化发展。随着煤层气、页岩气在现有技术条件下显现出来的巨大开发潜力，中国不断出台如《页岩气发展规划（2011~2015年）》、《关于加快煤层气（煤矿瓦斯）抽采利用的若干意见》等多项政策文件促进非常规油气的开发，同时还在不断完善相关财税政策，以期形成系统的财税政策。

2013年，中国化工产业在宏观经济环境的稳中趋好的影响下继续发展。宏观经济方面，经济形势总体较好，投资保持较快增长，产业消费市场平稳快速增长，一批新的经济热点正在形成。在继续优化化工产业产业结构的同时，积极培育新型战略产业，在专用化学品、化工新材料和现代煤化工领域取得了积极进展。中国石油天然气集团公司石油化工研究院自主研发的国内第一个具有自主知识产权的聚丙烯催化剂技术在福建、广东的双向拉伸薄膜厂投入使用。烟台万华MDI、青岛软控的异戊橡胶、上海华谊的丙烯酸及脂等专用化学品和神华集团、延长石油集团的现代煤化工项目在技术和规模上正在走向世界高端。

（五）中国加大对新型煤化工产业发展的支持力度,新型煤化工产业的发展成果显着

2013年中国继续加大了对新型煤化工产业发展的支持力度。2013年3月份以来，国家发改委向10个新型煤化工项目发放了“路条”，即同意开展该工程前期工程的批文。这表明当前中国对新型煤化工产业一方面鼓励新技术的开发和实验，另一方面对大规模的产业建设一直持相对谨慎的态度，不会轻易上马新型煤化工项目，防止再走传统煤化工产业恶性竞争的老路。

在新型煤化工技术发展上，2013年同样取得了不俗的成果。这些技术的进步都为中国新型煤化工产业的健康可持续发展奠定了良好的技术基础。在新型煤化工产业发展的道路上，只有自主掌握了核心技术，才有可能从根本上提高项目的经济效益，实现产业的健康发展。

（六）中国炼油化工企业积极实施“走出去”战略，合作范围和深度不断提升

中国炼油化工企业积极探寻国际合作之路，在2012年与各国合作新建扩建中国炼油化工项目的基础上，进一步实施“走出去”战略，合作领域涉及资源、技术、化工各个方面。

一方面中国石油天然气集团公司、中国石油化工集团公司积极参与海外油气资源开发建设，为上游带来利益的同时，也为中国下游炼油化工企业寻求更多油源，缓解了中国油源供应紧张的局势。2013年，中国石油化工集团公司的海外油气资源已经包括常规石油、凝析油、沥青油（加拿大油砂）、溶解气、天然气、凝析气、煤层气和天然气液等，分布在世界6大资源区23个国家。中国石油天然气集团公司继续加大海外油气资产收购力度，累计在14个油田和区块（或项目公司）的勘探有较大发现，天然气和凝析气也有新的发现，实现了油气并举、常规和非常规兼顾。

另一方面中国石油企业与南非、俄罗斯、委内瑞拉等资源大国在当地合建炼油化工项目，不仅有利于转移中国炼油产能过剩的风险，而且合作领域涉及资源、技术、化工各个方面，使中国在国际市场中占据有利地位，获得双赢。其中，中国石油化工集团公司3月26日与南非国家石油公司达成合作框架协议，将推动双方合作的位于南非伊丽莎白港库哈工业园区的世界级规模的穆托姆博炼油项目的开展。惠生工程于11月7日再次获得了委内瑞拉国家石油公司位于拉克鲁斯港炼油厂场地平整项目，为中国炼油产业海外拓展添上了浓重的一笔。

（七）安全环保、节能减排在炼油化工企业、政府各部门、社会公众的共同努力下有序推进

2013年炼油化工企业在部署安全环保、节能减排工作上更具主动性，在具体安排上更有目标性和计划性。中国石油化工集团公司的“碧水蓝天”环保计划将在2013年至2015年三年间计划投入228.7亿元，重点围绕污染物总量减排和提标改造、挥发性有机污染物检测与控制、异味治理及环境风险防控等方面，实施803个环保综合整治项目。中国石油化工集团公司下属炼油化工企业如沧州炼化、岳阳长炼、海南炼化、镇海炼化等纷纷响应集团号召制定了自己的目标和具体实施方案。同时，炼油化工企业在扩大装置规模、改造升级设备的过程中更注重装置设备的安全性和抵御环境风险的能力，在炼油化工一体化项目建设中也更加注重安全环保设施的配备，力图从源头上控制风险，炼油化工企业将自身发展与生

态环境、社会安全更加紧密的联系起来。另外，炼油化工企业紧跟国家油品升级步伐，加快建设油品质量升级项目，也体现了炼油化工企业对消费环节降低排放、减少污染的重视，并积极采取行动为社会提供更清洁的汽柴油。

为确保国家“十二五”发展规划顺利完成，一些地方政府更加注重保护环境和减少污染排放，综合运用各种政策手段，创新管理方法，对炼油化工企业加大监督管理力度，引导炼油化工企业向环境友好型企业转变。比如，北京市政府制定了《2013–2017年清洁空气行动计划》，为控制炼油规模，目前已取消了800万吨炼油产能扩建计划；加大强制性清洁生产审核力度；禁批未通过节能评估和环评审查的项目，对未完成大气污染物减排任务的产业实施产业限批；对新增排放量的工业建设项目实施“减二增一”的削减量替代审批制度。南京市政府将税费政策、信贷政策、公共资源定价机制等多种手段结合起来，通过差别化、严格化对待重污染产业、重污染企业，监管并督促高污染企业规范环境行为，主动采取措施减少污染、降低排放。北京市政府和南京市政府的多方面举措和实施力度为其他地方政府树立了典范。

此外，在社会公众监督上，一方面，炼油化工企业通过举办公众开放日、召开环境座谈会等途径，主动接受社会公众监督，实现了企业与社会公众的良好互动，环保部门也通过环评机制就炼油化工企业有关项目公示各方面相关信息，征求公众意见；另一方面，不论是环保组织还是公众个人环保意识普遍增强，主动关注炼油化工产业安全环保信息，参与炼油化工项目建设的环境影响评价，监督炼油化工企业生产行为对生态环境、社会安全的影响。

（八）原油进口将逐步放开，地方炼厂将获得更多原油进口配额

中国地方炼厂炼油原料的来源主要有以下几个途径：国产原油，通过中国石油天然气集团公司、中国石油化工集团公司原油和燃料油配比搭售方式拿到的原油；通过中油燃料油销售公司和中国海洋石油总公司拿到的原油；通过与中国石油天然气集团公司合作代加工模式灌输的原油。原油进口受限、燃料油采购渠道不稳定使得地方炼厂开工率相对较低，产能无法充分利用，获利有限，严重制约了地方炼厂的发展，大大压制了其竞争力。近几年，地方炼厂一直在呼吁放开原油进口。

2013年10月国家能源局完成了原油进口权放开初步草案的制定，明确了炼油企业进口原油使用资质的条件，并发布《炼油企业进口原油使用资质条件（征求意见稿）》，向产业内相关企业各方征求了建议和看法。根据机构预测，2014年

国内将至少新增1,000万吨进口原油配额，新增配额主要分配给较小型炼油企业。地方炼厂获得更多的原油进口配额具有重要意义，如充分发挥市场在进口原油中的配置作用，激发市场活力，促进国有炼厂和地方炼厂在平等地进出市场，地方炼厂将获得更大的市场空间；政府对炼厂在技术资格、安全达标、环境友好、节能减排等方面准入资质的规定，督促地方炼厂改造落后产能，更新工艺和设备，提高安全环保能力，充分挖掘节能减排潜力；整体上提高中国的炼油产能，促使中国实现能源自给，有利于保障国家能源安全。

二、2013年中国炼油化工产业面临的困境

（一）原油重质化、劣质化趋势明显，炼油化工技术遭遇挑战

当今世界范围内，原油重质化、劣质化趋势十分明显，原油含硫量、酸值不断增高。轻质原油产量仅占原油总产量的36%，中质油占到55%，重质油产量占9%；低硫原油产量仅占世界原油总产量的1/3。中国的石油探明储量的品位在不断下降，低渗、超低渗、超稠油储量所占比例也在不断加大。另外，中国半数以上加工的原油依赖进口，其中大部分源自中东和俄罗斯大部分，原油酸值高、含硫高、质量较差。一方面是重质、劣质原油比例不断上升，造成加工难度越来越大，另一方面随着环保要求日益严格，燃料标准不断提高，市场迫切需要低硫、无硫的清洁油品以及优质的石化加工原料，这无疑对中国炼油化工企业的炼油化工技术提出更高要求。

目前，应对原油重质化、劣质化趋势的关键技术是加氢技术，中国石油天然气集团公司、中国石油化工集团公司现在已自主研发了加氢脱硫技术。中国石油化工集团公司较早展开了脱硫技术的研发，它引进康菲石油公司的吸附脱硫技术S-Zorb，并进行二次研发。中国石油天然气集团公司长庆石化成功研制了FDS-2柴油加氢催化剂并成功生产出国V柴油，使中国低成本生产国V柴油的成套工业化技术取得重要进展，另外，中国石油天然气集团公司研发推广应用DSO催化汽油选择性加氢脱硫技术和GARDES汽油加氢技术。中国虽然在一定程度上提升应对劣质油、重质油的中游加工技术和加氢处理技术，但与国外一流的炼油水平还存在一定差距。国外先进炼油化工企业加氢能力占一次加工能力的比例已经超过了50%，而中国仅占32.5%，这显示中国深加工能力和加氢能力依然不足。中国炼油企业必须适应原油劣质化趋势，掌握劣质原油的先进加工技术和流程，克服炼油化工技术障碍，才能更好的促进中国炼油化工业的发展。

（二）成品油质量升级改造，部分地方炼厂或将面临淘汰

原料油是制约低廉油品质量升级的因素。在中国现行的制度下，地方炼厂缺乏原油采购配额，并不能通过进口获得炼油需要的原油资源。因此只能采购国有石油集团淘汰的“边角料”进行加工提炼。这些原油多为含硫量较高的劣质渣油、燃料油，因此使得地方炼厂目前生产的汽柴油大多只是达到了国二标准。根据普通柴油国家标准GB252-2011的规定，从2013年7月1日开始，普通柴油的含硫量不得大于0.035%，也就是说，国二标准的柴油在7月1日将彻底告别历史舞台，国内柴油将正式迈入国三标准时代。对于国内地方炼厂来说，从国二升级到国三标准，在技术上问题不大。真正制约地方炼厂的因素在于优质的原油供应和技术升级带来的巨大的资金需求。以中国山东省的地方炼厂为例，采用的加工原油仍以进口燃料油为主，柴油比重大于0.85g/cm^3，硫含量大于500ppm的柴油仍是主导产品，原料油品质成为制约当前地方炼厂进行油品质量升级的最主要的障碍。因此，要推动中国油品质量顺利升级，同时发挥地方炼厂在满足市场供应方面的作用，就必须给予地方炼厂以原油的采购权，使其能够采用品质更高的原料油进行汽柴油的加工提炼，降低油品的含硫量，达到最新的国家标准。

油品升级需要巨大资金支持和技术支持，对地方炼油厂来说是挑战。进行油品质量升级，核心是降低油品的含硫量。根据普通柴油的国家标准GB252-2011的规定，从2013年7月1日起，中国柴油的含硫量不得超过0.035%。第四阶段同时车用汽油标准过渡期至2013年年底，这之后车用汽油标准将进入第五阶段，即含硫量降至10ppm以下。国家对油品质量升级的压力迫使中国炼厂改进现有的炼油技术和生产设备，而油品脱硫需要在加氢改制的基础上进行，如此需要几十亿的资金进行设备的升级和引进，对于中国地方炼厂，特别是大多数民营炼厂来说，几乎是不可能完成的任务。而在现有的信贷体制下，中国民营企业从银行获得贷款相对于国有企业一直困难重重。如果缺乏资金的支持，地方炼厂将无法完成设备的升级和技术的引进，无法在国家规定的时间表内完成对油品质量的升级，因此部分地方炼厂将面临倒闭关门的风险。

（三）中国炼油化工产能过剩，炼油化工布局有待完善

国家《石化和化学工业“十二五”发展规划》指出，到2015年中国原油一次加工能力要控制在6亿~6.5亿吨。2012年底，中国炼油能力已达5.75亿吨/年，根据预测，2013年后投产的国内已获批新建扩建炼油项目合计能力将高达3,950万吨，届时中国炼油能力或将超6亿吨。而且，目前中国诸多大型炼油化工一体化

项目依旧扩建或新建，根据现在炼厂建设速度和建设规模来看，如果不在宏观上予以指导和调控，提高准入门槛和控制投资节奏，未来几年中国炼油产能很可能出现阶段性过剩现象。同时中国新建大型炼厂多与乙烯装置配套建设，这些项目的规划建设大多数处于初级阶段，造成地区结构雷同，而炼油化工下游衍生产品的开发生产成为短板。另外，随着中东延伸下游产业链，中国未来炼油化工市场会受到中东等国初级产品的冲击。因此，防止低端乙烯石化产能过剩，延伸乙烯下游产业链，促进精细化、高附加值等高端产品的生产成为新建和改扩建项目必须注意的问题。

另外，虽然中国现在已经基本形成环渤海湾、长三角和珠三角三大炼厂集群和东北、西北两大炼油化工基地这一“三群两地”的炼油化工格局，但局部投资过热现象依然严重，区域炼油供应能力与市场需求不能完全适应。东北长期炼油能力过剩导致“原油南油北运，成品油北油南运”现象仍然存在。山东地方炼厂遍地开花，炼能过剩造成资源的大量浪费。2013年随着福建两大千万吨级炼厂的运行和广东揭阳2,000万吨/年炼油项目、中科合资1,500万吨/年炼油化工一体化项目的开工建设加之广东地区原本4,350万吨的炼油能力，未来福建和广东地区将会出现局部炼能过剩局面。而西南地区由于资源缺乏和炼油项目环评争议仍然缺乏炼油企业，供给跟不上当地需求。

（四）化工产业整体效益不高，安全环保事故频发

当前中国化工产业整体运行较为良好，产业结构升级稳步推行，投资结构和经济效益得到改善，但是仍存在着比较明显的问题。

首先，中国化工产业仍然面临产能过剩问题，供需失衡问题尚未解决。尽管从2012年以来中国在化工产业淘汰落后产能，改善投资结构方面取得了一定进展，但产能过剩问题仍然没有得到彻底的解决，导致磷肥、电石、纯碱、甲醇等产品价格一直维持在较低的水平。其中，2013年上半年，烧碱的市场价格在2,700~2,800元/吨之间，是两年多的历史低位，而纯碱的市场价格则在1,400元/吨之下，为3年里的最低水平。

其次，中国化工产业受国际市场影响，整体竞争力和效益依旧有待提升。近两年中国主要石油化工公司的炼油化工业务都处于严重亏损或少量盈利的水平。中国石油天然气集团公司近两年炼油化工业务都存在巨额的亏损，而中国石油化工集团公司虽然在2013年成功扭亏，但盈利水平依然处于较低的水平，毛利率远低于过去的水平。同时伴随着金融危机以后国际市场的整体衰落，作为经济高速

发展的发展中大国，中国市场越来越受到国际石油巨头的青睐，导致化工产品进口压力增大，而在于国外石油巨头的竞争中，中国本土石油企业展现出来的竞争力整体较弱。对比历史数据表明，国外进口化工产品的价格与国内市场价格基本是一致的，但是在涨价时进口化工产品幅度要小于国内产品，在价格竞争中显示出了更强的弹性和竞争力，中国化工产品的整体竞争力依然显得不足。

最后，中国化工产业在安全生产管理上仍然存在漏洞，重大安全环保事件频发。2013年中国化工产业安全环保形势依然严峻，安全事故和重大污染事故并没有得到有效地遏制。安全事故不仅造成了重大的人员伤亡和财产损失，同时也对周边的环境产生了巨大的影响，需要对周边一定范围内的人员进行疏散，对附近居民关于化工项目的态度产生负面影响。要重塑化工产业和项目在居民当中的形象需要付出高昂的代价。而分析这些重大事故发现，事故原因多为人为因素，管理不善和违规作业成为事故多发的重要原因。要控事故的发生和减少事故带来的损失，就一定要强化企业和项目的管理，把对工人的安全培训放在重要的位置，杜绝违规作业的行为。

（五）煤化工产业面临政策、环境的制约和技术的挑战，市场压力较大

随着国民经济的发展和人民生活水平的提高，中国对石油化工产品的需求正在与日俱增。基于中国“富煤少油”的能源储备结构和国际原油市场的敏感性，煤化工项目一直受到政府和煤炭、石化企业的高度重视。然而随着煤化工项目的推进，一些与产业发展相关的问题正在不断涌现，在一定程度上制约了当前煤化工产业的发展。

首先，中国煤化工产业面临国家政策的限制和环境的制约。煤化工产业具有耗水多、污染重、新型煤化工产业技术路线尚未完全成熟、产业内企业煤化工规划过高过多过滥等特点，出现了盲目上马、浪费资源、破坏环境等方面的问题。在中国，煤炭资源主要集中在山西、陕西、内蒙古、河北、贵州等省区，同时这些地区也是中国生态环境相对脆弱的地区。煤化工项目对水资源的需求十分巨大，同时也会产生数量巨大的废物，是高耗能、高污染的产业。因此，国家向来对煤化工项目持十分谨慎的态度。

其次，中国煤化工产业尚未完整掌握产业核心技术。现代煤化工产业是以碳一化工技术为基础，主要包括煤制烯烃等新型煤基材料和煤制油、天然气等新型煤基清洁能源。目前，中国在新型煤化工技术上取得了一定的进展，但是很多技

术仍处于实验室实验阶段，尚不能进行大规模的实际投资。一些产业链延伸项目的技术开发尚不成熟，在实践过程中还存在着一定的技术风险。

最后，中国煤化工产业面临严峻的市场压力。近年来，中国地方官员迫于GDP考核的压力，利用国家初期对煤化工项目的优惠政策，纷纷上马煤化工项目。2008年以前化工产品价格的不断上升，也刺激了煤化工项目厂商不断扩大产能。中国传统煤化工产业经历了大规模的发展阶段，煤化工项目频频上马，产能增长的速度大大高于市场需求的速度，导致煤化工产能利用率严重不足。

（六）安全环保隐患依然存在，节能减排任重道远

炼油化工企业由于生产链长，生产工艺复杂，原料和产品具有可燃性、易爆性，对生产、输送过程中的安全环保风险控制具有极高的要求，其一旦出现安全环保事故极有可能会给炼油化工企业生产运营，周围的居民的人身财产安全、生活环境乃至国家社会秩序的稳定带来重大影响。2013年的青岛输油管道爆炸事件带来的惨重损失就反映了炼油化工企业安全事故危害大，一旦发生其负面影响难以控制的特点，同时也暴露出输油管道规划布置不合理、疏于日常管理、安全生产责任落不实、安全事故应急处理不当等方面的问题，中国在役海底油气管道的安全性也引起广泛关注。受技术水平、运营成本等因素影响，中国在役海底油气管道在检修维护方面落后于陆地管道检验体系，海洋环境的特殊性和敏感性对设备及管线的安全运作管理提出了更高的要求和挑战。

国家对安全生产、生态保护、能源节约、污染防治等方面的重视，使具有高风险、高污染、高能耗特点的炼油化工企业处于更严格的政策环境和监督管理环境中。为确保完成“十二五”规划节能减排任务，发改委将研究建立各地区资源环境承载能力预警机制，严格控制高能耗，高排放项目；实施2014~2015年节能行动计划，加快重点用能单位能耗在线监测系统建设，建立和实施节能量交易制度。环保部根据《“十二五”主要污染物总量减排考核办法》对污染物总量减排不达标的企业和地区进行严厉处罚，对配套减排、污染防治设施缺的项目拒绝验收，同时实施阶段性建设项目环评限批。2013年8月暂停审批中国石油天然气集团公司、中国石油化工集团公司两家集团公司除油品升级和节能减排项目之外的新、改、扩建炼油化工项目环评，是环保部环评限批的最好例证。环保部、发改委、财政部等三部委联合发布的《重点区域大气污染防治“十二五”规划》所覆盖的地区就有炼油化工改扩建、新建项目的布局。炼油化工企业及各筹建、在建炼油化工项目必将面临来自各级政府各部门的全方位、多层次的监督管理。

随着炼油化工企业拓展海外业务，布局海外项目的步伐不断加快，国外合作对象越来越多、合作领域越来越广，炼油化工企业处于更公开的国内外舆论环境，面对更多元化的监督。炼油化工企业能否完成安全生产、节能减排指标，规避环境事件、安全事故的发生不仅关乎其海外业务的稳定有序开展，还是其立足国际炼油化工产业平台的基本要求。

三、2014年中国炼油化工产业的展望

（一）盈利状况将有一定改善

2013年，国际原油价格保持相对稳定，市场的需求保持了小幅度增长，整体上中国炼油化工产业扭转当前亏损的局面。国内方面，国家发改委进一步完善了成品油价格形成机制，缩短了价格调整周期，取消了价格变动幅度的限制，使中国成品油价格市场化程度进一步提高，有利于中国炼油化工产业景气度的提升。随着中国在炼油化工产业相关支出政策的出台，预计2014年将是中国炼油化工产业继续向前发展的一年。炼油板块将延续2013年毛利率上升的趋势，营业收入的稳定增长将会给主要炼油公司带来更多的经营利润。化工板块，主要化工企业库存的下降和下游需求水平的提高将会进一步刺激化工利润率的回升，带来利润的增加。中国政府将会继续致力于推动炼油化工企业的合并重组，提高炼油化工企业应对风险的能力，带来规模效应。主要国有大型炼油化工企业在研发领域的持续投入为中国炼油化工企业长期发展注入了动力。因此预计2014年中国炼油化工板块企业盈利将进一步改善，毛利率水平进一步向历史高水平靠拢，整体经营环境得到进一步改善。

（二）控制投资速度，将进一步优化炼油化工布局

未来面对炼油化工业产能过剩之险，中国要在坚决遏制产能盲目扩张和严控总量的前提下，有序推进炼油化工业布局调整和优化。一方面要严格控制增量，调整优化存量。坚持“改扩建为主、新建为辅”的原则，在东北、广东、福建等产能相对过剩的地区，限制新建、拟建炼油项目，遏制盲目扩张和重复建设；加快淘汰落后产能，整合压缩过剩产能，鼓励优势企业以多种方式“走出去”，优化制造产地分布，转移国内过剩风险。另一方面，要坚持开拓市场需求，促进产业升级。在油品消费集中的地区，坚持内涵式发展，保持投资合理增长，培育高端产品市场；引导国内有效产能向优势企业和更具比较优势的地区集中，推动形成分工合理、优势互补、各具特色的区域经济和产业发展格局，从而进一步完善

炼油化工布局。

（三）信息技术向智能化应用方向发展，充分发挥信息技术在炼油化工企业可持续发展中的带动作用

信息技术是炼油化工企业实现可持续发展战略目标的重要支撑。目前炼油化工企业通过对信息技术在生产运营数据集成，ERP与MES、EAM等系统集成，环境在线监测等方面的集成化应用，在利用信息技术加强深化管理、降低安全环保风险、节能降耗、优化资源配置等方面取得明显成效。

未来，中国炼油化工企业对信息化技术的使用将向智能化方向推进。以中国石油化工集团公司为例，围绕着“十二五”期间中国石油化工集团公司提出的“智能石化”的信息化建设课题和“集中集成、创新提升、共享服务、协同智能”的十六字方针，中国石油化工集团公司智能工厂试点建设项目已通过评审进入建设阶段，智能化工厂将在生产管控、设备管理、安全环保、能源管理、供应链管理、辅助决策等6个方面开展智能化应用。中国炼油化工企业的信息技术应用与国际先进的石油企业相比在数据自动采集、数据规范管理、生产现场管理、业务流程规范管理等方面还存在较大差距。

信息技术的高速发展，物联网、云计算等新技术的普及推广为炼油化工企业加快信息化建设进程，实现炼油化工企业向集约化、技术化、知识化转型提供了良好的发展条件。炼油化工企业将在此有利条件下，结合自身发展的需要，继续深化信息技术在数字化、网络化、虚拟化方面的应用，并向智能化应用迈进。

（四）安全环保、节能减排工作在产业升级、设备升级、工艺技术升级等方面的相互配合下成效将更加明显

根据工业与信息化部发布的《石化和化学工业“十二五”发展规划》，石化产业在未来升级的过程中将在控制产能、调整产业布局的同时处理好产业发展与生态环保、安全生产之间的关系，加大节能减排、联合重组、淘汰落后、技术改造、安全生产、两化融合力度，提高资源能源综合利用效率，大力发展循环经济，实现石化和化学工业集约发展、清洁发展、低碳发展、安全发展和可持续发展的目标。炼油化工企业将在此《规划》的指引下，平衡生产运营与安全环保、节能减排工作，实现企业自身的可持续发展。

在炼油化工装置设备升级改造和炼油化工一体化建设的进程中，炼油化工企业更加注重安全环保配套设施的建设，从理念上讲，中国炼油化工企业将更强调本质安全，从源头降低安全环保风险。

结合中国加工原油重质化、劣质化趋势和国际炼油化工科技发展趋势，中国《能源科技“十二五”规划》明确中国在加工和转化技术领域的发展方向，即2015年突破超重和超劣质原油加工关键技术，完成国V标准油品生产技术的开发，实现炼油轻质油回收率达到80%，到2020年开发加工重质、劣质原油和减少温室气体排放的炼油技术，实现炼油产品清洁化和功能化。其指导思想中也明确提出了“安全、高效、低碳”的三点要求。油气回收也是节能环保型的高新技术，运用油气回收技术回收油品在储运、装卸、加注过程中排放的油气，能够有效减少挥发性的有机物排入空气，防止油气挥发造成的大气污染。清洁油品和节能减排的生产技术将是炼油化工技术发展的重点。

安全环保、节能减排工作要想取得成效必须是多方面举措共同发生作用的结果，未来炼油化工企业必将将安全生产、环境保护、节能减排渗入生产经营的各个环节，结合产业升级、设备升级、工艺技术升级，向本质安全型、环境友好型、资源节约型企业转变。

（五）地方炼厂获取原油进口配额受多方面条件限制，能否最终获益有待配套措施的综合实施

虽然中国已经初步制定了原油进口开放相关草案，原油进口开放指日可待，但是地方炼厂可能还是难以获益。首先，获得原油进口配额的门槛较高。《炼油企业进口原油使用资质条件（征求意见稿）》对炼油企业在主要经济指标、规模、环保、安全、质量、配套设施等方面均有要求，很多地方炼厂难以达标。其次，原油进口适度放开能在实际运行中给地方炼厂带来多大利益仍是未知数。目前进口原油价格较高，下游销售价格较低，地炼进口燃料油与原油搭配炼制更加合理。最后，受管道与运输等因素的影响，地方炼厂在原油进口方面仍难以同大型国企进行竞争，原油进口即使放开，地方炼厂也仍面临较多问题。

原油进口适度放开是一个循序渐进的过程，要想其发挥最大效益还需要国家相关部门的各方面举措的综合实施：一是相关部门要实时修改原油进口企业的准入规则，实行分步分批放开配额的方法，适度降低设定条件，让更多的企业进入市场，参与竞争；二是要进一步按照国家的要求，出台民营企业进入原油进口的相关措施，在政策上对于中小地方炼厂进行扶持；三是加大国内成品油市场竞争的监管，谨防大型石油企业的不正当竞争行为，建立一个自由、完整、有效地石油市场体系。

炼油化工企业的环保工作任重道远。中国炼油化工产业仍面临节能减排、成

品油定价机制不完善、民营炼厂受困以及炼油化工布局等诸多压力和挑战。面对炼油化工产业发展的新机遇和新挑战，要加快推进技术升级、进一步调整产业政策与布局结构，同时加大安全环保、节能减排力度，实现中国炼油化工产业合理有效及可持续发展。

中国油气管道产业发展分析与展望

2013年，中国油气管道建设稳步快速发展，中缅油气管道国内段全线贯通，兰成原油管道全线贯通，各地主要油气管线均按计划全面开工建设。其中，全年建成原油管道1,520公里，成品油管道1,050公里，新增天然气管道5,795公里。油气管网全年基本平稳运行，但“黄岛事件”给中国油气管网的安全状况笼上了阴影。在深化改革与加强反腐的大背景下，大型国有石油企业的天然气管道资产是否该被“剥离”成为热点话题。

一、2013年中国油气管道产业发展分析

（一）西南新添跨境能源大动脉

中缅原油管道起于缅甸西海岸的马德岛，经云南瑞丽市入境，终于重庆市，全长7,676公里，其中缅甸段1,504公里，国内段6,172公里，是继中亚油气管道、中俄原油管道、海上通道之后的第四大能源进口通道。它包括原油管道和天然气管道，其中原油管道可以使中国部分进口原油运输绕开马六甲海峡。2012年3月15日，中缅油气管道开工建设。2013年1月28日，云南省永平县西南的博南山隧道顺利贯通，标志中缅油气管道国内段全部贯通。2013年10月20日，中缅天然气管道干线建成投产。

中缅天然气管道投产后，每年将有120亿立方米天然气输送到缅甸和中国西南地区，两国共上亿民众受益，每年可替代煤炭3,000多万吨，减少二氧化碳等排放可达5,000多万吨。

（二）西气东输三线工程进展顺利，阶段性成果显着

西气东输三线干线全长5,220公里，西起新疆霍尔果斯，终于福建福州，途经新疆、甘肃、宁夏、陕西、河南、湖北、湖南、江西、福建和广东等10个省区，计划2015年全线贯通，对进一步构建中国西北油气战略通道和中国天然气骨干管网、保障供气安全具有重要意义。该工程分东、西、中三段进行，目前东段

工程进展最快，其次为西段，再次为中段。

东段工程方面：2013年3月31日，西气东输三线工程东段首条超千米隧道工程驴子岭隧道顺利贯通；4月8日，3A标段打火开焊；5月9日，东段干线吉安—福州段第一标段正式打火开焊；5月19日，东段（福建段）在福建省南安市东田镇格头村打火开焊；6月18日，溪源隧道贯通；8月14日，东段6条隧道完成中间交接并交付铺管；9月11日，东段兰屋坪3号隧道施工正式打火开焊；9月29日，东段隧道工程隘岭隧道贯通。所有这些进展为西气东输三线东段工程2014年建成投产奠定了扎实基础。

西段工程方面：2013年7月8日，霍乌段（霍尔果斯至乌鲁木齐）注入氮气，标志着西三线霍乌段进入投产阶段。霍乌段工程于2012年4月22日开工建设，2013年6月30日达到投产条件。霍乌段动火作业于5月30日开始，6月30日结束，历时一个月，共计完成动火作业62处，开创了中国管道建设施工连续动火连头作业之最。

西气东输三线建成后，每年可向沿线市场输送300亿立方米天然气，每年可替代煤炭7,680万吨，减少二氧化碳排放1.3亿吨、二氧化硫144万吨、粉尘66万吨，对完成国家“十二五”规划中节能减排指标，改善大气环境，提高人民生活质量，推动天然气产业进一步发展，具有极大作用。

（三）兰成原油管道全线贯通，推动西部区域经济发展

兰成原油管道呈南北走向，北起甘肃省兰州市西固区西部管道原油末站，途经甘肃、陕西、四川三省，南至四川省彭州末站，全长880公里，设计年输量1,000万吨，直径610毫米，设计最高压力13.4兆帕，最大落差达2,207米，是目前国内设计压力最高、落差最大的长输油品管道。兰成原油管道工程于3月全线贯通。

作为中国西北能源战略通道的重要组成部分，兰成原油管道建成投产后川渝地区将结束没有规模性原油管道的历史，对改善中国石油化工产业布局，促进西部大开发，带动地区经济和相关产业协调发展，以及新疆石油生产和中亚地区国际能源合作具有重要意义。

（四）中国石油化工集团公司黄潍输油管线爆炸凸显安全生产的重要性

2013年11月22日凌晨3点，位于青岛市黄岛区秦皇岛路与斋堂岛路交汇处的中国石油化工集团公司输油储运公司潍坊分公司输油管线破裂，导致约1,000平方米原油污染，海面过油面积约3,000平方米。当日上午10点30分许，黄岛区沿

海河路和斋堂岛路交汇处再次发生爆燃。事故共造成62人遇难，医院共收治伤员136人。事故的直接机理是输油管线与排水暗渠交汇处的管线严重腐蚀，引起原油泄漏，流入城市管网排水沟、暗渠，空气和原油在狭小的密闭空间里混合，随后在作业时违规使用了非防爆电器导致爆炸。

安全生产应该作为一个事业或者是一个产业来看待，这一点在油气领域尤为重要，本次黄岛爆炸事故给油气产业安全生产敲响了警钟，暴露出的突出问题有：输油管道与市政管网交叉重叠，保护措施不到位，长期得不到排查整改；企业原油管线监测检查不到位，对泄漏点和各种隐患不知情；应急处置措施不当，应急预案不完善；对原油泄漏后的危害判断和风险分析不及时，不准确，特别是原油泄漏以后，没有及时采取警戒，封路并疏散人民群众，造成了群死群伤的严重后果。

（五）天然气管道“独立”老问题重提

“改革”与“反腐”是2013年两大关键词。部分人将天然气管道是否该从国有大型石油公司“独立”出来的老问题与“改革”与“反腐”联系起来，认为将中国石油天然气集团公司的管道资产剥离出来，成立第三方管道公司，能够彰显政府打破行业垄断与推进改革的决心，并有利于遏制石油行业内的寻租腐败。

（六）管材设计制造技术进步显着

红河油田首次运用套管贴补技术成功化学解堵。红河油田曙开1-8注水井首次运用套管贴补技术成功对该井6层实施化学解堵，解决了该井注水压力增加，注水能力下降的难题，实现了该油田注水井解堵技术新突破，为油田注上水、注好水、注够水，提供了有利保障。

胜利油田大口径管线防腐保温技术国内领先。该技术顺利通过第三方各项指标检验检测，标志着胜利油田大口径管线泡沫夹克防腐保温技术达到国内领先水平。该项目采用的钢管道防腐保温泡沫夹克“一步法”成型工艺技术，是胜利油田国际首创的管线保温技术，曾先后获得国家科学技术进步奖、全国施工新技术奖等奖项，被国务院列为国家重点新技术推广项目。该技术的使用使得管线保温层密实度高、发泡均匀，同时作业线自动化程度较高，工效能提高75%，人工成本降低30%，能够满足油田各类大口径防腐保温管线的预制以及供热等市政工程的市场需求。

中国石油化工集团公司管道公司襄阳处解决输油泵靠背轮拆卸难题。该处《一种液压拉马》通过了国家专利局的授权，这是该处近3年来获得的第12项国家专利。此项专利解决了输油泵靠背轮拆卸难的问题，将原来的拆卸时间由60分钟缩短到10分钟，避免了设备的损坏，为输油泵抢维修赢得时间。

上海石化冷凝管道减振技术获实用新型专利授权。由上海石化和华东理工大学共同申请的专利“一种冷凝管道减震器”被批准为实用新型授权专利。专利主要应用于气体管道和液体管道减振，尤其是对有相变冷凝管道减振效果十分良好。

中国石油天然气集团公司管道局采用多项高端技术。西气东输三线在建设的过程中采用了国产压缩机技术、全位置自动焊技术、0.8设计系数以及3种防腐补口技术等高端技术。近年来，中国石油天然气集团公司管道局以建设国家工程实验室等科研基础平台为契机，以西气东输二线、中亚管道、中俄管道和中缅管道等国家重点工程为依托，开展了卓有成效的科技攻关，一大批科技成果成为引领国际X80钢级管道建设的领先技术。

管道局管道抢险中心获两项国家实用新型专利授权。该中心设计发明的“在役油气管道用不停输外引旁支四通”和“管道连接套管”获得国家知识产权局实用新型专利授权。“在役油气管道用不停输外引旁支四通”是在役的油气管道不停输外引旁支管道。“管道连接套管”是针对管道施工建设中管道对焊互联难度大而设计的一种快速对口装置。这种连接套管在管道抢修改造的新旧管道连头中应用效果明显，能最大限度节省管道连接时间。

管道局应用冷弯管防腐保温直穿工艺。直径508毫米冷弯管防腐保温直穿工艺，首次应用于铁岭——锦西长输原油保温管线施工。这项成果由管道局防腐公司研究成功并应用，也是在国内弯管保温防腐领域首次应用。使用新工艺后，质量、外观和一次合格率均有提升。穿管过程一次成型，减少了镜面焊和挤出焊存在的风险，彻底消除因焊接不合格导致的废管，产能提高约1倍，在节约成本的同时，降低了安全风险。

中国石油化工集团公司管道公司采购技术标准化工作取得阶段性成果。中国石油化工集团公司原油储备库刮蜡机构技术标准化研讨会统一制定了油罐刮蜡机构采购技术标准化文件，标志着管道公司原油储备库罐体主要设备采购的标准化工作已完成。

国家石油天然气管材工程技术研究中心工程实验室竣工投运。该中心作为中国油气管材领域唯一的国家级工程技术研究中心，既是国家中心组建的需要，也是打造“国内第一，国际一流”专业化钢管公司的需要。该中心具有国内领先水平的中心工程实验室，将极大地满足石油管材产品研发、工艺试验的要求，对推动公司产品结构调整、加速高附加值、高可靠性、高技术含量产品研发具有重要作用。

（七）管道检测技术取得新突破

管道无损检测技术实现突破。该检测设备是机电一体推车便携式装备，由驱动电机、水箱、探头及数字式超声波检测仪组成。该设备应用于钢板复验检测后，比人工检测效率提高3倍，检测稳定性及准确性也得到了提高，而检测人员的劳动强度大为降低。同时由于超声波自动检测设备探头不直接与钢板接触，检测一台储罐可节约探头磨损成本约4,000元。无损检测技术的突破，填补了中国管道无损检测技术空白。随着油气运输发展，为立于世界前沿水平，中国管道无损检测技术仍需要突破创新，掌握核心竞争力，才能迎来发展挑战。

中国石油天然气集团公司管道仿真软件投入应用。管道仿真技术是采用计算机模拟手段再现管道输送中流体压力、温度等参数变化，预测管道运行情况与监测全程参数的一门技术。管道仿真技术的核心载体——仿真软件，是企业进行管道设计、运行分析、员工培训的常规工具。仿真技术的自主创新，在加快中国仿真软件国产化进程，带来巨大经济效益的同时，提升了中国石油天然气集团公司在管道领域的国际竞争力。这一科技成果的应用，将提高中国管道科研核心技术自主研发和运营管理水平，发挥积极的示范和带动效应，进而提高核心竞争力。

兰成渝甘肃段泄漏监测系统投入使用。采用该系统进行实时监测可使管道发生穿孔泄漏时及时报警并进行定位。这个系统根据压力波泄漏监测与定位原理，利用负压波检测方法工作。泄漏监测系统具有检测灵敏度高、定位误差小、反应时间快等优点，能够及时发现管道泄漏。

成品油管道在线密度测量及混油界面实时监测技术应用成功。该技术在完善成品油管道在线密度测量方法及装置、混油界面实时检测的理论研究后，通过在兰郑长管道工程中应用，形成了一套完善的高精度、高稳定性成品油管道在线密度测量及混油界面实时检测技术，促进了成品油管道行业的技术发展和进步，填补了该技术领域的技术空白。

（八）海底管道建设取得新进展

中国石油天然气集团公司管道局成功对海底天然气管道进行永久性修复。中国石油天然气集团公司管道局应急抢险中心在广东珠海成功为海底天然气管道进行永久性修复，这是该中心运用浅海区域管道维抢修技术完成的新作业。借助能源管网建设平台，管道局形成具有自主知识产权的大口径和高钢级长输管道建设的系列核心技术，处于国内领先地位。

管道局全焊接方式填补浅海区域管道维抢修技术国际空白。管道局应急抢险中心在全世界维抢修行业首次采用全焊接方式，填补了浅海区域管道维抢修技术的国际空白，为应急抢险中心进军国际海洋管道抢险市场奠定了基础。

海洋工程公司工程技术建设研究院研发新型海底环境防腐材料。该研究院自主研发的适用于渤海湾海泥环境的铝合金牺牲阳极新材料大幅减缓了平台及海底管线的腐蚀，具有电流效率高，使用寿命长的特点，可以有效保护海底管道和平台。

二、2014年中国油气管道产业发展展望

当前，中国油气管道建设方兴未艾，油气进口战略通道将进一步建设，主干管网将得到进一步完善，形成多气源、主产区、消费地和储气点有效连接的覆盖全国的管线网络，优化油气管道市场结构。与此同时，广阔的世界油气管道建设市场将推动国际间的管道建设合作，重视管道建设技术的创新发展，不断增强管道建设的自主研发能力与核心竞争力，提升技术和装备水平。管道运输正成为全球经济一体化发展的新方向，中国将成为世界油气管网建设的中心地区之一。今后，中国油气管道建设将朝着大口径、大流量和立体网络化方向发展，油气管道总里程2020年将超过15万公里，形成资源多元、调运灵活和供应稳定的全国能源保障系统。

（一）推进主干管线网络建设，完善全国管网布局

石油和天然气作为主要的一次能源，随着中国经济的持续较快的发展，油气需求呈持续增长态势，这需要油气管网主干线的大规模建设以及相应配套的支线管网作为支持。

未来将进一步加快油气干线管网和配套设施的规划和建设，优化中国油气资源勘探、开发、运输和储存结构，改善油气资源输配方式和加工利用布局，对于实现油气资源合理配置具有重要意义。继续做好油气管网规划和建设工作，按照能源流向，优化建设布局，搞好管网运输与其它运输方式的衔接；在加强骨干管网建设的同时，搞好配套工程建设和多种运输方式衔接，提高管网技术水平，强化管网保护和管理。

（二）加强液化天然气（LNG）接受能力

随着天然气消费的快速增长，在能源供应中的比重迅速增加，液化天然气（LNG）受到了越来越多的关注。随着中国对能源需求的不断增长，引进液化天然气（LNG）将有效优化中国的能源结构，有效解决能源供应安全以及生态环境保护的问题，为实现经济和社会的可持续发展发挥重要作用。大量地引进液化天然气（LNG）资源，需要配套建设相应规模能力的液化天然气（LNG）接收站，加强液化天然气（LNG）接收能力。

“十二五”期间，中国在推进天然气海运进口及海上气田开发的同时，将大力发展沿海港口液化天然气（LNG）接收站建设、后方天然气管道与港口疏运管道的衔接布局，最终完成沿海大型天然气储运基地的建设。中国海洋石油总公司预计在2015年前增加5个液化天然气（LNG）接收终端，从而把中国海洋石油总公司每年的液化天然气（LNG）总接收能力提高一倍，达到3,500~4,000万吨。

（三）逐步优化管道市场结构

目前，中国的油气管网大致呈现三级格局：第一级是省市门站以上基干管网；第二级是省市管网；第三级是城市门站以下的城市管网。城市管网对民资放开，多数地区均竞争激烈。而一、二级管网基本由国有大型石油公司占据主导地位。由于管道在连接上游能源产地与下游市场中的重要地位，掌控管道者在市场竞争中就拥有了无可比拟的优势地位，这在一定程度上损害了市场的公平竞争。

2013年，国家能源局就《油气管网设施公平开放监管办法（征求意见稿）》征求行业各方意见，根据《意见稿》，今后将加强开放监管，油气管道向第三方市场主体放开，这意味着未来油气管网设施运营企业在油气管网设施有剩余能力的情况下，油气管网运营企业应该按照一定排序，无歧视地对第三方开放管道市场。此次征求意见稿表明中国正在探索优化管道市场结构的方法，然而这不是简单的成立第三方管道公司的过程，是需要满足一定条件后逐步实现的目标。管道“独立”必须具备的条件包括足够的里程与输气能力、完善的法律制度与监管措施、公平对待各个企业。

中国管道建设基础薄弱，还不宜完全“独立”。中国天然气管道现有里程与输气能力远远不足，全国性的管网尚未形成，管道建设发展的法律基础与监管措施尚不完善。当前阶段中国油气管网要解决的最大问题是发展不足、建设滞后的问题。只有当中国的油气管网得到充分发展、油气管理体制完成市场化变革后，管网独立运行才有基础，管道市场的结构优化将在未来随着管网建设的不断完善而逐步进行。

（四）气体能源管道保持平稳发展

2013年9月12日，国务院发布的《大气污染防治行动计划》明确指出，要加快调整能源结构，增加清洁能源供应，加大天然气、煤制天然气、煤层气的供应，新增天然气干线管输能力1,500亿立方米以上，覆盖京津冀、长三角、珠三角等区域。

数据显示，目前中国天然气需求将以年均21%的较高速度增长，2030年需求量将达5,000亿立方米，与之配套的天然气输送管网必将随之迅猛发展。

“十二五”期间，中国天然气利用领域将进一步扩大，城市燃气和工业燃料将成为主要利用领域。天然气管道建设成为重点，将基本形成全国天然气管网。一大批重点管道项目建设还将陆续开工，相关省份的省内管网建设纷纷列入“十二五”规划，未来20~30年内，气体能源管道建设仍将保持平稳发展的态势。未来中国气体管网发展特点主要有：管径进一步增大，压力进一步提高，钢级进一步提升；管道合资建设成为发展趋势；支线管道快速发展，更多省份成立省管网公司；关键设备国产化；进口渠道进一步拓宽。

（五）加强国际间管道建设的合作

中国的国际管道建设尚处于初级阶段。2005年开始建设并于2006年投入商业运营的中哈原油管道是中国第一条真正意义上的跨国管道，标志着中国油气管道进入跨国建设运营的新阶段。

当前，中国大型油气企业正致力于建设世界水平的综合性国际能源公司，高度重视并积极支持所属企业加快步伐走出去，开展多层次、多渠道、多领域的国际交流与合作，加快培育具有国际竞争力的工程建设总承包商和装备制造商。

就国际形势看，通过国际间的管道建设合作，不但有利于优化中国的能源消费结构，推动与其他国家的之间的伙伴关系，还能够为合作各方带来一定的贸易额，推动加强经济领域的合作。未来一段时间，全球油气需求刚性增长的态势不会改变，中东、中亚、非洲、拉美等油气资源富集区正处于快速上产阶段，中国与中亚、中东、俄罗斯等国家和地区的能源合作不断深化，具有非常广阔的油气管道设施建设前景。

（六）加大科技创新力度，支持管道建设发展

随着油气管道产业的飞速发展，技术支撑的必要性愈加凸显，尤其是关键的核心技术日益发挥着重要的作用。科技已然成为管道建设的命脉，只有掌握关键

技术才能掌握管道建设的发展。加大科技创新与应用，能够有效地提高油气管道的建设能力，降低油气管道的建设成本，保障油气管道的安全运行。

目前，中国石油天然气集团公司管道局已掌握高钢级、高压力、大口径、长距离陆上管道建设以及浅滩海洋管道等一大批具有自主知识产权的核心技术，形成了在沼泽、大落差、永冻土、高地震带、沙漠、热带雨林等复杂地质地貌下大口径管道数百项施工工艺，每一次技术进步都大幅提升了中国油气管道建设水平。从2013年全年管道技术的发展情况可以发现，无论是管材生产商还是管道装备制造企业，发展都明显提速，科技含量明显渗透其中，未来这一趋势将更加明显。

总之，未来管道建设朝着更大管径、更高压力、更高钢级、更多介质、更加智能的方向发展，对技术工艺、建设标准、装备水平、运作模式等都提出了新要求、带来了新挑战。今后将继续向世界管道技术前沿看齐，提高油气管道生产装备和管道铺设装备的整体水平，提升管道建设专业化水平，形成核心技术竞争力。实现产学研相结合，加快实用技术的研发和应用，支撑推动中国油气管道建设蓬勃发展。

合作篇

至2013年止，中国能源国际合作成果显着，已在全球33个国家执行了100多个国际油气合作项目，建成5大国际油气合作区，成为世界多国重要的能源合作伙伴，同时也推动着国际能源秩序的多极化。比如，较早"走出去"的中国石油天然气集团公司，已建成"海外大庆"，在海外形成了五大战略区，油气投资业务、物资装备和后勤支持等服务保障形成一体化，协调发展的格局已形成，管理运作着82个油气投资项目，海外原油生产能力1.2亿吨，天然气生产能力220亿立方米，原油加工能力1,400万吨，海外石油气管线总长度，运作管道总长度1万千米。

与此同时，中国海外油气投资的经营模式发生了很大变化，从最初的利用组织经验、服务队伍和装备优势，与工业基础相对薄弱、竞争不是很充分、劳工政策不是十分严苛的苏丹国家的合作模式，发展到以发挥石油企业综合一体化优势，参与政治环境不稳定的伊拉克国家的全球公开招标的合作模式，再到与加拿大、澳大利亚等发达经济体的合作模式。中国的跨国油气投资已进入了新阶段，能够跟跨国石油公司同台竞技，并由单纯追求资源的国家石油公司，向具有投资属性的国家拥有的跨国石油公司转变。

中国油气国际合作分析与展望

2013年中国企业海外油气权益产量保持较快增长，突破了1.1亿吨。其中，中石油油气权益产量达到约5,800万吨；中石化在2012年和2013年先后收购了尼日利亚、北海和埃及等在产油气田项目，油气产量将超过3,000万吨。中海油油气权益产量达到1,800万吨；其他石油公司预计产量约600万吨。

一、2013年中国油气国际合作概况及分析

（一）中国国际油气合作概况

2013年，中国油气企业继续在国家大力支持石油企业“走出去”的发展背景下，大力发展国际油气合作，扩展合作领域，发掘合作对象，积极海外投资，提高海外油气产量，保证能源供应“多元化”，切实保障中国的油气供应。中国与俄罗斯实现“跨越式”能源合作，达成多个油气合作项目；中国与塔吉克斯坦、伊拉克等国油气合作进一步深化；中国与墨西哥、埃及等国油气合作取得长足进展。

1. 中国石油天然气集团公司国际油气合作成果

（1）中俄签2,700亿美元“巨单”，能源合作取得重大进展

2013年6月21日，在总统普京和中国国务院副总理张高丽的见证下，两国石油公司签署了对华长期供应原油协议。中国石油天然气集团公司董事长周吉平与俄罗斯石油公司总裁伊戈尔谢钦签署了对华长期供应原油协议。该项协议是在2013年3月份签订的俄中政府间协议框架下签署的，是一项长期、规模性的交易，意味着两国及两家公司在能源与经济合作方面向前迈出了重要一步。按照协议，俄罗斯将在未来25年内对华供应约3.65亿吨原油，每年供应量高达4,600万吨。除供油协议外，俄石油与中国石油天然气集团公司天津炼油厂联合项目及石油开采领域的合作发展也在实施之中。

同时，在2013年11月14日，中国石油天然气集团公司收购俄罗斯最大独立天

然气生产公司诺瓦泰克持有的亚马尔液化天然气股份公司20%股份，亚马尔液化天然气项目还将包括港口等基础设施建设内容，总投资约9,000亿卢布（约合281亿美元），是长期且重大的项目。亚马尔液化天然气项目位于俄罗斯北极地区，是集气田开发、液化天然气贸易、项目融资、工程建设为一体的上下游一体化合作项目。

（2）中哈签署原油管道扩建协议，首条跨国原油管道即将扩充

2013年4月6日在中国国家主席习近平和哈萨克斯坦总统纳扎尔巴耶夫的见证下，中国石油天然气集团公司总经理周吉平和哈萨克斯坦国家石油公司代表别尔利巴耶夫共同签署了《中国石油天然气集团公司与哈萨克斯坦国家石油公司关于中哈原油管道扩建原则协议》，这意味着中国第一条战略级跨国原油进口管道即将扩容。

作为中国第一条跨国原油管道，中哈原油管道是连接里海油田到中国内陆的重要能源通道，也是中国石油天然气集团公司在中亚俄罗斯地区能源博弈的重量级筹码。该管道的规划年输油能力为2,000万吨，全线总长2,800多公里，起点是哈萨克斯坦西部的阿特劳，终点在中国的阿拉山口——独山子输油管道首站。按照规划，中哈原油管道二期在2012年年底完成二期二阶段的全部建设工作量。2013年中哈管道管输量达到2,000万吨/年。

中国油气进口量很大，如果仅从一个地区进口会潜伏很大的风险，而中哈原油管道不仅让中国获得一个新的能源进口渠道，更令中国在此后的能源谈判中获得更高的自由度。

（3）中国石油天然气集团公司伊拉克哈法亚油田二期工程启动

2013年4月14日，中国石油天然气集团公司伊拉克哈法亚油田举行二期工程奠基仪式，这标志着哈法亚油田1000万吨产能建设步入关键时期，也表明中国石油天然气集团公司的中东油气合作跨入新阶段。

哈法亚一期500万吨产能项目提前15个月建成投产，创造了伊中国际石油合作又一典范。二期项目对推动伊中能源友好合作，提高伊拉克石油产量，造福伊拉克人民尤其是当地百姓具有重要意义。预计该项目2014年第二季度建成投产，三期工程60万桶日产能建设的基础工作将逐步启动，力争2016年年底建成。

（4）中国石油天然气集团公司与塔吉克斯坦签署深化油气合作框架协议

2013年5月20日，塔吉克斯坦共和国总统埃莫马利拉赫蒙访问中国石油天然气集团公司，在其见证下，周吉平总经理与塔能源和工业部部长舍拉利古尔签署

《中国石油天然气集团公司与塔吉克斯坦共和国能源和工业部进一步深化油气合作的框架协议》。根据协议，双方将全面加强在塔境内油气勘探和开发等领域的合作。这是继2012年中国石油天然气集团公司与塔吉克斯坦签署合作备忘录后的又一项重大进展。

2013年6月18日，中国石油天然气集团公司与塔吉克斯坦能源工业部、道达尔公司（TOTAL）、克能石油公司（TETHYS）在塔吉克斯坦首都杜尚别共同签署塔吉克斯坦伯格达（BOKHTAR）区块项目油气合作交割协议，中国石油天然气集团公司和道达尔公司分别拥有这个项目33.35%的权益，这标志着中国与塔吉克斯坦油气合作进入实质阶段。

塔吉克斯坦油气资源潜力相当可观。这一项目的顺利交割为中国石油天然气集团公司海外油气合作增添了一个新的资源国，为建设中亚油气合作示范区拓展了新领域。

（5）中缅天然气管道建成投产

2013年10月20日，中缅天然气管道干线建成投产。管道缅甸境内全长771公里，其中原油管道国内全长1,631公里，天然气管道国内全长1,727公里。这条管道每年能向国内输送120亿立方米天然气，而原油管道的设计能力则为2,200万吨/年。

随着中缅原油管道项目开工，标志着中国的东北（中俄原油管道）、西北（中亚天然气管道）、西南陆上（中缅油气管道）和海上（经过马六甲海峡的海上通道）四大油气进口通道的战略格局已初步成型，有利于实现石油运输渠道多元化，保障中国油气供应安全。中缅油气管道是继中哈石油管道、中亚天然气管道、中俄原油管道之后的第四大能源进口通道，缓解了中国对马六甲海峡的依赖程度，降低海上进口原油的风险。

与此前液化天然气（LNG）每立方米4.6元的价格相比，管道天然气每立方米在4元左右，降低幅度约13%。目前，广西南宁、贵港两市率先使用上清洁的管道天然气，惠及30多万户居民、1,700多家商业用户、15家工业用户。到2014年底，柳州、桂林、玉林、梧州、来宾、贺州、钦州、百色等8条支线项目将相继投产，届时将有60多万户居民、70多家工业用户用上管道天然气。

（6）中国石油天然气集团公司牵头在蒙古从事石油勘探业务

2013年10月25日，借助中国国家主席习近平与蒙古总理阿勒坦呼亚格会面，中国石油天然气集团公司与蒙古达成石油勘探协议，根据协议，中国石油天然气集团公司将牵手蒙古，进行石油勘探业务，这是继中亚、俄罗斯和缅甸等国家和地区之后，中国能源“多元化”道路上，又添上蒙古国的名字。

早在2009年12月，中蒙两国就签署了《中国与蒙古国政府关于在矿产能源领域开展合作的协议》。2013年5月16日，蒙古国历史上第一个自己的汽油品牌“蒙古93”汽油上市销售。这款汽油产品是根据中蒙两国政府2013年4月签署的协议，由中国石油天然气集团公司呼和浩特炼油厂利用蒙古国开采的原油加工生产后，再出口蒙古国市场。

（7）中国石油天然气集团公司积极海外并购

2013年2月21日，中国石油天然气集团公司自美国康菲石油公司（Conocophillips）手中购得部分资产权益，包括西澳大利亚的波塞冬（Poseidon）项目20%权益以及陆上凯宁（Canning）盆地页岩气项目29%权益。同时康菲将通过与中国石油天然气集团公司的合作获得共同开发四川盆地页岩气的机会。此次再度购入该区域资产，显示出中国石油天然气集团公司对海外液化天然气的高度重视。

2013年3月16日，中国石油天然气集团公司将收购意大利埃尼集团全资子公司埃尼东非公司28.57%的股权，从而间接获得非洲莫桑比克4区块项目20%的权益，交易对价为42.1亿美元（约合261.65亿元人民币），这也是近年来中石油海外收购中最大的一笔交易。莫桑比克4区块位于东非鲁伍马盆地，已发现天然气2.12万亿立方米。目前，埃尼集团拥有这个项目70%的权益，交易执行后，埃尼集团将持有项目50%的权益，中国石油天然气集团公司将持有项目20%的权益，其他合作伙伴莫桑比克国家石油公司10%、韩国天然气公司10%、葡萄牙高浦能源10%。

2013年11月13日，中国石油天然气集团公司签订了一份收购协议，将以约26亿美元的价格收购巴西石油公司在秘鲁附属公司的全部股份，约合201.6亿元人民币。巴西石油公司是一家以石油为主体、上下游一体化、跨国经营的国家石油公司，由巴西联邦政府控股。而收购的目标公司是巴西石油的间接全资附属公司，主要在秘鲁从事油气勘探开发及生产活动。该公司在秘鲁拥有三个油气区块资产，在其中两个区块持有100%的权益，在第三个区块则持有46.16%的权益。三块资产的可采储量十分可观，年产油量约为80万吨。2012年，该公司的主营业务收入约6亿美元，净利润约为1.02亿美元。

2. 中国石油化工集团公司国际油气合作成果

（1）中国石油化工集团公司挺进埃及

2013年11月15日，中国石油化工集团公司全资子公司国际石油勘探开发有限公司（SIPC）与美国阿帕奇石油公司（Apache Corporation）联合宣布，中国石油化工集团公司收购阿帕奇公司埃及资产1/3权益正式交易交割。此前，中国石油化工集团公司与阿帕奇公司已于2013年8月30日宣布双方正式建立全球战略合作伙伴关系，作为战略合作第一步，中国石油化工集团公司出资31亿美元收购阿帕奇公司埃及油气资产1/3权益。

阿帕奇公司是美国独立石油公司，其埃及资产共有24个合同区块，且主要分布在西部沙漠地区，开采及生产经营不受政治活动影响。截至2012年12月31日，阿帕奇公司埃及资产剩余石油可采储量为6.41亿桶，天然气剩余可采储量为约6.32亿桶油当量。通过该项收购，中国石油化工集团公司首次进入埃及油气资源市场，并将进一步积累和提升海外油气勘探开发的经验和实力。

（2）中国与墨西哥多领域合作

2013年6月5日，国家主席习近平访问墨西哥，同墨西哥总统涅托会谈，中墨关系由“战略伙伴”关系升为“全面战略伙伴”关系。而在此次会谈中最引人注目的成果莫过于双方关于原油方面的合作——墨西哥将向中国出口原油。

在博鳌亚洲论坛2013年年会期间，墨西哥国家石油公司就已与中国石油化工集团公司签署了两年期的供油协议，每天将有至少3万桶墨西哥原油出口中国。也就是说，墨西哥对中国原油出口将由目前每月5万桶猛增到每天3万桶，实现了几何级数的跨越。

此次协议和备忘录的签署打开了中墨能源合作的大门。此外，墨西哥还在地热、太阳能、风能等可再生能源领域有着得天独厚的优势，这些都是中墨两国能源合作的良好基础。

（3）中国石油化工集团公司和韩国SK合作

2013年6月29日，韩国SK综合化学和中国石油化工集团公司在湖北武汉签订了乙烯合作法人设立条约，这是中韩建交以后规模最大的石油化学合作项目。两公司通过最近在武汉竣工的石脑油分解设备（NCC），每生产了年将生产250万吨乙烯等的乳化产品。

（4）中国石油化工集团公司与南非国家石油公司签署合作框架协议

2013年3月26日，中国石油化工集团公司与南非国家石油公司达成合作框架协议，将推动双方合作的位于南非伊丽莎白港库哈工业园区的世界级规模的穆托姆博炼油项目的开展。该合作框架协议由中国石油化工集团公司董事长傅成玉和南非国家石油公司董事长莫卡巴博士共同签署。双方同意邀请南非工业发展集团

（IDC）共同参与项目下一阶段工作。该合作框架协议签署后立即生效，有效期2年。

3. 中国海洋石油总公司国际油气合作成果

（1）中国海洋石油总公司联合中国石油天然气集团公司中标巴西石油

2013年10月21日，巴西最大规模的单体盐下层石油区块——里贝拉区块的竞标结果在里约热内卢揭晓。由中国石油天然气集团公司、中国海洋石油总公司两家企业、巴西石油公司、荷兰壳牌以及法国道达尔组成的联合体作为唯一投标方中标。

巴西国家石油公司占40%，壳牌占20%，法国道达尔公司占20%，中国石油天然气集团公司和中国海洋石油总公司各占10%.本次竞标的开采权有效期为35年，勘探阶段4年，中标企业或联合体须将开采所得原油的一部分，即最低41.65%的利润上交给巴西联邦政府，给予政府留成最多的公司将会中标。

（2）与BP公司合作开发南海深水区块石油

中国海洋石油总公司7月16日与BP公司就南海珠江口盆地一深水区块签订石油合同，这也是中国海洋石油总公司成立以来与外国合作伙伴签订的第200个石油合同。海洋石油成为中国吸引外资最多的行业之一，中国海洋石油总公司也成为世界上签署对外合作石油合同最多的国家石油公司之一。

根据合同规定，在勘探期内，BP将承担100%的勘探费用。中国海洋石油总公司将有权参与合同区内任一商业油气发现最多51%的权益并将担任该区块的作业者。

（3）中国海洋石油总公司签约英国天然气集团（BG集团）高调加码天然气业务

中海油与BG集团签署系列协议，向BG集团采购500万吨/年、为期20年的液化天然气资源，并将以19.3亿美元增持澳大利亚昆士兰柯蒂斯液化天然气项目的权益。

根据采购协议，BG集团将从2015年开始向中国海洋石油总公司供应液化天然气（LNG）资源。合同签署后，中国海洋石油总公司的中长期液化天然气（LNG）合同量将达到每年2,160万吨。

2012年，中国海洋石油总公司的液化天然气（LNG）进口量达1,100万吨。目前，中国海洋石油总公司已在广东、福建、浙江和上海建成4个液化天然气（LNG）接收站，正在建设的珠海、海南、深圳等液化天然气（LNG）接收站将在今后几年相继投产。

（二）2013中国油气产业国际合作分析

1. 中国油气产业国际合作出现的机遇

2013年，中国油气产业国际合作取得新成果，以国内三大石油集团公司海外油气合作表现突出，民营企业对外合作也取得新的进展。中国油气产业国际合作出现了新的发展机遇，主要有：全球油气供应充裕、需求疲软，买方力量增强；能源版图中心西移，中拉、中亚、中非能源合作前景广阔；合作政策条件趋好，伊朗、俄罗斯放宽合作限制；非常规资源迅速发展，国家鼓励页岩气合作；油气合作领域延伸，深海开发潜力无限；十八届三中全会“市场为主”奠定油气合作良好基础。

（1）全球油气供应充裕、需求疲软，买方力量增强

2013年，全球油气市场出现需求疲软，供应充裕的局面。《BP世界能源统计年鉴2013》指出全球油气消费增速均低于历史平均水平，全球能源市场不断调整，能源供应来源日趋多元化。油气供应市场上呈现板块化发展趋势，形成了大西洋供需区、环欧洲供需区、环亚洲供需区三大能源板块。其中以北美油气生产爆发式增长尤为突出，而受欧债危机的持续发酵及美国经济复苏缓慢的影响直接导致全球石油需求增长放缓，整个油气市场上呈现买方力量增强的趋势。买方市场掌握着油气市场交易主动权，作为油气需求大国，也掌握着油气市场的主动权，有利于与竞争激烈的卖方市场开展合作，提高合作中地位和话语权。因此，全球油气市场供需格局的变化对中国推进油气资源国际合作有积极的意义。

（2）合作政策条件趋好，中拉、中亚、中非能源合作前景广阔

油气行业属于高度垄断的产业，各国都有着较高水平的准入条件限制。由于世界经济形势不确定、消费需求的疲软，油气主要国都纷纷出台有关政策，放宽对外合作条件，鼓励外资进入本国油气市场，整个世界范围内合作政策条件趋好。比如，2013伊朗政府计划就油气投资出台一种“双赢”的新合同模式，以吸引大量跨国石油企业来伊投资油气田；俄罗斯也准备撤销其贸易体制中有关石油产品的特殊条款，取消石油等产品的出口税，计划于2015年起全部取消成员国间贸易的例外条款。

2013年，中拉、中亚、中非能源合作都出现各种利好条件，合作前景广阔。目前，中拉能源合作领域已涉及石油、天然气、水电、风能、太阳能、生物能源等，合作形式则涵盖技术服务、能源融资、基础设施建设、勘探开采等，正朝着

更加深入的方向发展。墨西哥政府表示能够希望成为中国主要的油气供应国，并且欢迎中国企业到墨西哥合作建厂；委内瑞拉、哥伦比亚、秘鲁等国目前也在加大向亚洲石油企业“推销”能源资源的力度；在2013年9月份开展的中亚四国国事访问中，签署了一系列有关油气合作的合同这为中国提供极为有利的合作机会，拓宽中国油气合作市场范围。

（3）非常规资源发展迅速，国家大力鼓励页岩气合作

受资源、技术、经济和风险等因素影响，常规油气资源的开采难以实现较大规模开采。进入21世纪以来，全球非常规油气勘探开发正不断取得重大突破，油砂油、重油、致密油、煤层气正成为非常规油气发展的重要领域，全球非常规与常规油气整体资源量比例约为4:1，非常规油气资源潜力巨大。而在2013年非常规资源成全球油气并购热点，未来开展非常规油气合作将为中国油气产业发展的重要方向之一。

在低碳经济和节能减排的氛围下，国际天然气市场快速发展。其中以美国页岩气的商业化开采尤为突出。美国“页岩气革命”的胜利，鼓励各国对页岩气进行勘探和开发。开展页岩气国际合作成为油气领域的新方向。2013年10月22日颁布的《页岩气产业政策》就提出把页岩气开发纳入国家战略性新兴产业，加大对页岩气勘探开发等的财政扶持力度，鼓励各种投资主体进入页岩气销售市场，逐步形成以页岩气开采企业、销售企业及城镇燃气经营企业等多种主体并存的市场格局，并对页岩气生产企业进行补贴，对页岩气开采企业减免矿产资源补偿费、矿权使用费，研究出台资源税、增值税、所得税等税收激励政策。国内政策支持页岩气的发展，为开展国际合作创造有利条件。

（4）油气国际合作领域延伸，深海开发潜力无限

中国油气国际合作呈现全方位、多形式、多领域发展。从合作对象来看，中国2013年的对外合作不在局限于同中东、中亚、拉美能源资源生产国之间的合作，与主要能源消费国之间也开展密切合作，包括与美国、加拿大、英国、法国等开展油气合作。中国已在全球50多个国家和地区拥有油气项目100多个，逐步形成了以非洲、俄罗斯、中亚、南美以及亚太为主的五大海外油气生产区；从合作形式看，从单一的油气上游勘探开发，逐步拓宽到上游油田、中游管道、下游炼厂一体化合作，其中包括油田一体化合作和天然气一体化合作；从合作领域看，不仅开展传统的油气资源合作，还包括非常规油气的合作，扩大了油气资源合作范围。油气合作领域的延伸不仅提升资源与市场的有效性，而且为中国开展

更多领域的油气合作创造机会。

深水油气开发成为全球油气开发的重要领域之一。推进深水油气开发将是中国开展油气合作的新机遇。南海油气地质资源量占中国油气总资源量近三分之一，但因恶劣复杂的自然环境、高难度的开发技术、高昂的开发成本、复杂多变的周边局势，使南海深水油气资源未得到有效开发。2013年中国近海推出25个区块供外国公司合作开发，其中位于南海的区块有17个。中国海洋石油总公司与斯伦贝谢强强合作，斯伦贝谢将为中海油服提供包括深水定向井钻井、深水电缆测井、深水固井等七大方面的技术和相关管理培训。双方共享资源和市场，以期充分发挥技术优势，提高市场占有率，加强在制造业务上的合作和采购，探索在研发领域的创新合作，实现在海外和深水等多个领域的深度合作。在全球深水油气开发大趋势和中国能源开源战略背景下，南海深水油气开发的步伐有望进一步提速。

（5）十八届三中全会“市场为主”，奠定油气合作良好基础

2013年11月9~12日召开的十八届三中全会研究了全面深化改革的若干重大问题，明确了全面深化改革的重大意义。《决定》指出要完善主要由市场决定价格的机制，凡是能由市场形成价格的都交给市场，政府不进行不当干预。推进水、石油、天然气、电力、交通、电信等领域价格改革，放开竞争性环节价格。政府定价范围主要限定在重要公用事业、公益性服务、网络型自然垄断环节，提高透明度，接受社会监督，完善农产品价格形成机制，注重发挥市场形成价格作用。十八届三中全会提出的“市场为主”，对未来放开对中国油气资源价格管制有积极意义。一方面有利于与国际油气市场接轨；另一方面也放开对中国油气市场的管制，利于海外资本的进入，这为未来开展油气国际合作奠定了良好基础。

2. 中国油气产业国际合作面临的挑战

中国油气产业面临供给、减排、融入世界三大挑战，在开展世界范围的油气合作中也面临着各种难题，不利于国内石油企业“走出去”，中国油气产业国际合作面临的挑战主要有：宏观经济环境不确定，节能减排压力大；海外合作区域地缘政治风险加剧；陆上资源获取难度加大，海上开采技术落后；运输安全引担忧，油气合作中存在投资风险。

（1）宏观经济环境不确定，节能减排压力大

2013年，受美国金融危机、欧债危机的影响，世界经济整体处于复杂调整期，增速放缓，不确定性增大。此外，世界范围内油气需求增速放缓，宏观经济环境不平稳，这将直接影响中国开展对外油气合作。

低碳社会和科技创新依旧是改变能源格局的两大主要推动力，全球能源格局仍处于转型期。能源转型，给中国能源发展提供机遇，通过能源转型带动经济转型升级。在能源需求高速增长的情况下，国际社会对环境保护高度重视，比如第22届世界能源大会中提出气候变化对能源环保的重要性更为突出。能源安全、社会平衡和环境保护是全世界面临的共同难题，为解决这些问题，各方需要在全球能源合作、能源经济模式和能源政策方面进行大力改革。2013~2020年将为《京都议定书》第二承诺期，各国将履行规定范围内碳排放的义务。中国二氧化碳排放及单位GDP碳排放都处于比较高的状态，来自环保的压力对中国天然气产业提出了更大的挑战。

（2）海外合作区域地缘政治风险加剧

随着世界油气地缘政治格局的演变，参与油气资源博弈的全球各国纷纷拓展海外油气资源的寻求途径，不断延伸海外油气资源的地缘外缘。与此同时，各国都将面临较大的地缘政治风险。主要表现为：① 中东地区：领土争端、民族冲突、宗教问题以及政权更换问题；② 中亚地区：内部竞争与外部竞争并存、政治意图和经济利益交织、资源争夺与管线控制并行；③ 亚太地区：各国与政治同盟之间相互利用和牵制、各国之间相互竞争、大国压缩小国油气发展空间；④ 非洲地区：部族、种族矛盾严峻、非洲国家内部冲突、军队政治干预、政府腐败；⑤ 拉美地区：产油国与消费国之间的权益竞争矛盾突出。

此外，国内外地缘政治局势紧张，全球各地与油气利益纷争相关的大小事件和冲突时有发生。国际方面，叙伊危机、埃及动乱、伊朗大选与核问题谈判、中东恐怖袭击等都使得地缘政治的波动直接影响油气的供需波动；国内方面，钓鱼岛争端持续发酵，日本再挑东海油气开采争端，越南、菲律宾频繁在南海挑起争端。地缘政治因素不可控，增加了开展国际油气合作的难度，成为目前油气外海发展严峻的挑战。

（3）陆上资源获取难度加大，海上开采技术落后

在以计算机、信息技术为特征的知识经济时代，油气行业的发展也实现了高科技化，包括油气的勘探开发等各个环节都需要强大的技术作为支撑。国内油气企业对技术研发重视不够，对科技的投入不足，技术创新能力较弱。以企业为主体、市场为导向、产学研相结合的行业技术创新体系尚未完全建立，创新资源高效配置和综合集成能力较弱。油气领域核心技术的掌握是制约中国油气企业走出

去的重要因素。世界范围内，对于获取陆上资源的相关技术较为完善，要想继续增加陆上资源的产量难度较大。而对于海上资源开采技术相对较为落后，海上领域的合作潜力巨大，但目前的海上技术非常有限，面临棘手的技术难题。未来要想加快走出去步伐，需要突破海上技术的制约，积极开展海上资源的合作。

（4）运输安全引担忧，油气合作中存在投资风险

2013年，中国石油对外依存点达到57.4%，天然气对外依存度达到30.8%，油气安全问题引担忧，其中以油气运输安全问题突出。油气运输方式分为海运和陆运两种：海运主要是液化天然气（LNG）形式运输，陆运主要是管道运输。在海运过程中，受海盗、恐怖分子以及自然环境变化的影响，油气海运风险很大；管道运输则主要面临着重大的地缘政治、油气资源供给不足、地区恐怖组织等挑战。这对于开展油气合作双方而言，都将承受着巨大的投资风险，一旦出现运输安全问题，则合作中的经济损失将不可估量，因此未来油气合作将更多的考虑运输的安全性问题。

3. 中国油气产业国际合作存在的问题及推进对策

1993年中国成为石油进口国，在1993年至2012年间20年间，中国已在全球33个国家拥有100多个国际油气合作项目，建成了以非洲、俄罗斯、中亚、南美以及亚太为主的5大国际油气合作区。中国已成为全球各国很重要的能源合作伙伴，同时也推动着国际能源秩序的多极化。十八大后，中国提出生态文明的新理念和构建美丽中国的梦想，这将有助于中国尽快走上一条具有中国特色的“低碳经济”与“清洁发展”的道路，这也对中国的油气国际合作质量和水平提出了更高的要求，因此中国在国际合作中的难点逐渐显现出来。

（1）中国在国际油气合作中仍面临诸多问题

中国在油气的国际合作道路上任重而道远，未来在合作的过程中还有许多尚待攻破的难题，主要表现在以下几方面：

① 中国参与国际油气合作程度较低，以一般性合作和对话性合作为主

目前中国参与具有法律效力的实质性国际能源合作组织不多，作为成员参加的国际能源组织往往是协调型或对话型组织，而没有加入同盟型和协作型等有相应法律规则的国际能源组织，比如中国目前还不是国际能源署的成员国，在国际能源领域缺乏足够的影响力。在中国与区域层面的国际组织能源合作方面，有实质性法律协议约束性的合作多于一般性合作和对话性合作，这就大大减弱了合作的力度。

② 中国缺乏国际油气市场的定价权

中国对国际油气市场及油气供应产地缺乏足够的影响力和控制力，没有建立合理有效的进口石油价格形成机制，缺乏国际石油定价的话语权在中国的石油需求一半以上依赖于国际石油市场的情况下，这种状况无疑是不公平的。在油价上涨时，中国除了需支付涨价部分之外，还需支付比美洲欧洲国家更多的费用，即所谓的亚洲溢价，直接导致了中国原油进口成本上升，削弱了中国油气产业的竞争力。

③ 中国油气资源地缘政治形式复杂

一是油气资源在地域分布上存在着非均衡性，导致争夺油气资源的地缘冲突频繁发生；二是在能源紧缺局势下，油气资源的国有化成为世界潮流不可逆转，这在拉美俄罗斯表现更为明显；三是和国有化同时跟进，资源国对于油气这样的战略领域总是限制外资进入；四是为了控制有限的资源，或者为了分享更多的利润，资源国的投资政策纷纷调整，给外资的进入造成很大障碍；五是中国海外油气项目60%以上集中在内乱频繁的高风险地区，这些国家一旦发生政治动荡和权力更迭等事件，中国的利益将在第一时间遭受重大损失。

（2）推进中国加入国际油气合作的对策与建议

① 制定面向全球的中国油气资源发展战略

目前节能减排低碳发展已成为世界各国的共同理念，在可再生能源短时间内难以替代传统能源的情况下，大力发展油气资源就成为当前和以后一段时间的必然选择。中国必须从战略高度，加快制定出一套具体完善的短期和中长期参与国际油气合作的规划，要考虑制定“稳定国内、拓展海外、调整结构、厉行节约、增加储备”的油气资源可持续发展战略，把油气资源发展的突破口放在海外，在制定油气资源国际合作发展战略的基础上，要明确其合作的战略重点。

在合作的形式上，在稳定贸易型合作的同时，逐渐把重点转移到投资性合作获取更多的份额油上来，即便油价高企，只要中国公司掌握足够的份额油，就能更多地享受到国际油价上涨带来的好处，并在一定程度上对冲掉因此增加的采购成本。

从油气合作战略区域重点的选择上，在贸易型合作方面，可继续把中东作为合作的重点，中国西北部的邻邦俄罗斯和中亚各国，该地区油气资源非常丰富，也要逐步作为合作重点。在投资性合作方面，鉴于中亚对于中国的地缘优势，从降低合作成本的角度，应该把和中亚的合作作为重点。对非洲和南美地区的合作，要在进行原油贸易的同时加大勘探开发力度，完善合作模式，直接占有资源，获得份额油。在中俄合作中，在以跨国管道建设推动未来大规模油气贸易的同时，要带动上游油气资源开发，这应成为中俄油气合作未来的战略重点。

② 构建多元和多渠道的油气供应体系

建立全球化的油气贸易体系制度和运行机制要建立全球化竞争要求的石油贸易体系和与此对应的有效制度：一是由国家牵头制定全局性的国家石油贸易中长期规划，遵循国家规范，行业指导，公司协调运作的合作原则，构建全球化的油气贸易体系，形成各方通力协作的竞争机制；二是对于战略性的油气供应，国家要大力推动国内大公司与资源国签订期限合理种类搭配方式灵活的石油贸易协议，建立资产置换跨境运输和储备的合作机制；三是利用中国的金融工程和市场优势，与中亚西非和南美等地区主要资源国建立供需互保的油气安全机制，开拓包括贷款换石油工程服务换石油以及交叉投资促贸易等多种方式在内的贸易模式，最大限度地把持住油气贸易中的价格和其它风险。

构建石油进口地域及石油战略多元化策略。中国的石油进口来源主要集中于中东地区，但是中东的石油资源已基本被美国等大国掌控，风险较大不易分散，因此必须实现油气进口来源多元化，有效分散供应风险。首先，实施进口地域多元化。中东特别是海湾地区是世界上石油资源最为富集的地区，在相当长的时期内仍将是中国石油进口的主要来源区。但是将石油进口来源过度集中在作为世界油库的中东有很大风险，因此中国要从以进口中东石油为主转向逐步扩大进口非洲、拉美、中亚、俄罗斯及其他周边国家和地区的石油，以分散进口风险。其次，实施石油战略结构多元化。国际石油政治和经济发展史表明，多元化石油战略是实现进口国石油安全和国家经济安全的重要举措，对中国而言最重要的就是尽可能多地采用和石油生产国的直接合作，增加份额油的比重，可有效地规避贸易方式取得油源所带来的价格风险。

③ 支持引导各类油气企业大力开发海外油气资源

开发海外油气资源需要国家政府部门的支持：一是建议国家有关部门尽快出台一套完整的国内企业跨国投资合作的指导性政策，对海外资源开发的整体方向、重点区域、业务结构、企业资格技术标准、国家和地方政府的调控范围与方式等内容进行规范和指导；二是进一步实施放宽外汇管制政策，提供低息贷款，合理实行减免退税，对境外油气开发项目给予一定的出口信贷额度，赋予海外企业必要的经营自主权，组织研究开办海外石油项目政治风险保险业务以规避风险；三是建立能源企业海外并购基金，石油资源勘探开采项目投资大风险高见效慢，如无专项资金支持和补偿，单靠企业自身的能力很难成功。建立企业海外风险勘探基金，可以有效地为国内企业走出去开拓能源新渠道提供保障；四是对国外战略性资源和重大项目投资合作要进行科学咨询与决策监督，同时继续推动国内产业资本与金融资本的结合，充分体现国家公司的竞争力；五是遵守合作国双赢互利的原则，尊重资源国的利益，在此基础上，处理好与资源国之间现在和潜在的冲突、传统和非传统的冲突民族和文化的冲突，同时继续强化对资源国的社会责任，促进与其合作的可持续发展；六是鉴于国际能源问题的复杂性，必须加强与西方石油公司的合作，平衡和西方石油公司关系，按照不同地域的要求，建立不同的战略联盟，互相合作互相借力，共同应对合作过程中的风险；七是海外投资的中国油气企业要在对以往的合作策略做经常性总结评估的基础上，严格审核企业海外投资账目，并建立企业定期报告制度，最大限度地防范风险。

④ 选择好时机尽快建立石油期货市场，加重石油定价权中的竞争砝码

目前，中国获取世界石油资源的途径主要是通过石油贸易购买贸易油，中国是以个石油消费大国，若能建立自己的石油期货市场，则有可能争取到市场交易交割规则的制定权，并以此积极影响国际价格，改变过去那种被动承受的局面，建立和健全中国的石油期货市场，争取其石油价格的主导权。要建立和完善期货市场的法律法规，为石油期货市场的建立奠定制度基础。要打破油气市场的过度集中局面，发挥市场机制在油气价格形成中的作用。要逐步丰富交易品种，通过建立成熟的石油市场，充分发挥竞争机制的作用，实现石油定价市场化。要深化金融市场改革，大力发展金融市场，为石油期货市场的发展拓展空间。

由于在油气的国际合作中，有些因素是长期积累约定俗成的制度沿袭，现实中打破这些规律或习惯是非常不容易的事情，所以中国政府及油气企业应该坚持不懈地朝着既定的大方向努力奋斗，争取在最短时间实现中国这个资源大国的国际影响，这有利于今后国际合作的许多环节变被动为主动，进而获取更多的合作利益。此外，还需在充分了解和掌握国际合作中出现的新问题和新动向，作出及时的应对措施。

二、2014年中国油气产业国际合作展望

2013年中国在油气国际合作领域中收获了许多，同时也面临着众多的挑战和亟待解决的难题，回首2013，展望2014，借着十八届三中全会改革的东风，未来

新的一年国际国内新出现的政治和经济形势，中国的油气国际合作产生一系列的新机会和新趋势，主要表现在：

（一）中国与非洲国家石油合作深入，中非合作将出现新机会

非洲是世界八大产油区之一，也是中国第二大石油进口来源地。近年来由于深水勘探技术的运用和几内亚湾地区新油田的发现，非洲地区的石油储量和产量不断增加，在全球能源供应格局中的地位也大幅度提升。近年来越来越多的非洲国家正在结束战乱，走向和平与建设，而且非洲产油区的地理位置较为优越，离欧美市场较近，运输成本低于中东地区。北非产油区与欧洲仅一海之遥，西非几内亚湾同美国隔洋相望，原油输出几乎不存在地理障碍，极为便利。

尽管非洲的油气勘探开发热点地区由于领土问题、能源过境问题而引发的局部冲突仍时有发生，但是，石油领域的国际合作正在深化，随着外国石油公司投资增加和勘探开发技术的进步，非洲的油气勘探开发活动日益活跃，实现了海陆并举的良好局面，尤其是在乌干达、加纳、肯尼亚、坦桑尼亚和莫桑比克等国家的新区块发现，改变了非洲原有的油气资源格局。随着印度、中国等亚洲国家加入与非洲地区的能源合作，国际石油公司在非洲经营面临更加激烈的竞争。非洲产油国也从中看到机会，迫切希望打破欧美国际石油公司长期垄断控制石油的格局，积极争取与亚洲等国家的企业展开合作，在石油工业中不断争取独立的机会，扩大国家对石油的控制权，加大实施油气合作多元化战略，这为中国与非洲国家的石油合作将迎来新契机。

随着中非能源合作的深入，合作方式也实现多元化，从贸易合作到投资开发，再到金融支持的“贷款换石油”，中国与非洲各国的能源合作有较大进展。未来非洲油气投资领域却呈现出多样化趋势，非洲石油和天然气将面临更严的法规和安全标准，在这种趋势下，要求在非洲作业的中国石油企业展现出更大的灵活性来实现多元化发展战略。

（二）美国页岩气将拉动中美海外油气合作进程

中国油气行业发展迅速，政府尤其重视页岩气的发展问题，中国已钻页岩气井100多口，其中40多口获得了工业气流，优选出长宁、威远、涪陵等一批有利区块，发展前景良好。美国页岩气的发现和开发带来了一场新的革命，目前已经进入较成熟的开发阶段，中国政府非常欢迎美国石油企业与中国石油企业合作开发国内油气资源，也支持中国石油企业“走出去”开展油气国际合作。最近几年，中国石油企业按互利双赢原则与有关资源国积极开展国际油气合作，给相关

国家带来了实实在在的效益，促进了资源国油气工业发展，对世界油气资源供应发挥了积极的作用。国际能源署（IEA）也曾评论，中国石油企业的海外投资活动增强了全球油气供应能力，对稳定国际油气市场起到了积极作用。中美两国是能源和油气生产消费大国，双方油气合作具有良好的基础，抓住合作契机，则合作前景将无限广阔。中国油气企业应着力加强页岩气领域的合作，因为美国有丰富的页岩气开发利用技术，开展全方位的合作将推动中国页岩气产业的快速发展。

（三）中俄油气合作加速，前景美好

俄罗斯拥有世界上最大的天然气储量，也是第一大天然气出口国。随着页岩气革命的影响在全球范围内扩展，2035年很大一部分石油将被天然气、氢能和电力取代，而届时俄罗斯还有50%的石油地质储量没有得到开发利用，俄罗斯将失去其最大的出口创汇来源。在这种情况下，对于俄罗斯最好的选择就是加大油气上游领域的开放程度。中俄油气战略具有很高的契合度，中国和俄罗斯同样面临着市场单一的困境。中俄两国无论在能源发展战略的选择上，还是在能源供需市场的匹配上，都有相当大的契合性。作为世界第二大石油消费国，中国每年消耗石油近4亿吨，将近2亿吨的石油缺口依赖进口来弥补，因此，俄罗斯不会轻易错过中国这个需求量巨大的市场。

2013年9月5日，中国石油天然气集团公司与俄罗斯天然气公司签署通过东线管道向中国供应天然气的框架协议，与俄罗斯诺瓦泰克公司签署液化天然气股权合作协议。两个协议的签署，标志着中俄能源合作取得了新的重要成果，为两国共同开发西伯利亚东部丰富的石油及天然气奠定了坚实基础。这项协议的成功签署，表明俄罗斯近来的态度已有所松动。

从地缘政治角度来看，俄罗斯也意识到与中国合作势在必行。从纯经济层面看，俄罗斯也在加紧开拓东亚的石油和天然气市场，而且也越来越难以将中国拒之门外。随着液化天然气（LNG）产业的兴起，俄罗斯在欧洲天然气市场所占份额正逐渐减少，在欧盟27国天然气进口中的份额已从过去的47%降至34%，而且仍将继续下降。此外，欧盟对天然气市场进行反垄断改革也损害了俄罗斯的利益。总之，俄罗斯天然气的欧洲市场日趋艰难，转向亚洲市场也是顺理成章。

预计在合作开发天然气方面，中俄也有望达成新的共识。中俄天然气谈判之所以陷入僵局，主要问题在于中方要求参与项目的开采，成为资源基地的共同拥有者，俄方不同意。俄罗斯专家曾表示，中方的诉求符合国际能源开发的通常惯例，是完全合理的，因为这将有助于保障能源供应，提高投资收益率。俄罗斯方面应抓住机会，向中国提供天然气。中俄油气合作取得新进展，对于中俄两国都具有重大的意义。尽管相应的成本巨大，但将来在战略上和经济上都会产生巨大的回报，前景是一片光明的。

（四）与中亚的油气合作将成为能源合作的新坐标

2013年9月4日，习近平主席对中亚四国进行了访问，此次出访最大的惊喜在于启动D线工程建设，《中土关于建立战略伙伴关系的联合宣言》就首次明确提出：中土启动D线建设，确保2016年建成并通气，实现每年通过天然气管道运送土库曼斯坦天然气达到650亿立方米的目标。在中亚四国中，土库曼斯坦的能源资源是最为丰富的，这也是习近平主席首访中亚第一站便选择土库曼斯坦的重要原因，因此，中亚天然气D线工程的建设，将为中国天然气供应提供有力保障。

除了天然气，中国与中亚的能源合作在原油领域得到充分体现。这其中最为著名的就是中国—哈萨克斯坦原油管道，这是中国第一条长距离跨国原油管道。管道西起哈萨克斯坦阿特劳，途经肯基亚克、阿塔苏至中哈边境阿拉山口，在中国境内与阿拉山口—独山子管道相连。管道全长3,007千米，设计年输油能力2,000万吨。2006年7月20日，一期工程投运。2009年10月9日，二期一段工程投运，基于此哈萨克斯坦也将成为中国第八大原油进口国。

中国不仅是中亚能源邻近的巨大市场，同时也是中亚油气商品通向亚太地区市场的桥梁。快速发展的中国，需要来自中亚的能源资源，而亟待发展的中亚各国，也迫切需要中国的市场来增强自身实力，对于中亚各国来说，与中国开展合作，也有增加能源出口途径，分散出口风险，提高能源出口价值的考虑。中国在中亚石油天然气合作方面均取得重大突破，意味着中国能源进口多元化战略取得重要成果。这为中国大规模加快天然气利用奠定了资源基础，有利于加快能源结构调整，促进环境优化，中亚的油气合作未来将成为能源合作领域的新坐标。

中国对外油气贸易分析与展望

2013年，世界经济处于温和复苏阶段，中国经济仍然保持全年7.7%的增长速度。石油消费三年来首次出现负增长，国内石油产量增速提升，市场总体宽松，对外依存度略有回落。全年进口原油2.8亿吨，原油对外依存度为57.4%；进口天然气529.6亿立方米，对外依存度为30.8%。天然气消费快速增长，国内产量稳定增长，进口增速低于预期。油气价格新机制出台，市场化程度进一步提高。

一、2013年中国原油贸易分析及2014年展望

（一）总体运行情况

2013年，世界经济增长缓慢复苏，但缺乏实质性增长动力。中国国内消费需求持续低迷。同时，受出口减少、国内需求不旺以及缺乏技术创新、缺乏新的经济增长引擎的影响，国内工业增速明显减慢，经济增长明显减速。尽管如此，中国油气产业还是实现了稳中略增的局面，国内原油产量约2.1亿吨，连续4年保持2亿吨以上。据海关总署最新统计数据显示，2013年，中国累计进口原油达到2.8亿吨，同比增长6.7%；累计原油进口额为2,196亿美元，同比减少0.5%；原油进口平均价格为759.6美元/吨，比2012年降低6.7%（见表3）。

表3　　2011-2013年中国原油进口情况

时间	进口量（万吨）	同比增长	进口额（亿美元）	同比增长	平均进口单价（美元/吨）	同比增减
2011-1季度	6341.4	11.88%	436.90	39.23%	688.96	24.44%
2011-2季度	6279.6	2.46%	514.50	45.21%	819.32	41.72%
2011-3季度	6215.2	-1.64%	496.80	45.02%	799.33	47.44%
2011-4季度	6541.8	12.50%	518.50	52.14%	792.60	35.23%
合计	25378	6.05%	1966.70	45.52%	774.96	37.22%

续表

时间	进口量（万吨）	同比增长	进口额（亿美元）	同比增长	平均进口单价（美元/吨）	同比增减
2012-1季度	7061	11.35%	582.30	33.28%	824.67	19.70%
2012-2季度	6946	10.61%	601.50	16.91%	865.97	5.69%
2012-3季度	6031	-2.96%	454.10	-8.60%	752.94	-5.80%
2012-4季度	7064	7.98%	568.8	9.7%	805.21	1.59%
合计	27102	6.79%	2206.7	12.2%	814.22	5.1%
2013-1季度	6897	-2.32%	555.2	-4.65%	804.99	-2.39%
2013-2季度	6920	-0.37%	523.58	-12.95%	756.62	-12.63%
2013-3季度	8022	33.01%	559.52	23.22%	697.48	-7.37%
2013-4季度	7075	0.16%	558.1	-1.88%	788.83	-2.03%
合计	28914	6.69%	2196.4	-0.00467	759.63	-6.70%

数据来源：中国海关总署

2011~2013年中国原油月度产量如图16所示。从图中可以看出，2011年，中国原油产量总体呈现增长态势，对原油市场逐渐形成一种能源保障，但这种趋势在2012年没有继续保持，对2013年的原油进口造成一定压力。2013年，中国原油总产量为20,812.9万吨，同比增长1.7%，与2012年产能基本持平，对于原油需求量不断上升的中国市场，进口依赖程度进一步上升。2011年~2013年中国原油进口量图17所示。

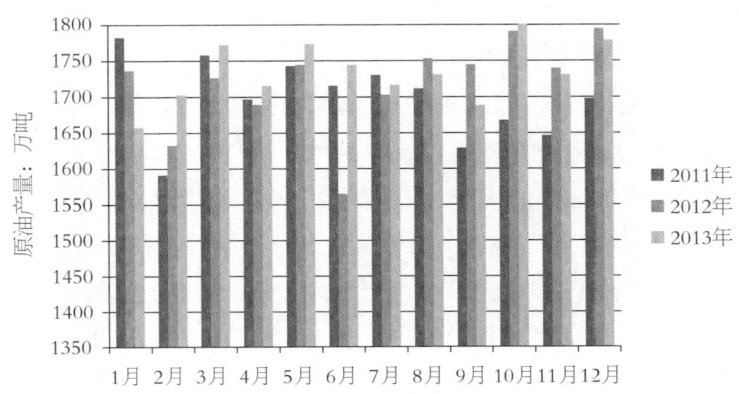

图16　中国2011-2013年原油月度产量

数据来源：中国石油和化学工业联合会

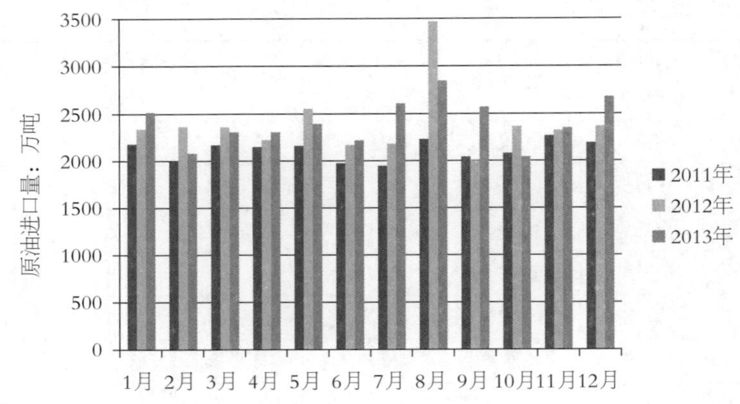

图17　中国2011~2013年原油月度进口量

数据来源：中国海关总署

近年来，中国原油对外依存度不断攀高，2013年中国原油对外依存度逼近60%。2010年，中国原油进口总量为23,931万吨，月度原油进口规模平均为2,000万吨左右；2011年，中国原油进口总量同比上涨6%，为25,378万吨，增幅较2010年有显著下滑，原油月度平均进口量约为2,115万吨，月度产量平均只有1,700万吨；2012年，中国原油进口总量为27,109万吨，同比增长7.3%，涨幅较2011年有所上升，月度平均进口量约为2,258.5万吨，月度产量平均仅为1,718万吨。2013年，中国原油进口总量为2.8亿吨。原油自产能力无法满足巨大的市场需求，因此不得不越来越依靠进口。

（二）2013年中国原油贸易的主要特点

1. 原油进口价格先抑后扬

2013年以来，国际油价呈先抑后扬，运行区间大幅收窄，底部位置明显抬高。上半年国际油价在年内相对低位窄幅波动，7月份之后出现了大幅上涨态势，特别是WTI油价涨幅明显，与Brent价差显著缩小。2013年，国际油价总体在86美元/桶到110美元/桶之间，在2013年9月达到一个高峰，油价逼近110美元/桶。Brent原油期价在每桶97~119美元之间波动，峰谷波幅由上年的40%收窄至2013年的20%多。WTI油价峰值与上年基本持平，而最低价位较上年抬升了9个美元；Brent油价峰值回落7个美元，而最低价位则抬升8个美元。截至11月底，纽约市场WTI原油期价平均为98.1美元/桶，同比上涨3.5%，北海Brent原油期价平均为108.5美元/桶，同比下降3.0%。WTI原油期货价格与Brent的平均差价缩小至每桶

10美元左右。我国原油进口价格也在随着国际油价的变动而变动，其中在8月份达到最低点为577美元/吨，之后在800美元/吨的价位上上下波动，2011~2013年中国原油进口价格如图18所示。

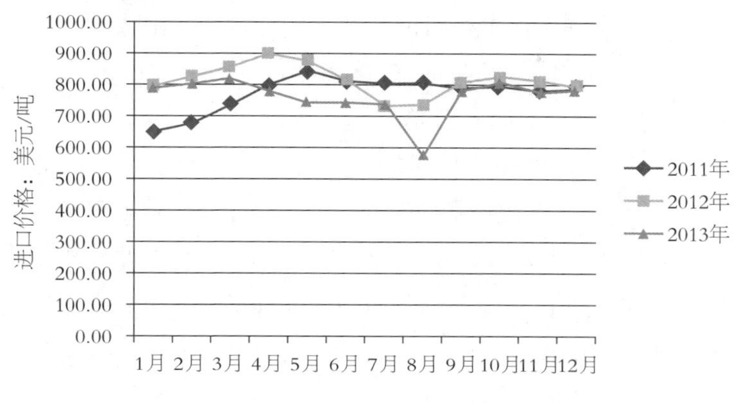

图18　2011~2013年中国原油进口价格

数据来源：中国海关总署

2. 中东、非洲是中国原油主要进口地

2013年，中国原油进口仍然最主要来源于中东、非洲地区。中国原油进口量的52%以上来自中东地区，其中沙特从2002年至今一直是中国最大的原油进口来源国，2013年中国自沙特阿拉伯进口原油5,390万吨；自安哥拉进口原油4,000万吨；自阿曼进口原油2,547万吨，较2012年增长了30.2%；自俄罗斯进口原油2,435万吨；自伊拉克进口原油2,351万吨，同比上涨了49.9%，成为2013年度增幅最大的原油进口国。2013年来自中东的原油进口增长了8.6%，达到14,654亿吨，占到了总进口量的52%；来自拉美和非洲的原油分别稳定在2,770万吨和6,424万吨。

3. 中国与中亚原油贸易量增加

由于世界主要产油国地区政治局势相对不稳定，为了分散风险，实行多元化进口战略和途径，中国从中亚地区的原油进口量在近年逐步增长。2013年9月，国家主席习近平出访中亚四国，期间我国先后与土库曼斯坦、哈萨克斯坦、乌兹别克斯坦、吉尔吉斯斯坦四国签署了《关于建立战略伙伴关系的联合宣言》，其中对原油合作落笔较多，包括中土启动中亚天然气管道D线建设、做好中哈原油管道扩建和投运工作等。

中国处于争夺里海能源的国际力量构成的内外三角的交叉处，是与中亚诸国毗邻的东南亚最大的油气消费市场，是里海能源争夺中的新生力量。2013年9月，中石油在卡沙干油田的项目中赢得了部分股权。同期，在哈萨克斯坦习近平主席正式确认了在卡沙干项目中50亿美元的交易，首次使中石油跻身国际石油巨头的行列，与埃克森美孚、壳牌、道达尔和意大利埃尼集团共同开发项目。原油供应更加多元化可以帮助中国经济抵御可能危及供应稳定的政治风险。

（三）2013年中国原油贸易面临的挑战

1. 国际油价小幅上涨增加采购成本

2013年以来，国际油价呈先抑后扬，运行区间大幅收窄，底部位置明显抬高。上半年国际油价在年内相对低位窄幅波动，7月份之后出现了上涨态势，特别是WTI油价涨幅明显，与Brent价差显著缩小。国际油价居高不下，中国进口原油价格势必将随着国际油价水涨船高，对中国原油供应安全将造成巨大威胁，也将对中国经济产生一定的消极影响，分散原油进口来源成为大势所趋。

2. 伊朗核问题影响中国原油进口

2013年，伊朗核问题迅速升温，已经演变成继朝鲜核危机之后又一世界性核热点。作为全球石油储量最丰富的国家之一，伊朗是中国进口石油的重要来源，同时也是中石油重要的投资区域之一。因此，伊朗核问题的进展与中国石油能源的保障息息相关。伊朗不仅拥有特殊的地缘位置、丰富的油气资源，同时作为石油生产国和伊斯兰世界最主要的政治力量之一，无论对于中国的地缘战略还是国家安全都具有十分重要的意义。伊朗特殊的地缘地位决定了伊朗核问题不可能短期解决，面对快速增加的投资机会与长期存在的高风险，中国的油气投资需要更加谨慎。重要石油输出国政局的不稳定等一系列问题提醒着中国政府和石油行业必须将石油安全问题放在决策过程中作为首要考虑的议题。保持平稳的石油生产和供应对世界主要能源输出国和进口国的国际举动有着越来越突出的影响。能源安全事关国家安全和经济平稳发展，是衡量综合国力的关键要素。

3. 民营企业原油进口资质在一定程度上仍受阻碍

2013年10月14日，国家能源局综合司印发了《炼油企业进口原油使用资质条件（征求意见稿）》（以下简称：《意见稿》），《意见稿》对进口原油加工企业生产规模、主要经济技术指标、资产负债、配套设施等状况设定的约束条件更为严格。在不少民营石化企业看来，《意见稿》在一定程度上仍然阻碍着民营企业获得原油进口资质。

目前，国内原油进口主要由国有石油企业承担，仅有部分非国营贸易配额。民营企业进口原油后，不得自行利用、公开销售，只能定向销售给国有石油炼油企业。《意见稿》中的规定有很多不尽合理和改革滞后的地方，不符合国家加快石化产业发展的有关政策规定，没有真正形成公平竞争、平等准入的市场环境。例如：第一部分“认定范围”中第一条规定：“申请主体应是经过国家批准的炼油企业或2000年国家清理整顿后保留的炼油企业”。2000年国家清理整顿后，保留了部分炼油企业。经过十三年的发展变化，这些保留的炼油企业大都改变了原来的性质，有的被中石油、中海油、中国化工等国企兼并重组，已经享受到原油进口政策，实质上成为了另一种形式的“国企”；有的因设备老化，经营不善，处于停产倒闭状态，如果给他们原油进口和使用资质，势必会造成原油资源的极大浪费；有的根本没有生产，只是在倒卖原油指标。因此，民营企业原油进口资质在一定程度上仍受阻碍，民营炼厂在承担责任、履行义务的同时，也应该享受到与国有油企一样的公平待遇。

（四）2014年中国原油贸易面对的机遇

1. 原油增长潜力较大，全球石油供给充足

近年来，随着近海油气的开发以及页岩油等非常规资源开采技术的进步，美国国内石油产量大幅增长。据美国能源情报署的预计，2013年底美国原油产量将突破800万桶/天，创1988年以来的新高；2014年美国原油产量将达到845万桶/天，同比增长98万桶/天，增长13.2%，加上天然气液、乙醇、生物柴油等非常规资源，美国石油产量将达到1,322万桶/天，同比增加101万桶/天，增长8.3%。此外，2014年，苏丹、加拿大、巴西等国具有一定的石油增产潜力。根据美国能源情报署预计，2014年全球石油日供给量为9,130万桶，较上年增加123万桶，同比增长1.4%。石油增产将在一定程度上缓解石油进口的紧张状况，降低国家能源风险。

2. 美元有望升值，抑制油价上涨

从2013年经济情况来看，美国经济复苏基础相对比较稳固，基本面将支撑美元走势。另外，美联储将逐步退出量化宽松政策，货币政策趋于收紧是基本方向，特别是由此造成国际资本回流美国，进一步支撑美国经济复苏，进而支持美元回升。随着自动减支计划的逐步执行，美国财政赤字占GDP的比重有望缩小，财政状况将缓慢改善。基于以上三个原因，美元有望逐步进入升值周期。但是，美国巨额贸易赤字和财政问题的化解需要较长时间，美元仍然面临双赤字的沉重压力。总体来看，2014年美元如果升值将会在一定程度上抑制国际油价的上涨，这将成为中国原油贸易在2014年面对的机遇之一。

3. 原油进口权资质有限定，但向非国有逐步放开

中国原油进口主要分为国营贸易和非国营贸易，其中国营贸易约占原油进口量的90%。中国原油国营贸易进口权集中在中石油、中石化、中海油、中国中化集团和珠海振戎公司等五家企业。2013年，中国原油非国营贸易进口允许量为2,910万吨。目前，拥有原油非国营贸易进口资质的国内企业有22家，其中“中字头”企业占到半数以上。具有非国营资质允许从事原油贸易进口的企业虽然是以非国营贸易的名义进行石油进口贸易，但是获得资质的大部分仍然是国有企业，包括中石化和中石油的一些子公司。根据中国加入世界贸易组织的承诺，中国将进一步开放原油的非国营贸易。

有关原油和成品油进口权进一步放开的政策文件，2013年已基本完成征求意见，有望2014年初下发。国家能源局印发的《炼油企业进口原油使用资质条件（征求意见稿）》规定，主要炼油装置实际一次加工能力符合规定条件的，可以拥有原油进口权。而由商务部牵头制定的关于成品油进出口的细则文件征求意见稿提出，拥有油库和码头、租用油库和码头但经营能力非常强的贸易企业，均有望获得成品油进出口资质。毫无疑问，与现有国内对石油原油和成品油进出口管制相比，放开原油和成品油进口不仅可以打破目前国内石油市场垄断格局，而且还可以促进国内石油市场公平竞争局面形成，并进而对国内经济与市场油价产生积极影响。

4. 地缘政治局势微妙均衡，对国际油市冲击减弱

展望2014年，伊朗新一届政府希望加强同西方国家的对话，努力摆脱经济和金融制裁。伊朗核问题谈判重启，伊朗与西方国家关系有望得到缓和。同时，美国暂停对叙利亚发动战争，中东紧张局势有所缓解。这将有助于缓解人们对全球石油供应冲击的担忧。但是，地缘政治风险具有很大不确定性，中东北非动荡局势难以得到根本性好转。叙利亚内战旷日持久、化武风波可能反复；埃及政治动荡持续升级，各派力量激烈角力；伊朗出于国家利益和地缘政治考虑在核问题和地区安全方面也难以对西方做出根本性让步，部分产油国恐怖袭击事件难以遏制。因此，主要产油地区错综复杂地缘政治格局，仍将对国际油市带来变数。如果没有出现大规模区域冲突和战争，那么地缘政治对原油价格及运输安全等的影响将有望减弱。

二、2013年中国成品油贸易分析及2014年展望

2013年，美国就业数据回暖，8月份失业率降至7.3%，创2008年12月以来最低，消费运行平稳，房地产市场也显示出复苏的信号；欧元区经济终于走出衰退的泥潭，二季度GDP年化增长率为0.3%，债务风险趋于缓和，西班牙、意大利、希腊等多国主权债券收益率下降；日本在货币增发和日元贬值的带动下，呈现复苏迹象，出口逐步增加；新型经济体增长缓和，通货膨胀压力较大，还面临出口受阻、资本外逃的压力，但仍是全球经济增长的主要引擎。中国宏观数据表现不佳，经济增长面临挑战。从消费、投资和贸易数据看，国内总需求走势不容乐观。从国内成品油市场供需现状来看，中国成品油消费整体温和增长，消费结构转变明显；供应增长快于需求，产需差明显扩大；净出口规模明显扩大，柴油成为主要增长点；成品油库存较高，库存结构不平衡。

（一）总体运行情况

2013年，国家明确了“刺激消费、扶持进出口、结构性支撑投资”的政策框架；同时中央政治局会议强调“政策预调和微调”以及“促进房地产市场平稳健康发展”，再次确认年内的经济政策目标和调控思路，奠定了经济整体走势的政策基调。而在成品油定价方面，政府有关部门不再直接规定成品油的价格，改为在石油价格出现较大波动时采取临时性干预措施。受国际油价、成品油需求预期和其他经济数据的影响，中国成品油进出口量小幅度波动。在三季度，由于国内主营炼厂检修减少，中石油、中石化两大集团装置检修，中国成品油进口量在8月份达到年内最低点。在四季度，由于国内政策加速调整和通胀压力缓解，经济下行企稳，成品油需求有所回升，但由于四季度是传统淡季，进入四季度，北方进入寒冬，南方地区气温也逐步转冷，车辆出行减少，汽油的终端消费需求随之减弱，因此综合来看，成品油需求没有实质性提高。2013年，中国成品油（指所有石油成品，下同）进口总量为3,959万吨，同比下降0.58%；出口量总量为2,851万吨，同比上升17.37%（见图19、20）。

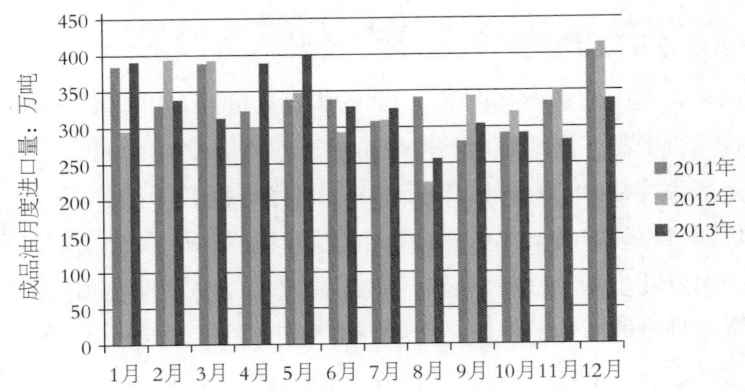

图19　2011~2013年中国成品油月度进口量

数据来源：中国海关总署

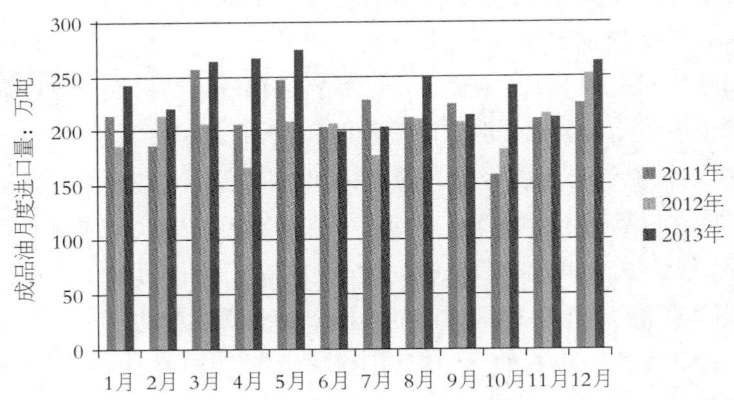

图20　2011~2013年中国成品油月度出口量

数据来源：中国海关总署

表4　　2013年中国成品油进口种类及金额

2013年	进口量（万吨）	进口金额（万美元）	出口量（万吨）	出口金额（万美元）
汽油	0.0	150	468.8	465,088
煤油	668.9	674,736	917.5	921,784
柴油	26.7	25,162	278.2	273,347
石脑油	354.2	335,132	35.4	35,323
燃料油	2,346.7	1,490,233	1,135.0	724,285
润滑油	266.4	345,781	15.2	28,714

数据来源：中国石油和化学工业联合会

（二）2013年中国成品油贸易的主要特点

1. 成品油进口量同比略有下降

2013年，中国成品油进口量总体比2012年略有下降，2013年成品油总进口量为3,959万吨，而2012年全年累计进口成品油3,982万吨。2013年1月、4月和5月，中国成品油进口量逼近400万吨，处于较高水平；8月达到成品油月度进口量最低点257万吨。10月和11月，中国成品油净进口量分别为292万吨和282万吨，进口量没有反弹，依旧在300万吨以下；2013年中国成品油进口金额达319.3亿美元，同比减少3.2%（见表4）。

2. 成品油出口量同比上升

2013年，中国成品油净出口规模明显扩大，柴油成为主要增长点。2013上半年，汽、柴、煤三大类成品油全部处于净出口状态，累计517万吨，同比增加117万吨，占增量的43.6%。净出口规模扩大有两方面因素，一是国内柴油需求下滑，为避免堵库影响企业生产，过剩的资源必须依靠出口进行平衡；二是上半年汽油来进料加工贸易利润较高，利润驱使企业扩大出口规模。据海关数据，2013年汽油净出口量为468.8万吨，柴油净出口量为251.5万吨。同期，煤油净出口量为248.6万吨。2013年，中国成品油出口总量为2,851万吨，出口金额为245.1亿美元，成品油出口量与比2012年同比上升。2013年，中国成品油月度出口呈现出波动状态。

3. 成品油贸易交易形式趋向多样化

2013年，在成品油贸易中，中国出现成品油易货贸易交易、现货电子交易、个人贸易现货交易等多种交易形式，体现了中国成品油贸易的交易形式正向多样化发展。

2013年3月，云南省东南亚南亚经贸合作发展联合会下属的联盟国际科技有限公司和云南欣农科技有限公司，在曼谷与泰国国家石油公司（简称“PTT”）签订了100万吨成品油购销协议，将通过“蔬菜换成品油”项目形成200亿元的进出口贸易额。2013年5月31日，中泰“蔬菜换成品油”项目在昆明正式启动。

2013年7月23日，西部地区首家成品油现货交易平台在西安正式推出，该平台是由上海石油交易所西部交易中心与陕西延长中立新能源股份有限公司合作开发。目前，成品油现货电子交易品种有0＃柴油和93＃汽油，首个交易日累计成交金额达到了497.7万元。成品油现货电子交易的推出，不仅整合了陕西石油化工产品的市场格局，而且提升了陕西石油液化气市场在全国的影响力和话语权。

北京石油交易所（以下简称“北油所”）也在酝酿在近期推出成品油现货交易平台，该模式将有可能打破消费者被动接受成品油涨价的格局。该产品的设计模式大体为，在北油所交易平台上形成当天的成品油价格，消费者可以通过判断价格低点，购买一手或者多手，一手合约为一吨或者数吨，消费者以加油卡的形式进行购买，最后购买者可以通过与该平台合作的销售商或者批发商提取现货，重点是提取现货可以以升作为计量单位。该交易模式的最大亮点是消费者锁定价格，并且预计该平台将会出现低于中石油、中石化加油站的价格。由于成品油个人交易平台属于新兴事物，在开发和推广上仍有不少瓶颈需要克服。对于北京石油交易所的下一步行动，市场将拭目以待。

（三）2014年成品油贸易展望

1. 成品油进口权将进一步放开

有关成品油进口权进一步放开的政策文件，2013年已基本完成征求意见，有望2014年初下发。国家能源局印发的《炼油企业进口原油使用资质条件（征求意见稿）》规定，主要炼油装置实际一次加工能力符合规定条件的，可以拥有原油进口权。而由商务部牵头制定的关于成品油进出口的细则文件征求意见稿提出，拥有油库和码头、租用油库和码头但经营能力非常强的贸易企业，均有望获得成品油进出口资质。与现有国内对石油原油和成品油进出口管制相比，放开成品油进口不仅可以打破目前国内石油市场垄断格局，而且还可以促进国内石油市场公平竞争局面形成，进而对国内经济与市场油价产生积极影响。因此，放开国内成品油进口无疑是一个好消息。

国内市场成品油进出口一旦放开，一方面，随着有了垄断巨头之外符合条件市场主体纷纷加入，国内石油市场垄断局面就此打破，进而能对垄断利润形成市场压力；另一方面，随着成品油进口权的放开，国内石油市场的公平竞争也必定会形成。这样肯定会对国内石油生产、管理效率进步造成积极影响，并进一步对国内国内石油行业生产成本控制、成品油价格形成乃至国内石油行业整体管理水平产生积极的正面影响。更重要的是，随国内成品油进口放开及石油市场公平竞争局面形成，可以使国内成品油市场价格形成机制得到进一步完善，同时还有利于众多的市场下游行业对国内油价形成合理的价格预期，并为市场健康环境营造与相关产业发展产生积极的推动性影响。由此可见，成品油进口的放开无疑可以说是一项利好政策。

2. 石油贸易重心将向成品油转移

2013年，国际能源署（IEA）发布的一份中期原油市场报告中，除了将北美地区能源革命称之为“未来五年市场的变革性力量”外，对全球未来石油贸易的重心将从原油向成品油贸易的转移的表述同样引人关注。据IEA预测，到2018年，全球原油贸易量将会缩减至3,240万桶/天，较2012年水平减少了90万桶/天。而随着全球需求上升，成品油贸易量将会出现显著增长。海外石油巨头开始关注成品油贸易，直接原因是近几年石油贸易收益下降，而背后则是国际原油市场内部结构出现的变化。一方面随着美国在页岩气商业化开发等方面取得了显著进展，能源自给率的提升减少了美国对外部原油进口的依赖；另一方面，最近三年来，国际油价起伏不大，过去大型石油公司和贸易商依靠价格大幅波动赚取利润的机会减少，传统石油贸易的盈利空间在缩减。这些结构性变化迫使大型石油企业和贸易商开始寻求新的市场机会。而中国已将顺应大环境的变化，将石油贸易的重心逐渐向成品油转移。

三、2013年中国天然气贸易分析及2014年展望

（一）总体运行情况

目前全球常规油气资源开发具有较大潜力，非常规油气资源也极为丰富，世界油气资源完全可以满足21世纪人类经济社会发展需要。天然气正成为世界第二大能源，它将逐步突破区域性市场的局限，并将对石油形成有效替代，缓解对石油的需求和压力，并对石油价格长期走势产生新影响。近年来，随着中国西气东输和陕京管线的建设投产，中国天然气消费区域不断由产地周边扩大到长三角、环渤海、东南沿海等经济发达地区，到2013年，中国天然气储量继续保持快速增长，全年新增天然气探明地质储量超过6,000亿立方米；天然气产量稳步增长，全年天然气产量达到1129.4亿立方米，同比增长约9.1%（见图21），煤层气和页岩气产量分别超过30亿立方米和2亿立方米；天然气进口量530亿立方米，同比增长约25%；天然气消费量达到1,631.4亿立方米，同比增长15.4%，成为继美国、俄罗斯之后的第三大天然气消费国。世界天然气供需总体平衡，美欧气价大幅上升，北美、欧洲、亚太三大区域市场价格由2012年5月的1:4.2:7.7缩小到2013年5月的1:2.5:3.9。目前，中国天然气工业具有发展迅速、区域不平衡、价格机制倒挂等一系列问题，天然气进口贸易保持井喷式增长。

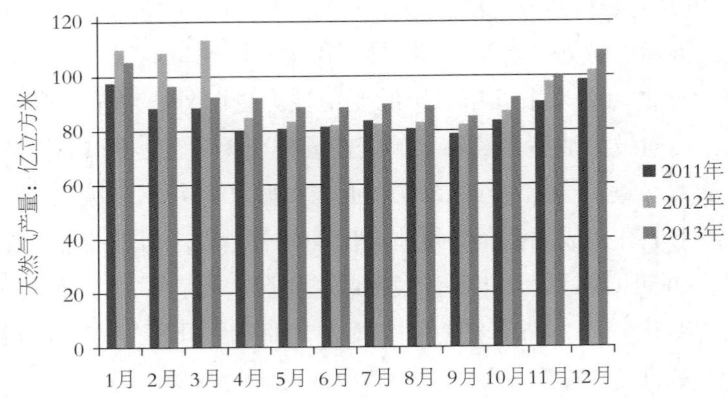

图21 2011~2013年中国天然气月度产量

数据来源：中国石油和化学工业联合会

中国进口天然气主要依靠两个渠道，即通过水路运输的LNG和通过管道运输的气体天然气。2013年，中国天然气进口对外依存度达到30.8%。净进口天然气总量约为3,809万吨，同比增长23.3%，其中LNG进口量为1,802万吨，同比增长22.6%，占到天然气进口总量的47.3%；气体天然气进口量为2,007万吨，同比增长37.2%，占到天然气进口总量的52.7%。（见图22、图23）

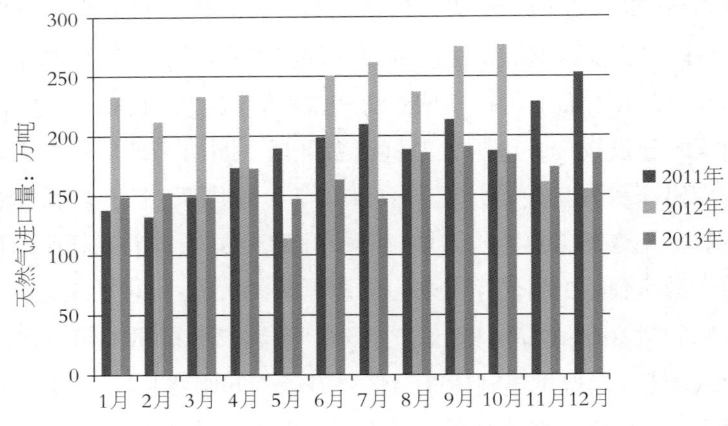

图22 2011~2013年中国天然气月度进口量

数据来源：中国石油和化学工业联合会

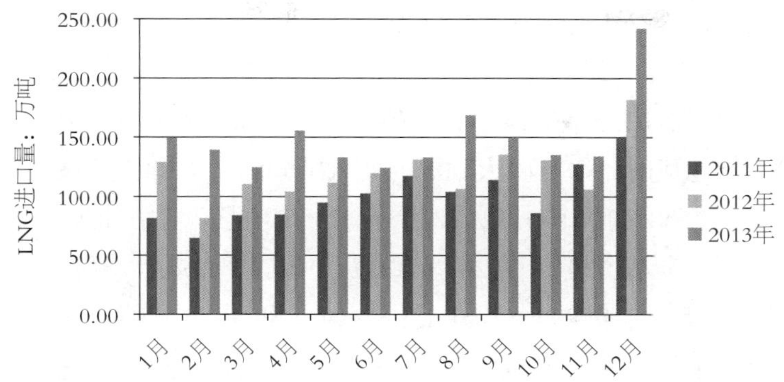

图23　2011~2013年中国LNG月度进口量

数据来源：中国石油和化学工业联合会

（二）2013年中国天然气贸易的主要特点

1. 天然气进口量保持增长

一直以来中国天然气市场供需两旺，需求增速快于产量增速，因此天然气进口量保持增长。中国目前已初步形成国产天然气、管道进口气体天然气和水路进口LNG并存的多气源供气格局。2013年1~10月，天然气产量959亿立方米，增长9.2%；进口量426亿立方米，增长23.9%；消费量1,336亿立方米，增长12.5%。天然气各月进口量相对平稳，每月在28~43亿立方米区间波动。天然气对外依存度情况总体来看有震荡上涨趋势。中国天然气贸易的迅速发展，正在逐步改变世界天然气格局，并且为世界天然气市场注入了新的活力。

2. LNG消费保持增长

作为清洁、高效的能源，近年来天然气受到全球的热捧。与管道天然气相比，LNG更加灵活。另外，运输距离超过4000公里时，LNG比管道气更具经济性。而对于日本、韩国等国家而言，LNG几乎是其进口天然气的唯一选择。随着近年来，中国、印度等亚太LNG进口量不断加大，能源需求旺盛的亚太地区已成为全球LNG消费潜力的市场。中国需要进口大量的LNG来弥补国产气和管道进口量的不足。与强劲的亚洲市场相比，大西洋地区LNG需求并不景气。虽然中国同中亚国家和俄罗斯等签订了管道气进口大单，但其国内庞大的消费需求依然需要进口气来补充。从产量来看，2009~2018年中国天然气产量增速有望趋于稳定。预计2018年国内天然气产量为1.06亿吨，是2013年的1.3倍。从消费量来看，预计2014~2018年国内天然气表观消费量快速增长，年均增速15%左右。2018年表观消费量有望达到2.36亿吨，是2013年的1.95倍。

3. LNG进口价格一路走高

近几年，中国LNG进口量逐年大幅增加，价格也一路走高。中国第一座LNG接收站在2006年建成时，来自澳大利亚西北大陆架的LNG到岸价仅为0.96元/立方米，当年中国进口68万吨LNG。2012年，全国LNG进口量增加到1,470万吨，平均进口单价为2.53元/立方米。到2013年3月，中国LNG进口均价为552美元/吨，约合2.44元/立方米。其中来自卡塔尔的LNG均价为932美元/吨，约合4.11元/立方米，远高于全国平均水平；同期来自也门的LNG现货价格更是高达1,026美元/吨，约合4.53元/立方米，成为中国进口LNG价格最高的现货资源。

4. 管道天然气进口来源地集中在中亚

陆上管道天然气进口方面，中国主要将目光瞄准相邻的产气国，主要包括中亚各国、俄罗斯和缅甸等。管道包括：中亚天然气管道线于2011年全线贯通，设计年输气量为300~400亿立方米；中缅天然气管道于2013年投产，年输气能力为120亿立方米。另外，俄罗斯管道天然气进口正在谈判当中。

中亚天然气管道是中国第一条跨国天然气运输管线，主要将中亚三国（土库曼斯坦，乌兹别克斯坦，哈萨克斯坦）的天然气输送至中国境内，接入“西气东输二线”，全长1万多公里。根据中国与土库曼斯坦签署的协议中，自2009年起的30年内，土方将通过中亚—中国输气管道，向中国每年出口天然气300亿立方米。另外，中亚天然气管道的哈萨克斯坦线，年输气量将达100亿立方米。中亚各国常规天然气储量丰富，是中国陆上天然气进口的最主要来源，按“规划”至2015年，通过中亚管道输送至国内的天然气400亿立方米，将占届时中国天然气年总进口量的43%，年消费量的17.4%。

中缅天然气管道是中国“十一五”期间规划建设的重大天然气管道项目，旨在保障中国西南部省份的天然供应。中缅油气管道包括原油和天然气管道两部分，其中的天然气管道部分南起缅甸皎漂港，从云南瑞丽进入中国境内后，经云南、贵州至广西，全长2,498千米（其中国内部分1,727千米），该管线2010年开工，2013年全线贯通。该管线计划每年向国内输送120亿立方米天然气。中国西南各省份（云南、贵州、广西）油气资源匮乏，处于运输的末端，因而资源一直处于紧缺状态，限制了经济的发展。中缅油气管道的建设，对于补充西南各省份油气资源的意义重大。

5. LNG进口来源地集中

目前中国LNG产量较少，主要来源是通过海运进口渠道获得。中国从2006年开始进口液化天然气。对液化天然气的需求量很大，进入2013年以来，中国海上LNG进口国前三名分别为卡塔尔、澳大利亚和马来西亚。印度尼西亚目前暂居第四（2012年印尼在中国LNG进口国中排名第三，高于马来西亚）。根据中国海关公布的2013年LNG进口数据，2013年从卡塔尔进口LNG量约占总进口量的35%，从澳大利亚进口LNG量约占总进口量的20%。

（三）2013年中国天然气贸易面临的挑战

1. 天然气进口价格上行压力加大

中国虽然是天然气消费大国，但是受制于人民币尚未国际化和市场化程度不高等因素，在天然气价格谈判中处于被动。中国在国际市场所支付的能源价格要远高于美国和欧洲，过高的能源价格无疑增加了中国的经济发展成本，并降低了相关化工产品的竞争优势。鉴于短期内这一情况无法得到扭转而管道天然气价格相对LNG价格较低，中缅天然气管道、中俄天然气管道的战略意义更加重要，而且如果巴基斯坦能够冲破美国阻挠顺利完成伊朗—巴基斯坦天然气管道的建设并将该管道延伸至中国喀什，中国能源安全和国家利益都会得到进一步提升。但是管道天然气价格能否得到有效控制也是摆在中国政府面前的难题，以中俄天然气管道为例，价格分歧仍然悬而未决。

根据国家发改委公布的最新数据显示，2013年上半年中国天然气对外依存度已经接近30%。对外依存度和天然气价格呈双升势头，这极不利于中国经济发展，这也凸显出加大国内页岩气、煤层气的开发力度的必要性和紧迫性。

2. 地缘政治影响天然气进口安全

2013年，地缘政治对中国天然气进口安全的影响依然是一个热点话题。从中缅天然气管线到伊巴两国的天然气管道工程，可以看出地缘政治与中国天然气进口之间的相互影响。

由于地缘政治的影响，自中缅油气管道动工开始，就遭到缅甸一些非政府组织和当地居民强烈反对。除了环保方面的指责，NGO和当地居民的另一不满，是项目沿途地区的多数居民未能从油气资源中获益。诸多阻力背后的原因，在于中国对缅政局变动的战略误判。因为对缅战略偏隘地执行“上层路线”，中国企业对缅甸社会变局和公民诉求缺乏了解，对缅政局走势缺乏准确预判。中缅油气管道项目，计划总投资为25.4亿美元，其中石油管道投资额为15亿美元，天然气管道投资额为10.4亿美元。但有学者估算，加上在缅甸和云南兴建相关设施、维护等费用后，项目总成本或将高达50亿美元。除了前期应对复杂地貌而投入的巨资外，中石油还将面对投运后每年不菲的过境费，这些都对项目的盈利性构成挑战，最大的风险是缅甸政局的不确定性。如何既能实现国家战略，又能具备商业价值，成为中缅油气管道的命门。

油气资源丰富的伊朗与能源紧张的巴基斯坦互为邻国，近期两国力排众议，决意推进贯通两国的天然气管道工程。如果中国最终决定介入，这条伊朗—巴基斯坦管线很可能成为伊朗—巴基斯坦—中国管线，这一预想若成为现实，这意味着中国从此获得多年来追求的目标——从中东通过陆路通道进口能源，从而大大巩固中国在亚洲的地位。伊朗与巴基斯坦天然气管线最重大的意义在于其对世界地缘政治格局带来的深刻变化，因为它重组了权力制衡的结构。另外，这条管线展示出反帝国主义的力量正在通过国际联合而不断壮大。

（四）2013年中国天然气贸易面对的机遇

1. 管道建设加速进一步扩大进口规模

加速建设天然气管道，对实现中国油气进口多元化、扩大进口规模、保障中国能源安全具有重要意义。2013年6月，中缅天然气管道缅甸段建设完成。中缅原油管道使来自中东的原油绕过马六甲海峡，经由印度洋在缅甸上岸，由管道输送到中国，对于改善中国西南地区能源紧缺，实现国家“原油进口多地区、进口方式多元化”战略具有重要意义。2013年，胶州湾海底天然气管线工程将开工建设。胶州湾海底天然气管线工程总长30公里，年输送能力20亿立方米。管线西起胶州市，对接中石油、中石化天然气管线，东至胶州湾东海岸，计划2014年竣工。另外，年输气能力超过100亿立方米的雅库特—哈巴罗夫斯克—符拉迪沃斯托克跨西伯利亚天然气管道将在2014年第一季度开始建设，拟定于2017年投入使用。这个大动脉将成为构建涵盖俄罗斯东西伯利亚和远东地区天然气管道网络的核心。预计它将能够完全保障俄罗斯东西伯利亚和远东地区，以及邻国对天然气的需求。

2. 税收优惠政策提高天然气进口积极性

自2013年7月1日起将液化天然气销售定价调整为31.45元/GJ，管道天然气销售定价调整为1.11元/立方米。这一定价较此前的规定价格调高了26%，从而可以将倒挂比例降低，进而减少进口天然气项目的进口增值税返还数额。与此同时，《通知》又增加部分项目享受税收优惠政策。财政部、国家海关总署、国家税务总局近日联合发布通知称，调整进口天然气税收优惠政策，增加中缅天然气管道项目、浙江LNG项目及广东珠海LNG项目享受税收优惠政策。增加部分项目享受税收优惠政策，具体为：

新增加中缅天然气管道项目享受优惠政策，该项目进口规模为100亿立方米/年，进口企业为中国联合石油有限责任公司和云南中石油国际事业有限公司。享受政策起始时间为2013年7月1日。

新增加浙江LNG项目享受优惠政策，该项目进口规模为300万吨/年，进口企业为中海石油气电集团有限责任公司和中海浙江宁波液化天然气有限公司。享受政策起始时间为2012年9月1日。

新增加广东珠海LNG项目享受优惠政策，该项目进口规模为350万吨/年，进口企业为中海石油气电集团有限责任公司和广东珠海金湾液化天然气有限公司。享受政策起始时间为2013年8月1日。虽然进口天然气税收优惠比例有所降低，但优惠范围的扩大，以及销售定价的大幅提高，无疑将使中石油、中海油等主要进口企业亏损有所削减，提高其进口积极性。

3. 城市管网价改有望缓解天然气价格倒挂

在国际市场上，天然气的价格浮动与原油挂钩。数据显示，目前国际市场同等热值的天然气价格占原油价格约80%，而国内的价格仅占30%。天然气价格过低，天然气生产企业和进口企业的积极性自然会受到影响。按照现在的国内价格，企业进口天然气越进越亏。因为上游的成本在不断地增加，而下游价格却仍然很低。天然气进口量的不断增加，使进口天然气价格倒挂成为牵制几大石油企业业绩的一块心病。2013年，中国进口管道气和LNG的价格同比大幅上涨，进口气价和销售价倒挂现象继续存在。不过，这一现象有望在2014年得到缓解。2013年中亚管道气价格随油价小幅波动，LNG进口价格与2012年持平。随着价格改革在全国各地逐步推进，进口天然气价格倒挂现象有望进一步缓解。

专题篇

中国油气产业改革大趋势

为响应十八届三中全会提出的全面深化经济体制改革，使市场在资源配置中起决定性作用，加快完善现代市场体系与开放型经济体系，更进一步发挥政府作用，中国油气产业改革也被提上日程。对于中国油气市场改革，首先要解决的问题就是市场是由行政力决定还是由市场力决定；其次是确定中国的市场结构状态，发现存在的问题，选择改革方向。

一、中国油气产业市场结构现状

从体制角度看中国油气产业市场结构，近年来中国油气改革思路逐渐明确，相应的政府职能在不断转变、市场监管力度逐步提高、同时政策体制也日益完善。从市场主体角度看中国油气产业市场结构，主要包括国企、民营和外资企业；不同企业所处状态各不相同，国企处于高度集中的状态，民营企业处于积极寻求发展状态，外资企业处于快速进入状态。

（一）三大石油集团公司并非一统天下

国有石油企业分为两类，一类是三大石油集团公司，另一类是其他国有石油企业。很多媒体与非业内人士认为中国油气产业被三大石油集团公司垄断，但事实并非如此。从油品的零售来看，中国石油天然气集团公司和中国石油化工集团公司虽然占据国内零售市场份额的50%左右，另外半壁江山则属于其他民营企业、国企和外资企业；从批发来看，在全国2,500多家企业中，中国石油天然气集团公司与中国石油化工集团公司批发比重为三分之二；从油品的仓储来看，在全国商务部核准的350多家企业中，中国石油天然气集团公司和中国石油化工集团公司所占份额只有40%。因此在销售、批发、仓储环节都不存在垄断。

三大石油集团公司各有所长，中国石油天然气集团公司主要集中发展上游领域，控制能力比较强，具备上游优势；中国石油化工集团公司集中发展下游领域，例如化工产业，下游技术相对先进，具备下游优势；中国海洋石油总公司在上游、下游和中国石油天然气集团公司、中国石油化工集团公司相比都没有优势，但是具有一流的管理水平，更加接近国际规范水准，具备管理优势。

国有企业除三大石油集团公司外，还有很多其他的具有相当规模的国有石油公司，包括国内第四大石油公司中国中化集团、近年来集中发展能源领域的中国中信集团、集中发展海外油田与油品仓储的北方工业公司、具有每年一千多万吨原油产能的延长石油集团、加快发展的中国航空油料集团公司等。

（二）外资企业与民营企业

近年来随着中国逐渐扩大油气领域对外开放，外资企业也在加速进入，同时在国内油气市场占据很大的市场份额。外资企业在油气上游产业和下游产业全方位进入，包括海上和陆地的油气开发领域、成品油零售和批发、炼油和化工等。

与外资企业相比，民营企业经历了曲折的发展过程，与政策变化紧密相关，生存环境并不乐观。民营企业的主要业务集中在销售环节，同时在上中下游的勘探开发、炼油、化工、管道等其他领域都有覆盖。在炼油领域，民营企业占有将近五分之一的份额；管道方面，诸多的地方网络属于民营企业；勘探开发方面，民营企业与中国石油天然气集团公司、中国石油化工集团公司成立合资企业，共同开发油气资源。

（三）民营企业困难重重

民营企业面临的问题主要有两方面，一方面是体制问题，一方面是自身问题。体制方面，目前国家仍然有一些限制政策，例如油源的问题。自身问题是民营企业面临的最大困难，业内民营企业数量众多，规模小、业务单一、经营分散，缺乏战略思维、资金实力相对小、技术水品低、抵抗风险能力较差。

政策限制主要包括贸易政策限制与期货限制。国内具有进出口经营权的有两类公司，一类是国营贸易公司，一类是非国营贸易公司。国营贸易公司包括中国石油天然气集团公司、中国石油化工集团公司、中国海洋石油总公司、中国化工集团、珠海振戎五家公司。在非国营贸易公司中，从事成品油贸易的国内有100家企业左右，可以直接进口成品油，从事原油贸易的国内有20家左右，可以直接进口原油。对于成品油非国营贸易进口，国家没有任何政策限制。对于非国营贸易进口的原油，则必须由中国石油天然气集团公司和中国石油化工集团公司两大石油集团的炼厂加工。对于期货限制，部分国有企业经国家核准可以在国际市场做期货。

二、中国油气产业未来改革方向

目前中国油气产业市场存在的问题主要市场功能缺失、政府监管不力，市场高度集中、竞争主体缺位，行政管理为主，政企职能不分。其中是市场竞争度太高，缺乏公平竞争的环境是最主要的问题。

短期的改革趋势应该立足加强国企的综合竞争力，积极鼓励民营资本，大力吸收外国资本。长期的改革趋势应该统筹考虑市场的成熟度，分批、分期、有序开放市场，最终达到全面开放市场；在保障国内能源安全供应的基础上，以经济效益为中心。未来改革的基本方向是针对油气上游产业，应采用适当的政策限制，保证上游产业适度集中；针对下游产业，通过开放市场，达到下游产业完全充分的竞争。针对国企、民营企业和外资企业改革的侧重点也各不相同，改革的目标定位是：大型国企成为具有国际竞争力的跨过石油公司；民营石油企业做强做大，加强其主体地位；外资石油公司成为石油市场重要竞争主体和力量。

三、中国油气产业改革趋势展望

（一）区别对待

区别对待就是根据产业链的业务性质实行区别对待，针对不同的产业链采取不同的改革政策，因为不同产业链中面存在自然垄断和非自然垄断，例如管道属于自然垄断，其改革方向应该区别于其他非垄断产业。最近针对中国石油天然气集团公司的管道拆分有很多议论，从长期趋势来说，管道独立是未来的方向，不是分开中国石油天然气集团公司的管道，而是把所有中国石油天然气集团公司、中国石油化工集团公司和中国海洋石油总公司的管道全部分开。但这个长期还有很远的路要走，没有时间表，也不可预见，短期内不能实现。

（二）加强政府监管

国家逐渐重视政府监管，未来改革的长期趋势应该是改变现在政策、监管合二为一的现状，独立监管。现在国家能源局作为政策部门的同时也是监管部门，但监管范围很小、监管分散，例如价格监管在发改委，准入监管在商务部，资源的监管在国土资源部，能源局的监管范围非常小。未来能源局应在管道监管方面扩大监管范围，加大监管力度，出台管道的第三方准入监管政策，进一步推进第三方准入。

（三）市场准入

扩大油气产业上游准入，目前国家已经将页岩气作为矿种招标，允许三大石油集团公司之外的企业进行页岩气勘探开发，页岩气作为独立矿种是一个历史性突破。按照国家原来的规定，除四大石油公司之外，其他公司不允许进入油气资源勘探开发业务，未来在应废除这项政策，扩大准入的同时，改革重点应该是出台相应政策，制定上游准入门槛，不再区分企业。为了保证国内供应安全，门槛的起点可以很高，但不能仅限于四大石油公司。

进一步开放下游产业，目前中国在零售、批发、仓储、炼油等油气下游产业开放程度较高，未来还会进一步开放。对于炼油领域，可能会增加进口，让符合国家产业政策的炼油企业，无论是民营企业还是地方企业，允许其从国外进口原油；对于零售批发来说，应该修改原油市场管理办法，进一步放松管制，让更多的实体企业进入。

（四）价格改革

目前，中国的石油价格改革已经进入到攻坚阶段，未来改革将是彻底放开石油价格管制，但需要长期的摸索与实践，短期内难以实现。天然气价格改革在2013年已经有新的突破，近期的改革趋势是解决居民阶梯气价与价格并轨的问题。长期改革趋势是让天然气价格更加市场化，进一步和其他能源挂钩，需要缓慢的放开过程。短期内首先应该推行居民的阶梯气价，在全国各城市的全面推后，解决存气量和增气量两种价格的并轨，最后解决工业用气和居民用气的价格并轨。

（五）完善法律法规

完善法律法规是未来改革中面临的最为复杂的问题，同时也是必不可少的。国家应该修订原油市场管理办法，修订成品油市场管理办法，制定石油储备条例，制定管道第三方准入制度，并开始考虑制定《油气法》，以满足中国油气产业发展需要，保证中国油气产业规范、高效、清洁生产。

中国煤层气矿权重叠问题的思考

煤层气俗称“瓦斯”，是近二十年国际上崛起的一种优质洁净能源和化工原料。煤层气产业发展不仅符合中国目前所倡导的节能环保理念，同时，作为井下矿难发生的“罪魁祸首”，煤层气的开采将从根本上解决煤矿安全问题。根据煤层气开发利用“十二五”规划，到2015年，中国煤层气产量将达300亿立方米，它的崛起将有效缓解中国传统油气资源紧缺的状况。可不尽如人意的是：虽然中国的煤层气蕴藏丰富，政府自2006年起就制定了一系列推动煤层气产业快速发展的扶植、鼓励政策，但是煤层气的抽采量一直不理想。除了勘探投入不足，技术不完全成熟，地质条件复杂等原因外，煤层气矿业权与煤炭矿业权重叠问题应是关键。

一、煤层气产业发展概述

煤层气，其主要成分是甲烷（CH_4），与煤炭伴生、以吸附状态储存于煤层内的非常规天然气，是近二十年国际上崛起的一种优质洁净能源和化工原料。煤层气空气浓度达到5%~16%时，遇明火就会爆炸，这是煤矿瓦斯爆炸事故的根源。目前，世界上12个主要采煤国家均开始了煤层气的开发利用，其中美、加、澳三国主要以地面开发为主；德国、英国等欧洲国家主要为井下抽采。

中国煤炭资源非常丰富，居世界第三。其中中国大陆煤层气分布广泛，埋深在2,000米以浅范围内的煤层气地质资源量达到36.81万亿立方米，可采资源量是10.87万亿立方米，具备规模开发的资源基础。中国煤层气勘探开发已经历了三个阶段：第一阶段可追溯到20世纪80年代前半期，结束于1999年，历时四个“五年”计划；第二阶段从2000年开始至2002年结束；第三阶段自2003年开始，中国煤层气产业发展进入了一个崭新的历史时期，即商业化生产启动阶段，这是中国煤层气发展的至关重要的阶段，也是中国煤层气勘探开发史上的一个重大转折时期。

在2013年公布的《能源发展“十二五”规划》中，煤层气作为非常规油气也被重点提及。规划提出，至2015年，中国有望新增煤层气探明储量10,000亿立方米，实现煤层气（煤矿瓦斯）产量300亿立方米。其中，地面开发160亿立方米，基本得到利用；井下抽采140亿立方米，利用率60%以上。煤层气发电装机容量超过285万千瓦；低热值煤炭资源综合利用发电装机容量达到7,600万千瓦。

二、煤层气矿权重叠问题及原因

（一）煤层气矿权重叠的主要问题

从煤层气发展的几十年历程看出，中国煤层气的发展其实是较为缓慢滞后的，而制约煤层气进一步发展的原因除了地质条件复杂、勘探投入不足、技术不完全成熟等原因外，煤层气矿业权与煤炭矿业权重叠问题应是关键。据中国矿权实地核查数据显示，截止到2010年6月，中国矿权交叉重叠总数达到10,070个，占调查发现问题矿权总数的9.31%。其中中部地区重叠数量最多，占55.44%；西部其次，占35.64%；东部矿权重叠较少，占8.92%。山西、安徽、云南、贵州矿权重叠总数居前四名，都超过1,000件。在矿种上看，中国主要是煤炭与煤层气，油气与其他矿权之间的重叠。

矿权重叠问题不仅影响到区域矿产资源勘查与开发利用的空间布局和开发时序、强度的确定，更严重阻碍矿产地实现资源到资产、资本的转换。现阶段，在重叠区块内，单一矿种开发这一做法不利于矿产资源的充分合理有效利用，往往造成较为严重的资源浪费和环境污染。在矿产资源紧缺、环境问题突出的情况下，妥善处理好矿业权重叠问题，显得尤为重要与迫切。

以山西晋煤为例，2006年晋煤遭遇了夏洛克式难题：煤和煤层气产权被分割。由于各种历史或国家政策原因，山西沁水盆地东南边缘的一块土地里，煤炭、伴生的瓦斯（煤层气）的产权被不同企业拥有，由此产生了煤和瓦斯的矿权之争。山西晋城的沁水煤田是中国惟一已经探明的整装煤层气田，坐落在其东南部的晋煤2006年屡屡被中国石油天然气集团公司和中联煤层气公司投诉。国家油气田治安秩序综合整治部际联席会议调查组，从北京赴晋城调查，认定晋煤“非法”采气。而晋煤大感委屈，采煤如何能不动煤层气。中国石油天然气集团公司和中联煤层气公司强烈抗议“被侵权”，也于法有据，因为他们拥有沁水煤田的煤层气矿权。孰是孰非，其中的关键是——煤和瓦斯的矿权如何划分。晋煤只是这个夏洛克式难题的第一个遭遇者，这个难题逐渐出现在煤层气开发领域，该问题的解决将关乎中国煤层气和煤炭的未来。

（二）煤层气矿权重叠的主要原因

1. 央企与地企“有竞无合”

据了解，目前全国已有25家企业拥有煤层气采气权。这些企业以中联煤层气公司、中国石油天然气集团公司、中国石油化工集团公司3家中央企业和一批地方国有企业为主。其中3家中央企业占据了大部分开采资源，而山西本地企业同时占据着地域优势。央企和地方企业各行其是，很难形成“统一开发”的局面。虽然，现在央企和地方企业已经慢慢开展了合作（2011年9月，华北油田公司与潞安矿业集团双方的合作进入规模化、规范化阶段，初步形成了“互相尊重，统筹经营，有序开发，互利双赢”的“华潞模式”），但是有许多专家建议，国家有关部门应尽快研究制定并出台细化煤层气矿权设置及退出政策，从根本上解决这一问题，理顺煤炭矿权和煤层气矿权的关系。

2. 采煤权和采气权相分离

采气权是由国土资源部审批，而采煤权（年产120万吨以下）各省就能审批。这就造成获得采气权的未必能获得采煤权，而获得采煤权的未必能有采气权。各省市在审批120万吨以下矿井的时候，可能没注意到国家已经在这些矿区设置了煤层气矿权；或者是国家在批准煤层气矿权的时候，没注意到省里面已经设置了煤炭矿权。煤炭企业由于未取得采气权，在落实国家“先抽后采”和采煤采气一体化规划过程中又处处受阻。一份来自山西境内煤层气产业发展的调报告指出，气是中央的，煤是地方的，两权主体分置，同时缺乏有效的统筹协调。这无疑是形成煤层气开采无序、各自为战、资源浪费严重的重要原因。

3. 国家政策之间相矛盾

在国家政策层面，煤矿安全监察部门要求地方煤炭企业先进行地面煤层气抽采之后才能采煤，但国土资源部门的规定则不允许这样做。虽然全国煤层气分布广泛，但目前适合开采的区块主要有两个，一个是沁水盆地，一个是鄂尔多斯盆地东缘。这两个地方现在已探明储量比较大，从经济上适合于开采。目前开发煤层气主要集中在沁水南部，因为它的自然条件优越，所以沁水是唯一能够进入商业化运营的地区。作为“兵家必争之地”的沁南，目前有近3,000口井。据资料披露，从2005年至今，中国石油天然气集团公司在山西沁水盆地和内蒙古鄂尔多斯盆地已钻1,000余口煤层气井，目前已经在山西沁水建成中国第一个整装煤层气田商业化运营项目—数字化煤层气田示范工程。而另一家行业巨头—中联煤层气公司，在沁水盆地经营区块的产能达到了4.5亿立方米，占了将近一半。

4. 企业各自牟利导致煤层气发展停滞

在利益驱使下，由于煤价高挺，煤炭公司急着采煤，并不急于采气，所以导致采气进度缓慢。近几年来，煤炭价格持续走高，煤炭产品供不应求，尤其是到了冬季，更是紧销热销。相反，煤层气则开采难度大，技术要求高，投入大，成本高，效益低。由此可知，矿权重叠的问题之所以一直存在，主要是因为采气与采煤的经济效益相差太大，导致煤炭企业没有内在动力去热衷煤层气的开发。

5. 法律法规不健全

法律法规对煤层气产业发展至关重要，而目前中国相关煤层气法律法规的存在主要问题：涉及煤层气的现行有效法规不仅较少，而且不健全，存在模糊区。

三、煤层气现行政策及改革尝试

（一）煤层气产业发展的现有政策

中国政策在煤层气“十一五”规划中明确提出煤层气、煤炭矿业权重叠问题并给予解决办法，截至2013年10月，国务院办公厅出台关于进一步加快煤层气（煤炭瓦斯）抽采利用的意见，又针对该问题做出相应处理，进一步缓解了矿业权重叠问题所造成的不利影响。主要包括：提出煤炭探矿权和采矿权、加强矿业权管理、创立协调开发机制。具体分述如下：

1. 煤炭探矿权、采矿权管理办法

（1）投资人申请煤炭探矿权，应提交煤炭和煤层气综合勘查实施方案。国土资源管理部门设置煤炭探矿权，应对煤炭和煤层气综合勘查实施方案进行严格审查。煤炭探矿权人在依法取得煤炭勘查许可证后，应对勘查区块范围内的煤炭和煤层气进行综合勘查。

（2）煤炭探矿权人完成勘查工作，应提交综合勘查报告，并按规定的程序进行储量评审（估）、备案，符合下列情形之一的，探矿权人可直接申请煤炭采矿权：① 采用露天开采方式采煤的；② 采用井工开采，煤层中吨煤瓦斯含量低于国家规定标准的；③ 采用井工开采，煤层中吨煤瓦斯含量高于国家规定标准但不具备规模化地面抽采和开发利用条件的。对于上述情形，凡煤层气资源可综合回收利用的，应在煤炭资源开发利用方案中予以综合考虑，实现煤炭和煤层气资源的综合开发与合理利用。

（3）经勘查，煤层中吨煤瓦斯含量高于国家规定标准的大、中型煤炭矿产地，在进行小井网抽采煤层气试验的基础上，提交煤炭和煤层气综合勘查报告，并按规定的程序进行储量评审（估）、备案。具备规模化地面抽采条件的，煤炭探矿权人应按照“先采气，后采煤”的原则，统一编制煤炭和煤层气开发利用方案，依法向国土资源部申请煤层气采矿权，并申请划定煤炭采矿权矿区范围。

（4）经地面抽采，残留煤层气降至国家规定标准以下的开采范围，原煤炭矿业权人可依据煤炭和煤层气综合开发利用方案及划定的矿区范围提出煤炭采矿权申请，按法定程序领取采矿许可证，并申请注销原煤层气采矿权。

2. 加强煤层气矿业权管理

建立煤层气、煤炭协调开发机制，统筹煤层气、煤炭资源勘查开采布局和时序，合理确定煤层气勘查开采区块。对煤炭规划5年内开始建井开采的区域，按照煤层气开发服务于煤炭开发的原则，采取合作或调整煤层气矿业权范围等方式，优先保证煤炭资源开发需要，并有效开发利用煤层气资源；对煤炭规划5年后开始建井开采的区域，应坚持“先采气、后采煤”，做好采气采煤施工衔接。增设一批煤层气矿业权，通过招标投标等竞争方式，优先配置给有开发实力的煤层气和煤炭企业。

3. 建立勘查开发约束机制

新设煤层气或煤炭探矿权，必须符合矿产资源、煤层气开发利用等规划，并对煤层气、煤炭资源进行综合勘查、评价和储量评审备案。研究提高煤层气最低勘查投入标准，限期提交资源储量报告。对长期勘查投入不足、勘查结束后不及时开发的企业，核减其矿业权面积；对具备开发条件的区块，限期完成产能建设；对不按合同实施勘查开发的对外合作项目，依法终止合同。

4. 鼓励规模化开发利用

统筹规划建设煤层气规模化开发区块输气管网等基础设施，支持大型煤矿区瓦斯输配系统的区域联网，推进中小煤矿联合建设瓦斯集输管网。鼓励民间资本参与煤层气勘探开发、储配及输气管道建设。鼓励金融机构积极做好煤层气（煤矿瓦斯）开发利用项目的金融支持服务工作。

5. 创新协调开发机制

建立完善煤层气和煤炭共同勘探、合作开发、合理避让、资料共享等制度。新设探矿权必须对煤层气、煤炭资源综合勘查、评价和储量认定。煤层气产业发展应以规模化开发为基础，对于应当规模化开发的煤层气区域所属人，不具备地面开发能力时须采取合作方式进行开发。煤炭远景开发区实行“先采气后采煤”，新设煤层气矿业权优先配置给有实力的企业。煤矿生产区（煤炭采矿权范围内）实行“先抽后采”、“采煤采气一体化”。已设置煤层气矿业权但未设置煤炭矿业权的，根据煤炭建设规划五年内需要建设，按照煤层气开发服务于煤炭开发的原则，调整煤层气矿业权范围，保证煤炭开采需要。

（二）煤层气矿权重叠问题的改革尝试

虽然山西等地方煤炭矿区的矿权与中国石油天然气集团公司等中央煤层气矿权的重叠问题一直制约着煤层气的大规模产业化，但事实上在“两权重叠”争论多年后，各相关企业已开始尝试合作经营，统一规划开发煤层气，共同打破两权相争的僵局。2012年中国石油天然气集团公司华北油田开始采取与山西地方煤炭企业合作共赢的模式，加快当地煤层气产业发展速度。按照晋城注册、晋城开户、晋城完税的原则，共同组建了晋城华港燃气有限公司，推进当地煤层气开发。此外，中国石油天然气集团公司华北油田还与潞安集团开展了矿权重叠区煤层气的合作开发，创造了“采气采煤一体化”的“华潞模式”。由此可见，气煤公司相互合作已成为解决矿业权重叠、促进的重要方法。

四、解决煤层气矿权重叠问题的建议

国家有关部门应尽快研究制定并出台细化煤层气矿权设置及退出政策，从根本上解决这一问题，理顺煤炭矿权和煤层气矿权的关系，大力推进采煤采气一体化，支持煤炭开采企业和煤层气抽采企业走合作开发共赢之路。

（一）行政立法推动气、煤共赢

通过行政立法手段，充分发挥政府调动社会资源，组织协调，及时解决矿权重叠问题，使煤层气的勘探开发与煤炭的开发在时间上和空间上达到合理的衔接，实现“先采气，后采煤，采煤采气一体化”。从而使得两个行业互利共赢，共同发展。

（二）财政支持带动产业发展

加大财政补贴的区别度，针对不同地区和不同企业的煤层气开采的不同成本，在进行财政补贴时政府应区别对待，根据实际情况制定实施细则，而不是“一刀切”的方式，加大享有对外合作专营权的煤层气公司的补贴，从而实现以企业发展带动产业发展的目标。

（三）矿业权限管制

从法律层面上，令煤层气矿业权行使先于煤炭矿业权，在煤层气开采结束前不颁发煤炭矿业权证，或者同时颁发煤、气矿业权证，但要求在煤层气开采结束前不允许石油煤炭矿业权。

（四）建立独立完善的法律法规

中国政府目前虽然颁布有《煤层气产业政策》等一系列政策法规，但尚未制定独立完善的煤层气法律规范，以导致在煤层气开发过程中出现如矿业权等问题时，只能求助于政府来解决，而无法做到有法可依。

（五）管理系统一体化

在煤层气富集的省内建立市、区、乡一体的矿业权管理系统，以统一处理煤层气以及煤炭开发权限问题，利于矿业权重叠检查，统一开发主体，理顺管理体系，以确保煤层气与煤炭资源的合理开发和综合利用。

（六）加强企业强强联合

石油企业与煤炭企业相互多元化战略，加强与煤层气企业、石油企业和大型煤炭企业合作，加大煤层气开发利用和煤矿瓦斯治理的力度，实现煤层气开发利用在资源、安全和环保方面的多重效益。

（七）完善煤层气产业规划

合理利用已有的天然气管道，研究表明，甲烷浓度高于95%煤层气是可以与天然气混输混用，两者同时可以拥有同样的市场用户。此外，政府应当加快对重点产气区的煤层气管网规划与投资建设，积极鼓励民间资本投入，加快步伐，有效衔接上下游产业，促进煤层气产业整体快速发展。

在煤层气勘探开发过程中，矿权争端问题的解决刻不容缓。虽然，中国在煤层气“十一五”规划中就已经明确提出此问题，但将问题归咎于部门之间、企业之间不协调，此单方面是不完善的；同时，对于煤层气含量高于国家规定标准并具备地面开发条件的也仅提出必须统一编制煤炭和煤层气开发利用方案，并没有出台具体的解决政策，直到煤层气“十二五”规划中提出建立完善煤层气、煤炭协调开发机制，才对其解决提供了新的指导方向。

纵观国家对煤层气矿业权重叠问题的相关政策，不难发现总体上是经历着从认识不完善到制度不健全的过程，问题解决呼声高但具体措施难落实，提出的解决方法因为法律制度、中央和地方行政体系、石油企业和煤矿企业管理等辅助制度不完善而被搁浅，造成治理困难、问题拖延的局面，大大阻碍着煤层气勘探开发，使之国家能源利用不足，进而阻碍了国家能源经济的整体发展。

中亚油气地缘政治格局及中国的应对策略

习近平主席的中亚之行提出了“丝绸之路经济带”的宏伟设想，其中蕴含了中国和中亚经济与能源合作进程中如何惠及其他区域、带动区域经济一体化进程的新思路，更是中国站在全球经济繁荣的战略高度推进中国与中亚合作跨区域效应的新举措。中亚地区蕴藏着丰富的石油、天然气、煤炭等能源资源，是全球重要的尚待开发的经济大市场之一。然而，宗教极端势力、民族分裂势力及国际恐怖主义势力又增加了该地区的复杂性。鉴于中亚的能源优势和重要地位，中、美、俄等大国都把中亚作为能源来源多元化的战略目标，在中亚里海地区展开激烈博弈。了解中亚油气地缘政治格局，利用合适的政治策略开展与中亚五国的能源外交，将有利于中国多渠道、多形式地获取海外油气。

地缘政治是一门以人文地理学为基础的学科，主要研究由地理区位和与之相关的因素引起的影响一个国家和世界发展等重大战略问题的学科和方法，是一门综合性和实用性极强的边缘学科。地缘政治学把地理因素视为影响甚至决定国家政治行为的一个基本因素。早期的地缘政治学强调地理空间的决定因素，经历了“海权论”、“陆权论”、“边缘地带论”、“空权论”、“多极论”、“油权论”的演变与不断修正。地缘政治学的核心是将特定历史时期征服他国的核心竞争力作为争取世界霸权的主导力量，当一个国家所拥有的某种特殊能力能够跨越国界并制约其他国家的发展时，这种特殊能力就构成了世界霸权的工具。

一、“丝绸之路经济带”的提出

在中国—中亚地区这条丝绸之路上，一端连着繁荣的东亚经济圈，另一端系着发达的欧洲经济圈，但却在中国—中亚地区之间形成了一个经济凹陷带。在这条凹陷带上，虽然有着丰富的矿产、能源、土地和人力资源，但经济发展水平却与两端的经济圈落差巨大。

中国新一届政府上任以后，对外关系活跃又不乏新意。习近平主席频繁的出访各国，不仅成为中国外交新思路、新观念的“发动机”，也是中国梳理日渐复杂的外交局势的“领头人”。2013年9月3~14日习近平主席访问中亚四国、出席上海合作组织2013年峰会，其会晤和谈话，无不展示出这种基于领袖的“发动机”和“领头人”形象。习近平主席此次中亚之行最为引人注目的，莫过于9月7日他在纳扎尔巴耶夫大学演讲时所提出的建设“丝绸之路经济带”的宏伟设想，这是中国政府首次就洲际经济合作一体化进程提出具体的构想。

新丝绸之路经济发展带是主要依托跨国交通的经济发展带，其内涵与“交通经济带”、“成长三角”、和“增长极”等概念密切相关。交通经济带是以交通干线或综合运输通道作为发展主轴，以轴上或其吸引范围内的大中城市为依托，以发达的产业、特别是二三产业为主体的发达带状经济区域。成长三角区是指由几个地理上比较接近的国家的部分地区组成的小范围的经济合作形式，它通过设区各国为这一地区提供的特殊政策，充分发挥经济上的互补性和地域上的便利，建立起以吸引外资、扩展对外贸易为主的外向型的，包括生产、贸易、旅游、科技、交通运输、能源环保、通讯以及人力资源开发等经济活动在内的综合性经济区。增长极概念通常指对经济增长有巨大推动作用的产业、公司或地理空间单元。丝绸之路经济发展带界定为：以新丝绸之路综合交通通道为展开空间，以沿线交通基础设施和中心城市为依托，以域内贸易和生产要素自由流动优化配置为动力，以区域经济一体化安排为手段，以实现快速增长和关联带动作用为目的的中国—中亚跨国带状经济合作区。

“丝绸之路经济带”集中体现了中国新政府在坚持全球经济开放、自由、合作主旨下促进世界经济繁荣的新理念，也高度揭示了中国和中亚经济与能源合作进程中如何惠及其他区域、带动相关区域经济一体化进程的新思路，更是中国站在全球经济繁荣的战略高度推进中国与中亚合作跨区域效应的新举措。当前，全球经济形势依然低迷，各种形式的贸易保护主义和区域经济集团化势头再度沉渣泛起。如何避免区域经济集团化趋势推高贸易保护主义，是促进全球经济均衡增长的重要方向。中国新政府提出的“丝绸之路经济带”构想，显示了中国不谋求排他性的区域经济集团的基本立场。不仅如此，中国对于今天全球经济繁荣的信仰，仍然是在市场经济驱动下、各国政府秉持自由贸易的原则，继续推动全球市场的开放和生产要素的合作性流动和增长。

二、当前中亚油气地缘政治格局

“中亚五国”指狭义的“中亚”，包括哈萨克斯坦的亚洲部分、乌兹别克斯坦、吉尔吉斯斯坦、土库曼斯坦、塔吉克斯坦。由于地缘关系、民族历史源渊、宗教信仰、政治经济现状等因素而形成了一个独具特色的板块。它们地处欧亚大陆心脏地带，是连接欧亚大陆的桥梁和纽带。该板块蕴藏着丰富的石油、天然气、煤炭和其他金属矿藏，是全球重要的尚待开发的经济大市场之一。但是，宗教极端势力，民族分裂势力及国际恐怖主义势力增加了该地区的复杂性。因此，无论从地缘政治，还是从经济市场地位来看，在今后相当一段时间内该地区将继续为世人所瞩目，是国际格局和大国关系中的热点。

哈萨克斯坦具有丰富的石油和天然气资源，大部分集中在里海沿岸。据美国能源信息署（EIA）统计，哈萨克斯坦或拥有300亿桶的探明石油储量，其中约一半位于里海的卡沙甘油田。哈萨克斯坦天然气储量为11,700万亿立方米，在中亚国家中居第一位；煤炭地质储量为1,700亿吨，主要分布在卡拉甘达州和东哈州等地，是世界10大产煤国之一。金属矿藏也丰富，因而哈萨克斯坦享有“能源和原材料基地”之誉。

乌兹别克斯坦的能源资源包括石油、天然气、煤炭，三者目前探明储量分别为53亿吨、5万多亿立方米、20亿吨，其中天然气被列为世界十大开采国，年产气量在300亿立方米以上，在中亚仅次于土库曼斯坦，居独联体第三位。油气资源总估价超过1万亿美元，有160多处石油产地，分为5个主要的石油天然气区域。

吉尔吉斯斯坦的能源中主要是煤炭、油页岩、天然气、石油，其中煤炭居重要位置，地质储量为296亿吨，吉尔吉斯斯坦的煤炭不仅储量丰富、质量好，还是优质燃料和煤化工的重要原料，因此被称为“中亚煤斗”。

土库曼斯坦地下蕴藏着丰富的石油和天然气资源。石油储量120亿吨；天然气储量为22万多亿立方米，占中亚地区天然气储量的56%，人均储量可与沙特阿拉伯相比，开采量年均达600~800亿立方米，约占世界总储量的四分之一，居中亚国家第一位，世界第四位；石油探明储量约有11亿吨，居哈萨克斯坦之后，占中亚国家第二位；除南部山区外，土库曼斯坦几乎全境都有油气分布。

塔吉克斯坦的能源主要是煤炭，目前探明总储量在30亿吨左右；石油和天然气方面，据初步探测结果显示，石油储量为1.2亿吨，天然气储量为8,800亿立方米，其中瓦赫什油气区的原油是重油，蜡和硫的含量高，主要用来生产沥青和作锅炉燃料。

综合来看，里海地区是中亚五国能源的主要集中区，也构成了中亚地缘政治的核心内容。该地区涉及中国、俄罗斯、土耳其、伊朗等邻国的利益，也吸引了美国、日本和欧盟等外部力量的极大关注。各国在巩固和扩张的基础上相互渗透与反渗透是中亚里海地区油气地缘竞争格局的基本描述，主要矛盾和竞争因素概括为：内部竞争和外部竞争并存、政治意图和经济利益交织、资源争夺和管线控制并行。

中亚五国自然资源构成大致相同，经济发展水平相对落后，在寻求资源买主和国外资金援助方面存在竞争关系。总体来看，五个国家以凝聚为主，又存在差异化。在其内部的分歧中，主要有：缺乏一个只限于中亚五国共同参与的内部合作平台；哈萨克斯坦和乌兹别克斯坦两国领导人都希望主导中亚，两国都在努力争夺中亚主导权；乌兹别克斯坦与塔吉克斯坦的水电站之争以及各国之间存在的领土边界争议。外部争夺主要体现在以美国为首的能源消费国在经济利益和战略意义驱动下对中亚里海地区油气资源的疯狂掠夺和势力范围扩张。

地缘政治与资源政治在该地区的高度一致性，使中亚里海地区成为以美俄为首的大国在战略需要和经济驱动下持续渗透的目标。中亚地区作为重要极心，是美国进一步控制中东格局，遏制潜在大国势力出现，保持霸权稳定的桥头堡。同时也是俄罗斯的战略后院和对外经济扩张的前庭。前苏联解体后的中亚各国不愿意成为大国的附庸，丰富的资源是其发展经济和融入世界的第一步，也是反渗透过程中平衡各种势力，捍卫国家主权的手段。

世界油气地缘竞争的新趋势是由单一的资源争夺逐渐转向资源与通道双重角逐，在中亚这个内陆地区表现为油气争夺和管线控制均势发展。在争夺油气资源和控制战略通道博弈中，俄罗斯努力加强对中亚的影响力和对中亚油气资源及出口通道的控制。巴库—第比利斯—杰伊汉（BTC）石油管线的竣工时美国围绕中亚和里海地区石油资源新一轮博弈的重要“里程碑”。中哈石油管道的修建，削弱了巴库—第比利斯—杰伊汉（BTC）石油管线的地缘政治意义，提供了一个长期稳定的陆路能源供应渠道。

三、中美俄三国在中亚地区的博弈

（一）中国在中亚地区能源领域影响力提升

中国处于争夺里海能源的国际力量构成的内外三角的交叉处，是与中亚诸国毗邻的东南亚最大的油气消费市场，是里海能源争夺中的新生力量。2013年9月，中国石油天然气集团公司在卡沙干油田的项目中赢得了部分股权。中国在前苏联中亚加盟共和国的影响力由此可见一斑，俄罗斯与中国相比黯然失色。在哈萨克斯坦，习近平主席正式确认了在卡沙干项目中50亿美元的交易，首次使中国石油企业与埃克森美孚、壳牌、道达尔和意大利埃尼集团共同开发项目。从地缘政治的角度分析，中国进入中亚为中亚国家提供了多元化的选择，对俄罗斯和以美国为首的西方国家的亚太战略构成了冲击，对欧亚大陆和全世界产生了重要的影响。中国寻求巩固与中亚国家的关系，这将把中国的利益扩大到它在亚太传统地区以外的地方，也有利于中国随经济发展日益庞大的能源需求。

（二）美国在中亚能源开发竞争中捷足先登

从20世纪90年代中期开始，中亚里海地区就成为了美国能源来源多元化的战略目标。里海巴库—第比利斯—杰伊汉（BTC）石油管道的建成改变了里海地区的政治和经济面貌，也标志着以美国为首的西方国家渗透中亚国家成功的标志。美国在1997年推出了“中亚新战略”，其战略意图是：北遏俄罗斯重新崛起，南阻伊斯兰原教旨主义势力北上，东防日益强大的中国；改变石油进口主要依赖中东的现状，争夺对中亚地区油气资源的控制权；将中亚地区纳入其主导的世界政治经济新秩序。美国对中亚主要采取了政企联手、政经结合、军事配合的全方位战略，面对有可能成为下一个波斯湾的中亚里海地区，美国积极参加中亚里海的石油开发及运输，以在能源开发竞争中捷足先登，建立起美国21世纪的战略能源基地。阿塞拜疆和土耳其之间的建设石油管道协议、土库曼斯坦和土耳其建设天然气管道协议，都体现了美国和土耳其的地缘政治倾向，其目的就是让石油管道绕过俄罗斯和伊朗，用石油这一能源武器来争夺俄罗斯的势力范围，在美国的石油战略中起到锦上添花的作用。

（三）俄罗斯为保地位积极调整对中亚策略

中亚各国独立后，本国境内的管网得到有效控制，但外输管道大多需经俄罗斯，被俄罗斯控制，使出口价格、出口量及地下资源开发多受掣肘。鉴于美国的全方位进攻，俄罗斯积极调整其中亚政策，合纵连横周边国家，通过高层互访、军事交流、缔结共识等方式加强与中亚国家的信任合作，改善与中亚地区国家间的关系，从政治安全的高度为潜在的能源经贸合作开辟可能的领域，合作的重点是参与中亚各国的油气勘探与开采以及合理解决里海法律地位问题等。俄罗斯仍然是一个世界大国，它决心以任何手段捍卫自己在里海地区的利益，任何排斥俄罗斯在里海发挥作用的企图都会遭到俄罗斯的坚决反对。然而俄罗斯由于国力衰退，已无法保持往日在该地区的影响和控制，甚至自己作为一个沿岸国家的权利也受到挑战。巴库—第比利斯—杰伊汉（BTC）石油管道充分显示里海国家在力图摆脱俄罗斯石油管道的控制，建立自己独立的石油能源地位的愿望。这种局势是俄罗斯不愿意看到的，这在俄罗斯对巴库—第比利斯—杰伊汉（BTC）石油管道的态度上就可以看出，而且石油管道的建成对于俄罗斯石油的地位以及俄罗斯石油价格都是不小的冲击。

四、未来中国在中亚的油气战略

中国要从宏观决策协调出发，通过政治、外交、经济等多种手段构建与中亚的能源交流合作平台，以便多渠道、多形式地获取海外油气。通过对中亚政治性风险的分析，利用合适的政治策略开展与中亚五国的能源外交；通过对中亚里海地区油气资源信息的搜集支持经济上的贸易沟通；通过提高中国海陆空军事能力保障途经国中的能源海运通道安全。

（一）扩大油气经贸往来，建立稳定合作关系

中亚地区作为世界重要油气供应地带和中国油气进口来源地，有着重要的国际战略地位，要综合政治、外交、经济和军事手段对其进行宏观把握和协调。中国加强与中亚的油气合作，可以保障本国油气供应，减轻对中东非洲地区油气的依赖，避免由于通过海上运输带来的安全风险，减轻与美国在油气源领域的冲突。中国应积极推动与俄罗斯和中亚国家扩大油气经济与贸易往来，灵活、机动地开展多种形式的油气合作，建立起稳定的油气战略合作关系。具体而言，中国应充分利用自身优越的地缘位置、巨大的市场前景以及负责任大国地位等综合因素，充分利用上海合作组织这一平台，开展多边油气合作，突出油气合作的互需性，提高与中亚各国油气合作中的地位，把握机遇，将合作稳定向前推进。鉴于里海的油气市场地位所引发的复杂的政治环境，应主要利用政治外交和经济手段来进行宏观协调。

在区域经济合作方面，要把握中亚—俄罗斯地区国家的出口动态，加强以“上海合作组织”为核心的区域经济合作，强化中国油气供应安全的基石。中国加强与中亚国家的能源合作应充分利用好上海合作组织这一平台。除中国外，上海合作组织其他成员都分布在油气蕴含丰富的里海地区，在能源领域这一组织合作优势非常明显。一方面，俄罗斯和中亚国家都是油气资源丰富的国家，有着大

量的能源出口诉求；另一方面，中国是油气消费大国，扩大能源来源渠道愿望强烈。因此，在上海合作组织内部同时存在着战略买家和战略卖家，有巨大的能源需求满足庞大的能源供给，形成了一个较为完整的地区油气市场，市场内油气供给要素完备，可以避免区域外各类因素的干扰，从而形成稳定的能源市场机制。中国应充分利用这一组织的优势，在成员国之间建立有效的协调机制，通过推动双边能源合作带动多边能源合作发展。

对于目前处于中等勘探程度的里海地区，可作为战略后备区给予必要的研究和关注，向中亚国家提供勘探和生产技术支持和服务，通过与哈萨克斯坦的合作关系积极参与里海地区的石油开发活动；深化与中亚五国在油气经济方面的交流，提高中国在该地区石油政策中的战略地位。由此辅助中国石油企业积极稳妥而有序地进入中亚—俄罗斯地区油气资源市场。

（二）建立油气运输网络，保障油气输送安全

中亚国家不仅是中国油气的进口对象，还是中国陆上油气运输的主要途经国。从油气连接枢纽国的角度看，政府应主要从经济手段出发带动油气管道联网，结合军事策略保障中国在中亚国家的油气输送通道安全。

在经济方面，广泛联网俄罗斯和中亚国家，借助地缘政治，通过上海合作组织等区域经济合作，引导和加强与俄罗斯和中亚国家的能源运输合作，从而建立多元化的油气运输网络，为多元化的陆上油气资源战略提供畅通的运输保证，其中重点放在利于同中东油气连接的中哈石油跨国管道的建设上。

在军事保护上，着重提高中国海军和陆军的军事实力，增加海上巡逻和陆上管道哨岗，来保护海上和陆上的油气管线不受破坏，从而维护中国海外石油供给渠道的安全。

（三）促进思想文化交流，增进双边合作认同

2013年1月，经国务院批准，中、哈、吉三国“丝绸之路：起始段与天山廊道的路网”项目申遗文本已正式报送联合国教科文组织，申请列入2014年《世界遗产名录》。近年来，中国与土库曼斯坦、哈萨克斯坦、乌兹别克斯坦塔吉克斯坦和吉尔吉斯斯坦5个中亚国家的文化交往，正以极高的频率和质量，为古老的丝绸之路谱写了新的篇章。

为保证中国海外油气投资的健康发展，中国应同中亚地区在思想文化方面加强交流互鉴，开展多种形式的文化交流。文化交流不仅是艺术品的相互鉴赏，更是走进人心的切磋与对话。中国文化部门应加强同各国的访问交流，与各国文化

高层人士进行广泛接触，加强文化艺术团体之间的交流。应让各国文化人士与中国零距离接触，来华观摩、调研、创作。同时，中国应派出各类文化艺术专家赴各国讲学，或举办艺术类专业培训班，内容可以涵盖文化艺术生活的各个方面。中国还应多了解各国的宗教思想、价值观、语言、习俗等，保证中国在海外的投资项目顺利进行。

中日油气资源之争：焦点与展望

中国国防部于2013年11月23日宣布划设中华人民共和国东海防空识别区近期成为舆论热点。中国政府按照国际通行做法划设东海防空识别区遭到日本和美国的强烈反对。目前，日本防空识别区距中国海岸的最近距离却只有70海里，跨越了日本自己主张的东海中间线，将春晓等中国油气田全部涵盖其中。

在防空识别区事件和钓鱼岛事件发生后，中日之间由多年的“政冷经热”转向了“政冷经冷”。但在两国关系全面转冷的背后，围绕能源、矿产资源的争夺，中日之间的“暗战”却一直没有降温。日本是一个能源对外依赖度极高的国家，主要战略资源如石油、煤、铁矿石等的对外依赖程度多在90%以上，有的甚至达到100%，因此，日本格外重视能源战略。随着经济的高速发展，中国的能源对外依赖度也在日益提高，预计到2015年将上升到60%~70%，中国已经成为美国之后的全球第二大石油进口国。过去中日企业在面对海外能源、矿产项目时采取的参与方式不同，双方很少直接争夺，但隐形的冲突不断。随着近年日元持续升值，日本政府高调鼓励企业出海争夺资源，中日能源纷争开始日益摆上桌面。

中日近年来对油气资源的竞争焦点包括：俄罗斯远东石油管道之争；东海专属经济区划分与东海油气田之争；中东、北非的油气开采权之争；中亚—里海地区石油开发参与权之争。

一、中日针对俄罗斯油气资源的竞争

俄罗斯作为石油输出国组织之外最重要的产油国和出口天然气的国家，在世界油气市场上具有非常重要的地位。中国和日本作为油气消费大国，都希望转变国家能源进口结构单一的现状。中日由于地理位置上的相近，加上俄罗斯在油气生产和出口上巨大的潜力，无论是作为从中东进口石油的补充、还是从国家战略的高度建立分散的能源通道、减轻运输风险或从节约运输成本的角度出发，在俄罗斯远东地区寻求油气资源都是中日石油进口的理想选择。21世纪以来，中日两国围绕俄罗斯的石油展开了激烈的争夺，最著名的是“安大线”和“安纳线”之争。

从1996年开始，中俄两国就计划修建一条从俄罗斯西伯利亚地区安加尔斯克到中国东北大庆的石油管线，即安大线（见图24）。“安大线”管道全长2,400公里，原定为2005年初步建成，初始阶段俄每年向中国出口原油2,000万吨，2010年后每年将输出3,000万吨。然而，安大线项目却因日本的介入而夭折。2003年1月，日本时任首相小泉纯一郎在访俄期间与普京总统会晤，专门讨论能源领域的合作问题，力图使俄国放弃已论证多年的中俄安大线，说服俄国建造一条从安加尔斯克到太平洋沿岸纳霍德卡的石油管道，即安纳线。在日本政府和商界密集的游说行动之后，俄罗斯放弃了安大线计划项目，研究日本的安纳线建议。日本的介入使得俄罗斯原本计划供应给中国的石油分流了一部分给日本，加剧了中国和日本在俄罗斯远东地区的能源争夺。

图24 俄远东管道和中俄原油管道走向示意图

资料来源：和讯网

2004年12月31日，俄罗斯总理签署文件，正式决定由俄罗斯国营石油运输公司修建一条从俄罗斯的泰舍特到纳霍德卡的石油运输管道，向亚太地区国家供应石油。“泰纳线”确定后，俄罗斯修建一条通往中国大庆的石油管道支线，并将以铁路运输的方式来增加对中国的石油出口。中俄最终通过“以贷款换能源”的方式打破谈判僵局，就中俄原油管道的建设达成一致。2011年1月1日中俄原油管道正式启用。它起自俄罗斯的斯科沃罗季诺，止于黑龙江大庆，管道全长约1,000公里，设计年输油量1,500万吨，最大年输油量3,000万吨。2012年9月，中俄石油管道谈判历经15年，最终签约。有限的资源，加上高昂的开发和运输成本，让俄罗斯西伯利亚石油的“一女多嫁”并不现实，而将绣球抛给中国，是俄罗斯利益最大化的选择。

二、中日针对东海油气资源的竞争

中日东海油气田之争源于中日专属经济区界线的划分之争。中日两国在东海专属经济区的界线问题上存在着严重的分歧。日本认为应按照两国海岸线的中间线来划分东海海域日中两国的专属经济区。但中国方面认为，东海海底的地形和地貌结构决定了中日之间的专属经济区界线的划分应该遵循“大陆架自然延伸”的原则，不承认日本单方面提出的所谓“日中中间线”。中日主张的东海海上边界存在很大一片“重叠区”，成为矛盾的根源。该区域又正好是东海丰富油气资源的聚集区，这加剧了中日这两个能源消耗大国的争夺。

中日在东海区域的油气之争主要因为8个位于东海“西湖凹陷”的油气田而起，它们分别是：平湖、春晓、残雪、断桥、天外天、宝云亭、武云亭和孔雀亭。由于东海油气田问题与领土主权、海洋权益相关，与钓鱼岛归属问题、大陆架划分问题、海洋专属经济区划分问题相关，而且双方分歧巨大。因此，东海油气田问题形势极其复杂，如果得不到有效解决，会长期成为中日之间能源争夺的热点之一。

三、中日针对中东、非洲油气资源的竞争

中日两国都是石油消费大国，在一次能源消费结构中，石油都占有重要地位，而中东地区都是两国最主要的石油进口来源地。中日对中东大油田开采权的争夺日趋激烈，其中双方对伊朗阿扎德干油田的竞争十分具有代表性。伊朗的阿扎德干油田是世界近年来发现的最高级别油田，在前期谈判中，日本石油公司与荷兰皇家壳牌石油公司等达成联合开发阿扎德干油田的协议。但是由于伊朗核危机，美方对日施加压力，要求撤除在伊的合作，使日本在伊朗的开采合同推迟。面对日本犹豫的态度，伊朗在开发谈判期限到期后表示，阿扎德干油田开发权将采取公开竞标的方式进行招标，任何国家都可以参与竞争。中国出于能源来源多

元化战略的考虑，也积极争取阿扎德干油田的开发权。

近些年来，日本在非洲的石油开发速度也越来越快。日本利用欧美在非洲争夺空间留下的空隙，不断争取战略地位。目前，日本在埃及、阿尔及利亚、安哥拉、加蓬、刚果等国家都有石油项目。面对中国在非洲的油气开发，日本政府大力鼓励本国的石油企业同中国石油企业竞争，以阻挠中国“走出去”的战略步伐。日本在非洲采取合资、参股等多种多样的投资方式全力加大日本企业的海外开发，并通过政府的外交加大与非洲毛里塔尼亚、乍得、阿尔及利亚、埃及等国的石油合作力度。近年来，沙特、阿联酋和利比亚等西亚北非重要产油国也逐步开放了本国的油气开采权。在此形势下，中国能源公司在阿拉伯地区的能源投资从苏丹也门等边缘地区渐渐靠近世界产油中心，并先后取得沙特和伊朗的天然气开采权。中日为了保证各自在中东、非洲的石油利益，在相同的国家和相同的石油化工行业都在积极地投资和开发，这势必将引起同质性竞争。

四、中日针对中亚油气资源的竞争

由于相互的不信任和地缘政治原因，中国和日本在中亚的能源策略是相互竞争的。日本在开发中亚能源上领先的一点是日本国际石油开发株式会社在开采哈萨克斯坦卡沙干油田的国际财团中占有8.33%的股份。作为中东地区以外最大的油田，卡沙干油田具有重大的开采价值。日本进军中亚—里海地区，是带有经济与政治双重目的的。在经济方面，能源安全保障一直是日本的心腹大患。随着各大国纷纷加大对中亚—里海地区能源的开发力度，日本也越来越被该地区的石油资源所吸引。作为日本石油进口多元化战略的一环，日本正在努力加强对中亚地区的石油外交，积极争取获得中亚地区石油开发的参与权。在政治方面，作为美国同盟国的日本积极展开中亚外交，谋求与中亚各国进行反恐合作，显然具有配合美国“反恐”及其全球战略的意图，从而达到牵制中俄，扩大日本在中亚地区影响力的目的。

中国处于争夺里海能源的国际力量构成的内外三角的交叉处，是与中亚诸国毗邻的东南亚最大的油气消费市场，是里海能源争夺中的新生力量。2013年9月，中国石油天然气集团公司在卡沙干油田的项目中赢得了部分股权，中国在前苏联中亚加盟共和国的影响力由此可见一斑。从地缘政治的角度分析，中国进入中亚为中亚国家提供了多元化选择，对俄罗斯和以美国为首的西方国家的亚太战略构成了冲击，对欧亚大陆和全世界产生了重要的影响。中国为求巩固与中亚国家的关系，这将把中国的利益扩大到它在亚太传统地区以外的地方，也有利于满足中国日益庞大的能源需求。

五、中日油气资源博弈趋势展望

利益与信任是中日合作的基础。从当前的情形看，中日之间在油气资源问题上的利益重叠区大于利益互补区，缺乏合作的动力。除此之外，由于两国之间长期存在的历史积怨、领土争端、领海分界线分歧等因素，也使得中日两国间缺乏信任，彼此间有抵触心理。然而，中日两国间出现全面竞争的局面可能性很小，全面竞争源于利益的绝对对立，两国在油气资源上尚未出现这种极端情况。中日两国作为世界上的能源消费大国，在石油的进口源安全与运输安全问题上有共同的担忧；在节能环保与新能源开发利用等方面有较大的合作空间；对促进东北亚范围内的能源合作也有着共同的祈盼。在上述这些领域中，为获得利益最大化，中日完全有可能展开合作。

虽然未来中日对油气资源的竞争不可避免，但出现大规模的冲突也是不可能的。中日间的能源关系更可能是竞争中伴随着合作的局面。但竞争多一些还是合作多一些要取决于双方的态度和行为。从现状来看，日本宁愿放弃合作带来的收益也不愿意和中国进行能源合作，日本更倾向于利用能源遏制中国的发展。因此，在相当长的时间内，中日油气领域可能会是竞争大于合作的态势。但是，相信在中日双方有识人士的不懈努力下，中日间定会找到合作的突破口，不断扩大合作的领域，开创合作共赢的局面。

中国天然气价格改革现状和趋势

2013年中国天然气消费量达到了1631.4亿立方米，进口天然气达529.6亿立方米，对外依存度达到了30.8%。可以预计，随着天然气供需缺口日益增大，天然气对外依存度必将继续提高。为了保障能源供应，调整能源消费结构，促进节能减排，近年来，国家高度重视天然气产业的发展，加快了天然气供应基础设施建设速度和进口境外天然气资源的步伐。然而，中国天然气定价机制尚不完善，要保障天然气市场的健康平稳发展，必须不断推动天然气市场化定价改革进程。

一、中国天然气定价机制改革的重要性

（一）提高能源利用效率的需要

在20世纪的一百年里，占世界人口15%的国家消耗了世界60%的能源，得以先后实现工业化。而现如今，包括中国、印度等国家在内，占世界85%人口的国家，为了推动同样的工业化进程必然需要能源的支撑，但却不得不面临国际社会提出的“低碳”要求所带来的压力和挑战。目前，中国以煤为主的能源消费结构是非常不合理的，2012年作为高效、清洁能源的天然气所占比重仅为5.2%，单位GDP一次能源消费量远高于世界平均水平，相当于美国的2.4倍、印度的1.2倍。天然气对于解决中国能源供需矛盾和环境问题将扮演关键角色，从目前中国天然气消费量、产量逐年上升的趋势可以看出天然气在中国能源结构中所占比例将逐渐加大。目前，中国天然气价格偏低，需要通过定价机制的改革，抑制天然气消费需求的盲目增长和低效、无效利用，提高清洁能源的利用效率。

（二）调整供需引导市场健康发展的需要

近年来，天然气需求量呈逐年攀升趋势，据中国石油天然气集团公司相关部门预测：到2020年，中国天然气的需求量将达到3,500亿立方米，而天然气的生产量却仅为2,300亿立方米，供需缺口高达1,200亿立方米，对外依存度达到34.2%。虽然天然气价格可以与替代能源价格保持同比增长，但价格调整的幅度

相对较小，不能改变天然气与替代能源不合理的价比关系，低廉的价格无法体现天然气资源的稀缺性。与此同时，中国国内的天然气价格与国际天然气价格相比明显偏低。在当前天然气需求存在巨大缺口的情况下，设定涨幅限制，将会延长中国天然气价格与国际价格接轨的时间，从而影响中国的天然气供应。因此，需要通过定价机制改革来调整天然气市场的供需平衡，合理引导天然气市场健康平稳发展。

（三）促进天然气价格上下游传导顺畅的需要

天然气上游定价主要关注国内市场价格与国际气价接轨，而地方政府定价更关注当地居民的承受能力和社会稳定等因素。由于天然气上下游价格管理机制存在差异，对于上、中游价格调整，国家只需发出通知并由上、中游企业告知下游企业即可；而下游企业要报告所在地政府并由其审批调价，以致给下游的城市燃气价格调整带来了时间和空间的不一致，价格调整难以及时到位。此外，由于天然气上游企业调价时，并不与城市燃气企业进行协调，使下游企业经常面临措手不及的窘境。通过定价机制的改革，可以理顺上下游传导不顺畅的问题。

二、中国天然气定价机制改革的现状

天然气与原油不同，其流通性受到传统运输方式的严格限制，虽然液化天然气（LNG）在一定程度上打破了国际天然气市场区域分割的局面，但直到目前尚未形成全球天然气市场，因此也就不存在所谓的世界市场价格。北美、亚太和欧洲三大天然气区域市场供需结构不同，市场发育程度不一致，定价机制也不相同，分别是通过市场竞争形成价格、买卖双方通过谈判形成长期协议价格、介于上述二种方式的混合形式。其中，北美天然气市场最为成熟和完善，价格基本由市场供需决定，管道气与液化天然气之间形成激烈竞争关系。亚太天然气市场相对落后，尚未形成反映实际供求关系的市场体系，以“日本清关原油价格”（JCC）为代表的亚洲天然气进口价格保持在全球最高水平，而中国国内天然气价格一直偏低。

此前，在2011年底，国家发改委发出通知，在广东、广西两省开展天然气定价机制改革试点，将成本加成为主的定价方法改为“市场净回值”法定价，并与可替代能源价格挂钩，分省制定门站价格；放开页岩气、煤层气、煤制气等非常规天然气出厂价格，实行市场调节。

2013年6月，国家发改委又发布了《关于调整天然气价格的通知》，自2013年

7月10日起，调整非居民用天然气门站价格。此次调整，区分存量气和增量气，价格管理由出厂环节改为门站环节，即门站价格为政府指导价，实行最高上限价格管理。其中，存量气门站价格实际提高幅度最高不超过每立方米0.4元，化肥用气最高不超过每立方米0.25元；增量气门站价格按广东、广西试点方案中的计价办法，一步调整到2012年下半年以来可替代能源价格85%的水平，并不再按用途进行分类。调整后，全国平均门站价格由每立方米1.69元提高到每立方米1.95元。

三、当前中国天然气价格改革存在的问题

中国天然气产业快速发展至今，在天然气价格改革中以下两个问题比较突出：

（一）价格水平偏低，加剧市场供需矛盾

中国天然气价格偏低，终端气价与进口气价倒挂，液化天然气（LNG）进口价和终端消费价的价差最为明显，打击了企业的进口积极性。偏低的价格难以体现天然气资源的稀缺性，也不能反应其真实价值、真实成本，因此抑制了天然气供给方的生产积极性。如果价格不能理顺，那么国内企业的生产积极性将下降，自身增产能力受到削弱，同时还会阻碍天然气的进口。此次天然气价格改革中，存量气适度提价、增量气价较大幅提高，有利于缓解陆上管道进口气存量部分的价格倒挂矛盾，有利于提高天然生气供应保障能力。天然气价格还需要进一步的调整，才能提高资源配置的有效性、更好地缓解天然气市场的供需矛盾。

（二）“市场净回值”法，隐含产输捆绑定价

天然气价格改革最终目标的达成，核心是要求天然气生产和输送分离，要促进市场中生产商和供应商的多元化。而目前在广东、广西推行的与可替代能源价格挂钩、以上海市场价格为计价基点的“市场净回值”定价方法，试图由各省在门站环节建立理想的“起步价”，但实际与成本加成定价并无本质性区别，且计价基准点价格并非真正由市场决定。这种将天然气生产环节和输送环节捆绑在一起的定价方法，可能会造成对垄断的强化，在1998年就被欧洲逐步放弃。因此，中国的天然气定价机制仍需进行进一步的市场化改革，减少“政府之手配置资源”，降低“大企业依赖症”，增强产业链的竞争性。

四、深化中国天然气价格改革的政策建议

2013年，中国天然气价格改革迈出了重要一步，接下来的天然气价格改革还要将长期、中期和短期不同阶段的目标相结合，以短谋长。因此，从长期、中

期、短期来看，未来中国天然气价格改革将会从以下方面着手：

（一）长期：坚持市场化目标，深化竞争性产业链结构

十八届三中全会通过的《中共中央关于全面深化改革若干重大问题的决定》提出："完善主要由市场决定价格的机制。凡是能由市场形成价格的都交给市场，政府不进行不当干预。推进水、石油、天然气、电力、交通、电信等领域价格改革，放开竞争性环节价格。"因此，无论是从改革长远目标，还是从当前国家政策导向来看，天然气定价机制改革终将走向完全市场化，即由企业根据国际、国内市场状况自主定价，政府则只对具有自然垄断特性的天然气管道运输价格进行监管。

中国天然气产业主要为三大石油集团公司所垄断，而且是上下游一体化的垂直型垄断，因此目前市场还不具备全面放开竞争的条件。天然气主干管道运输牢牢地掌握在三大石油集团公司手中，其他生产企业即使有生产能力也会因缺乏运输能力而被三大石油集团公司所限制，难以形成具有气源竞争型的市场，而市场化改革的前提就是管道运输与上下游分开。因此，政府应抓住管道运输这个中间环节，而给上下游企业创造充分的市场竞争机会。这方面可以考虑借鉴美国天然气市场的发展经验，实行管道"无歧视准入"制度，而且中国实行"无歧视准入"的客观条件也会越来越成熟。最终，国内气价和进口气价会实现接轨，而无论是国内的出厂价还是门站价，都将由市场资源的稀缺性和供求关系所决定，从而达到真正的市场化。

（二）中期：参与亚洲天然气定价机制建设，摆脱非公平溢价

由于天然气供给迅速增加，美国液化天然气（LNG）进口价格全球最低，基本在3.5美元/百万英热单位，欧洲的价格维持在10~12美元/百万英热单位，而以"日本清关原油价格"为代表的亚洲价格却高达16美元/百万英热单位以上。与美国相比，亚洲溢价水平在12美元以上，相对欧洲溢价为3~4美元，这种在世界天然气市场显失公平的待遇亟需改变，而中国具有成为亚洲天然气市场"中枢"的一系列优势。首先，在整个亚洲天然气市场上，中国已经是天然气生产大国和消费大国，同时也是进口大国；按照中国的中远期规划，未来天然气的增长潜力更为巨大。其次，目前在东亚，只有中国在大规模生产天然气的同时，还是液化天然气（LNG）进口大国。此外，中国是连接中东、中亚和东北亚消费市场的唯一陆上通道，具有明显的区位优势。因此，中国应该以这些优势为出发点，积极开展与亚洲其他主要天然气消费国之间的合作，共同维护亚洲各国在天然气市场方

面的利益，推动区域天然气市场体系的建立，摆脱不公平的天然气溢价，为整个亚洲国家在国际天然气市场上争取公平合理的价格区间。

（三）短期：全面推行居民阶梯气价，后实现价格并轨

在2013年非居民用天然气价格改革基础上，2014年全国各个城市的居民阶梯气价将全面推开。中国进行天然气价改，要在保民生和市场化之间寻求一个平衡点，必须先解决居民阶梯气价的问题，然后才能进行工业用气和居民用气的价格并轨、存量气和增量气两种价格的并轨。按照发改委的预计和设想，未来三年天然气价格可能会一路上涨，到2015年存量气和增量气实现价格接轨，整体气价将与欧盟国家看齐，平均门站价格达到每立方米3~3.5元，平均终端销售价格达到每立方米4~5元。按照这样的设想，未来三年中国天然气门站价格的涨幅可能达到70%~80%，建立理想的“起步价”才能缓解天然气市场的供需矛盾，才能体现天然气作为高效、清洁能源优质优价的市场规律，进而提高能源的利用效率。天然气价格完全市场化是必然的趋势，但也是一个长期的过程，因此，长期要做的就是让天然气价格更加接近市场化。

中国石油企业非油品业务发展策略研究

近些年来，随着中国国民经济的持续稳定发展，人民生活水平蒸蒸日上，高水平、快节奏的生活方式也已成为一种新的潮流和发展方向。面对国内外加油站市场激烈竞争的压力，中国石油企业如果想在市场立于不败之地，必须着重发展新型业务，带动油品销售。油品销售向非油品业务转型势在必行。中国石油企业为了达到由专一的成品油销售转变为综合型服务销售模式，在加油站中全面开展便利店业务。中国石油企业的加油站非油品业务发展处于初级阶段，市场萧条，通过深入分析了中国石油企业的非油品业务经营中存在的问题和借鉴国外的非油品业务经营经验，提出了中国石油企业的非油品业务发展战略和营销策略。

一、国外加油站非油品业务的发展与经验借鉴

（一）美国加油站非油品业务的发展

从20世纪50年代开始后的20年时间里，美国国内大力发展加油站建设，同时经营者为吸引更多顾客，提高销售量，纷纷依托加油站展开与汽车消费相关的非油品业务，一些与汽车用品销售、汽车维护、洗车等相关服务行业相继走进加油站。因非油业务仍处在初步发展阶段，未考虑加油站之间位置差异及商品种类单一，同时尚无标准和规范的管理模式，各项业务还不够成熟。

20世纪70至90年代，美国加油站为避免因成品油消费锐减导致的亏损甚至倒闭，开始在加油站建设非油品便利店，并从简单的商品销售扩展为提供多元化服务。最终伴随对汽车用户的专业服务逐渐转变为服务站，非油业务利润也逐渐超过油品利润。

此外，美国加油站分布相对集中，90%的加油站集中在十字路口，企业形象设计主要在品牌标志、外观装修和颜色中体现，同一石油公司的加油站，也同样各具特色。同一十字路口的多家公司加油站，会自觉选择各自特色化服务，避免无效竞争，有的提供油品销售+便利店服务；有的提供油品销售+修车服务；有

的提供油品销售+尾气检查；有的提供油品销售+汽车清洗（汽车美容）；有的提供油品销售+住宿服务，各种组合不一而同，但都会形成一个相对固定的客户消费群体，即便是在油价波动时期，仍然会有较为稳定的销售业务。

（二）欧洲加油站非油品业务的发展

欧洲非油品业务起步较晚，主要为代理商引进。以英国和德国为例，20世纪70、80年代，英国的大多数石油公司仅提供成品油销售，不提供修车服务。从80年代后期开始，以海湾石油公司（Gulf）、德士古公司（Texaco）、英国石油公司（BP）等为首的公司开始自营加油站，为实现油品、非油品一体化发展，这些企业开始注重便利店经营。

20世纪70年代后原油因国际社会对环境保护重视程度的提高，导致成品油赋税加重，价格飙升，致使加油站利润收到挤压，德国加油站通过便利店的非油业务作为新的利润增长点。如图25所示，在德国加油站的总收入中，油品销售占22.2%，非油品占77.8%（其中便利店50.4%，洗车14.8%，其他12.6%）。

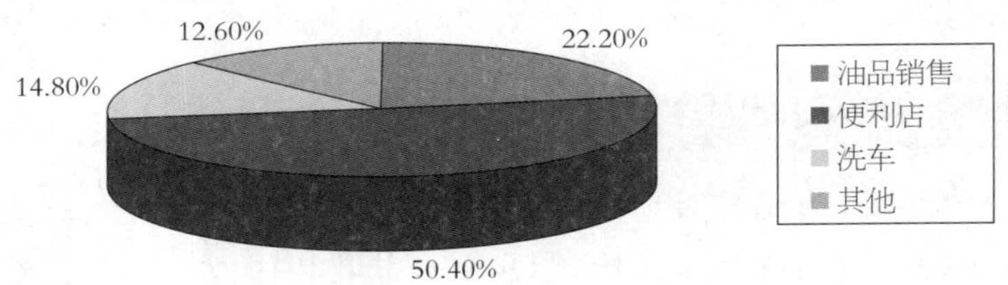

图25　德国加油站利润分布

数据来源：BTG-2004 Annual report

现阶段欧洲的加油站已经突破传统经营格局，加油站便利店已经演变为小型超市，且在各国相当普遍，甚至有些大型加油站专门开设超市业务，现已成为欧洲人日常生活必不可少的一部分。据不完全统计，欧洲开设便利店业务的加油站，有八成以上非油品销售收入达到整体销售收入的30%以上，利润更是占到总利润的40%以上，这一比例还在逐年上升。

（三）日本加油站非油品业务的发展

虽受美国影响，但日本在加油站推行非油品业务还是很快走出了一条自身特色的道路。由于日本自身地域狭小，经济独立性较强，自动贩卖机和餐厅四处可见，不利于便利店的开设。除了由单一加油服务向加油、洗车、便利店和汽车用品销售等多元化服务转变之外，通过营销方式的多样性、灵活性和操作的规范化，尤其是加油IC卡和会员卡的应用，不但吸引顾客，而且进一步规范了内部管理。

（四）国外加油站非油品业务的经验借鉴

在国外非油品的销售已经成为加油站获利的重要手段。国外采用先进的技术和创新的经营模式，为消费者提供优质的综合服务，从而吸引更多的客户，占据更大的市场。这些经验为好难过加油站非油品业务发展提供如下启示：

首先，树立强烈的品牌意识。将加油站转型为涵盖非油业务并能提供优质服务的综合服务站。进行易于识别的形象设计，具体包括门店的招牌、内饰、各项设施和店员服饰等。开展连锁经营，并塑造自己的环保形象，以获得顾客认同。

其实，推行精细管理。一套完整的加油服务站管理内容包括以下几个方面，具体有业务管理、员工管理、企业文化管理、安全环保管理和物流管理等。新增非油品业务后，就应当从上述几个方面入手来加强非油品业务的精细化管理。

再次，建立成熟的非油品业务运营模式。加油站选址时，应考虑周边市场的车流量和需求种类情况，进而设置合理的非油品服务项目，务求科学设计、统一规划。

二、中国石油企业的加油站非油品业务的发展现状及存在问题

（一）中国石油企业的加油站非油品业务产生与演变

国外加油站中的非油业务已经趋于成熟化，其非油业务利润占到营业收入的70%以上，且比重仍持续增大。近几年来，中国石油企业的加油站学习国外加油站经验开展非油业务，在加油站中开设便利店、洗修车等便民服务项目，然而经营状况并不十分理想。综合处于起步阶段、消费观念陈旧、行业间互利共赢等多方面因素考虑，通过借鉴国外先进的发展经验，开展符合国情发展的实地考察，中国石油天然气集团公司、中国石油化工集团公司开展了加油站非油业务。

2007年，中国石油天然气集团公司和中国石油化工集团公司开始高度关注非油业务，并投入上亿资金来发展非油业务，同时增加了非油业务部门的岗位编制，进行单独核算，完善非油业务机制。2010年2月，为促进非油品的销售，中国商务部下发《关于促进加油站非油品业务发展的指导意见》。主要提出根据大环境的转变适当调整非油业务的促销方式，生活节奏与消费观念的不断革新对非

油业务有着巨大影响，例如对非油业务的服务都有着更高、更全面的要求，这会是未来发展非油业务的一个方向。

（二）中国石油天然气集团公司中国石油化工集团公司非油品业务对比

截至2013年，全国共3万多家的中国石油化工集团公司加油站中，已有逾1.9万家开设了易捷便利店。而全国1.9万家中国石油天然气集团公司的加油站中，则有超过1万家开设了昆仑好客便利店（见表5、6）。非油业务的发展前景使石油石化巨头也开始利用自身销售优势特点，将更多商品引进加油站“混搭销售”。无论是便利店还是汽车美容，日益开放的商业形态会将更多方便带给消费者。

表5　便利店开展情况表

公司名称	年份	开展便利店
中国石油天然气集团公司	2002年	初步阶段
中国石油化工集团公司	2003年	初步阶段
中国石油化工集团公司	2009年	1.2万座
中国石油天然气集团公司	2013年	1万座
中国石油化工集团公司	2013年	1.9万座

数据来源：中国石油天然气集团公司和中国石油化工集团公司官方网站

表6　便利店收入对比情况表

公司名称	年份	收入情况
中国石油化工集团公司	2008年	11亿元
中国石油化工集团公司	2011年	82.6亿元
中国石油化工集团公司	2012年	110亿元
中国石油化工集团公司	2013年	200亿元
中国石油化工集团公司	2015年	500亿元
中国石油天然气集团公司	2009年	30亿元
中国石油天然气集团公司	2011年	80亿元
中国石油天然气集团公司	2012年	100亿元
中国石油天然气集团公司	2013年	150亿元
中国石油天然气集团公司	2015年	300亿元

数据来源：中国石油天然气集团公司和中国石油化工集团公司官方网站

（三）中国石油企业的非油品业务的现状与问题分析

横向对比中国石油企业的加油站，针对实际情况了解、分析得出加油站的收入来源大多数依靠油品业务的销售，非油品业务虽已开展，但依旧处于尝试阶段，发展规模较小、种类单一所以无法为公司带来稳定的收益。仅有极少的加油站去尝试发展地磅、餐饮和汽车服务等业务，通过调研，总结得出非油业存在以下问题：

1. 非油品业务发展规划不足：由于加油站功能认识的不全面，导致规划上的疏漏，规划不统一或不够详尽。

2. 非油品业务的发展缺少规范的运作流程：非油品业务尚处于初级阶段，缺少专业的经营方式和运作流程，无法发挥优势；

3. 非油品业务品种单一，非油产品类型需划分：参照发达国家的成功经验，非油业务的发展类型是多种多样的，所以应按照当地物需，增加产品种类，要考虑增设其他配套服务设施，考虑本区域畅销产品或者稀缺产品。

4. 缺乏利用各种业务之间的组合促进作用：油品与非油品经营脱节，没有根据市场节奏，灵活处理油品与非油品之间的关系，没有起到“油非互动”的良好效果。照目前来看，绝大多数的加油站依旧将油品销售与非油业务两者的经营孤立起来，造成了效益的流失。

5. 非油业务场所产品摆放不统一：针对中国国情，根据便利店所在位置不同，分析消费者购物的习惯和心理，考虑商品的性质、用途等多方面的因素来对商品合理摆放，以求给人以舒适、整洁的视觉环境，最为妥当。

6. 加油站员工缺乏经营非油业务的意识和能力：由于缺乏非油业务方面的培训，导致员工还不能较好的调整自身的工作与位置，向顾客促销加油站便利店的产品的意识还很薄弱，工作量较大也是导致员工忽略非油业务的一大关键，由于精力有限，多个岗位的同时兼顾，很难吃消，容易造成精力分散。对非油品业务重视程度不够，在一定程度上影响了非油品业务发展的速度。

三、中国石油企业的非油品业务发展战略与策略建议

（一）中国石油企业的非油品业务发展战略

在国家现有经济发展环境下，用科学的发展战略，引导成品油销售市场的导向。同时引用外国的先进技术和经验，充分利用石油销售可控资源，最大限度发挥销售企业的能动作用，建设更加完善的网络销售模式。持续创新，不断发展，

从而提高销售水平，健全服务种类，在成品油销售的巨大平台上发挥最大销售能力，努力发展新兴业务板块，顺应销售市场发展趋势，最大程度满足消费者多元化需求，为顾客提供更加优质综合性服务，进一步提升销售品牌，提高知名度和市场占有力。应当从以下几个方面进行改进：

1. 品牌战略

坚守自己的品牌，让顾客认可，提升品牌知名度；与地方零售商沟通合作，特别是与知名零售商合作，通过合作促使优劣势互补；培养员工宣传品牌的意识，在提供服务的同时对顾客进行宣传与介绍。

消费者现在看重的就是产品质量和服务，以中国石油天然气集团公司和中国石油化工集团公司为例，它们已经树立了良好的品牌形象，发挥了品牌效应，下一步要推动非油业务品牌，让油品与非油品品牌共同发展，让非油业务的增加来提高原有品牌的知名度，应进一步规划如何品牌进行宣传，对业务主管进行培训，与零售商通力合作，把非油品业务做大做强的同时，将品牌打得更响，让两项业务相互扶持，共同发展。

2. 网络资源战略

目前，中国石油天然气集团公司和中国石油化工集团公司两家拥有全国半数左右的加油站，并在加油站中开展便利店业务。两大石油集团公司都是具有庞大网络资源基础的世界500强企业，发展非油品业务拥有强有力的物质基础。加油站的人流量和车流量都是它们开展非油业务的无形资产，潜藏着巨大的商机。例如，可开展地磅项目、拉卡拉电子支付业务、水电燃气缴费业务、彩票销售业务等。

3. 客户资源战略

相关统计部门调查得知，加油站便利店消费的人群几乎都是来自加油的顾客，根据驾驶员、乘客的消费潜力，对消费群体进行分类，大致分为四类：高收入人群、工薪阶层、低收入人群、零散人群，因此应当根据不同收入来提供不同种类及价格的服务。并且树立“顾客就是上帝的服务理念”，建立顾客联系机制，不断发展客户。

4. 低成本战略

以团购方式，降低购进成本；例如：团购商品的选择需要最大程度的结合顾客的实际需求，给顾客最大的商品选择空间，团购的商品要适合于年节的礼品馈赠，同时不占用便利店货架空间，无保质期限制，顾客携带方便，提升收礼人满意度等特点。由于团购具有需求量大，不占用货架空间等特点，因此能够有效的降低成本，实现利润最大化。

建立非油品统一配送中心，产品统一配送，降低配送运输成本；成立中央仓，降低库存成本；加油站24小时全天候营业，为客户在加油的同时提供水、米、油等较重的生活必需品采购，同时购买好可以直接放到车上，方便、快捷，一站式加油购物的便利性优势明显。利用站内人员，降低人工成本等。

与其他零售业态相比，加油站发展便利店是现有资产的再利用，其显示出的低成本优势明显，通过盘活闲余固定资产发展相关业务，降低资产运营成本。

5. 人才战略

经过近几年国内石油企业的经营与发展，已经认识到非油品业务在加油站销售工作中是不可或缺的一部分，非油品业务是油品销售的发展趋势和提高经济增长点的必然产物。在日常发展业务的同时，发掘人力资源，利用和培养好人才，也是必不可缺的。企业人才是带动油品及非油品利润提升的基础，通过制动人才管理方案，加强员工培训，注重人才激励，利用优秀人才毛加强领导带动力等多方面全面提升加油站人才战略。

（二）中国石油企业的非油品业务营销策略建议

中国石油企业应该进一步提高加油站经济增长点，积极开拓非油品业务。建议石油企业实施以下六种策略。

1. 便利店选址策略

为避免巨大的投资资金的浪费，谨慎的同时更要坚持“方便顾客”的宗旨来选择加油站销量大、客流量大，交通便利，顾客需求量大，闲置空间较大及新建的加油站来进行便利店的投资运营。

（1）加油站销量大、客流量大的地方。这是便利店选址的首要考虑。加油站销量大意味着进站加油的车辆多，人员自然不会少，适合开展便利店业务。再者加油站周边为工厂企业，员工人数较多较为集中，车流量和客流量较大的地方，销售产品越容易，越具备商机，适合做产品推销工作。

（2）交通便利的地方。交通便利决定车流量多少，直接影响油品销量、进站加油车辆数量、影响非油产品宣传和销售。交通便利包括：道路的完整情况、道路的形状、人行横道的方向、人行道的宽窄、停车是否方便等。这些都可能影响消费者是否愿意完成购物的动作。交通便利还能为中央仓为各站配送产品来带便利，这也是影响销量的重大因素。

（3）顾客需求量大的地方。周边没有较强的竞争对手、顾客需求量较为大、周边视野开阔、便利店地理位置明显、标志颜色鲜亮（便于开车司机寻找）、顾客出入方便的地区，便利店选在这样的环境下方便顾客购物，从而可以顺利推动非油业务发展。

（4）有建立便利店的空间。加油站闲置空间大，可以对原有站房进行改造，扩建便利店面积。同时选择好站房位置或者营业室位置适合做产品销售工作，这是个现实的场地问题。

（5）适合销售产品的位置。根据规划部门的要求，积极抓住新加油站的建立，抢占产品零售市场，做到近水楼台先得月的功效。新建加油站站房新、环境幽雅干净、配套设施先进齐全，选择最为适合销售产品的位置建立便利店，包括便利店门的朝向也是至关重要的。

2. 产品策略

由于加油站所处位置的不同，周边配套商业服务设施的不同，以及面对的客户群体的不同，加油站的功能定位也不尽相同。加油站的布阵划分为以下几类：交通要道和市中心地带，郊县及城区边缘地带，高速加油站地带，乡镇、农村加油站地带。通过往来客户的不同群体和收入情况，进而提供不同种档次及价格的服务和商品。

（1）交通要道和市中心地带。消费水平高、居住人群收入水平高，消费者对服务的质量自然也会很高。需提供以下产品和服务：差异化中高档产品（所谓差异化就是与当地较为方便快捷比较容易买到的产品不重复）、产品要求品种齐全（如：香烟、酒水、饮料、糕点、常用品、高档润滑油、汽车用品等）、特色化服务（在加油的同时为顾客挑选所需用品，充分为顾客节省时间）、差异化项目（卡拉卡、取款机、彩票销售、汽车保养、汽车零配件检修、刹车等安全系统的检查、汽车美容、泡沫浴洗车等）、服务项目（棋牌室、会客厅、画展、汽车俱乐部等休闲场所）等适合本地段人群消费的产品，打造精品式加油站。

（2）郊县及城区边缘地带。这一地带人群生活水平一般，收入不是很高，消费者对服务的质量也一般。需提供以下产品和服务：差异化中等档次产品、产品种类适中（如：香烟、矿泉水、瓜子花生、面包、饼干、方便面、火腿肠、卤鸡蛋、冰糕、常用品、中档润滑油、汽车用品等）特色化服务（在加油的同时为顾客挑选所需用品，充分为顾客节省时间）、差异化项目（水电费收取服务、卡拉卡、取款机、彩票销售等）等适合本地段人群消费的产品。

（3）高速加油站地带。这一地带通常是开大车的驾驶员和长途通过的司机及旅客。这一地带消费水平较为复杂，收入水平参差不齐，对服务的要求也不统一。这就要求产品的多样化、服务的精细化。需提供以下产品和服务：不同档次的产品（如湿巾等日用品不可缺少）、优质的服务（由于大部分司机都是跑长途，旅途的艰辛让他们想找到较为舒适的环境、提供开水服务、微波炉加热饭菜服务、舒适的休息服务、报刊杂志服务等缓解司机疲劳）、特色的产品也尤为重要（高速服务区地段客流量比较大，过路车辆往往不是当地的，所以搞些特色产品，销量会更大些）特色服务（轮胎降温、加水等）。例如：据统计，保定徐水高速口处有一家驴肉火烧店，月销驴肉达16,000斤左右。驴肉火烧的价格由3元升到了现在的6元一个，火烧口感没有下降，但火烧大小有所变化。该餐饮店老板从中获得了暴力，建议河北销售下属保定分公司就可以开设一家具有“驴肉火烧”特色的加油站，也根据特色开发自己的饮食品牌。

（4）乡镇、农村加油站地带。消费水平较低，收入水平也比较低，一般以农业为主，车辆也通常为农用车辆。这一地带人群注重的是产品的实惠和价格的低廉。需提供一下产品和服务：低档需求产品、产品种类较少（如：廉价香烟酒水、农药、化肥、菜籽、散装产品、低档润滑油等），对服务质量的要求不是很强烈。

3. 定价策略

价格是产品的核心，是衡量不同消费群体的尺码，也是调节产品流通速度的重要因素。价格策略要求做到价格合理、顾客接受、树立价格形象、体现价格优势。针对不同区域受众实施差异化定价。

（1）城区繁华地段。消费者对产品的价格不是很敏感，按照正常的定价标准稍有上浮，为了方便快捷，此地段消费人群也会欣然接受。可以办理储值加油卡，预知大量资金，稳定客户群体。

（2）郊县及城区边缘地段。这类人群对价格要求不是太高，要与正常定价标准持平，从提高服务入手，得到此地带人群的认可。

（3）高速服务区地段。这一地段人群对产品价格不太了解，通常忙碌的工作使其对价格没有概念，再加上高速服务区运输困难，加上运费等成本，价格稍有上浮消费者是可以接受的。定价的同时要提供舒适快捷的服务来稳定客户。

（4）乡镇、农村地区。这一地区人群对产品价格是最敏感的，石油公司可以跟随成品油销售价格标准，相对下浮，如优惠2%，让消费者感受到实惠，薄利多销带动销售量。

4. 宣传策略

通过广告介绍，宣传册发放，宣传片的播放及员工介绍等多种途径来对顾客进行业务方面的讲解与宣传。

（1）广告效应。加油站营业室、便利店张贴产品介绍或新品介绍广告，通过广告的传播途径，吸引更多消费者入店消费。

（2）宣传册发放。加油站将自己的产品和价格优势，印刷成宣传册为加油的顾客发放，可以为有品位、时间宽裕的消费群体发放，精心设计宣传册封面底面，丰富宣传册内容，宣讲加油站提供的优质产品和便利服务。

（3）宣传片的播放。在加油站罩棚下，安装电子荧屏，可以播放宣传片、讲解油品使用注意事项、驾驶安全宣讲、产品服务介绍等穿插播放。部分加油站有字显屏幕，播放站内优惠措施，显示时间等功能。

5. 促销策略

可以通过价格促销，广告促销，服务人员的推广，将不同因素进行组合营销，网络推广等几个方面来对加油站的业务进行推广，从而推进便利店的商品或服务的促销。

（1）价格促销：将新上市产品、临期产品、滞销产品摆放在便利店最为明显的部位，张贴爆炸式价格标签用价格吸引顾客，其目的就是促进购买欲。使用加油卡储蓄业务赠送临期产品和滞销产品的方式，变相优惠油品价格，使油品销售带动非油品销售。价格促销的任务要下放给各营销点，他们根据自己本店的需求将产品价格上浮或下降1%~2%。

（2）广告促销：开展多媒体广告促销手段，加大宣传力度。建立广告机制，在电视、媒体等媒介发挥广告促销作用，将促销产品和促销活动全面的进行介绍。广告促销是促销产品效果较为显着的方法之一，也是非油品业务的重要组成部分，要按照集团公司部署，不断加强广告促销力度，做好广告促销方案，把广告促销打造成提高销量的最有效平台，不断提升非油品的知名度，带动销量稳步提升。

（3）人员推广：企业安排专职“前庭主管”向有购买欲望的消费者进行产品的介绍、推广，最终完成销售工作。这也是口头洽谈推广产品的一种方式。这种方式不仅能够与顾客更进一步的接触，还能拉近顾客感情，建立良好的买卖环境，给顾客留下更为深刻的印象，这是其他促销方式所不能达到的效果。这种促销方式要求推广人员全面掌握消费者心理和产品详细情况。

（4）组合营销：促销方式还包括组合营销，通过组合营销带动主营业务。此模型强调以各种不同因素的“组合”为途径来实现公司和消费者的目标。组合营销是指利用油、卡、非三者的自身优势，将不同商品进行捆绑组合，从而提升销售的营销方式。

以产业集群视角分析中国页岩气未来发展模式

近几年来，页岩气等非常规油气资源引起了社会的广泛关注。较之常规油气，非常规油气资源储量极大，前景可观。中国作为能源大国，十分重视非常规油气资源的开发。然而，中国页岩气的发展一直未取得突破性进展。

一、页岩气产业集群简述

当今世界，天然气由于其清洁低碳的特点被广泛使用。然而随着天然气资源被大量开采，其资源量逐渐减少，而开发难度与开采成本逐渐上升。因此，原本因成本过高而闲置的页岩气等非常规天然气展现出开发的重要价值。美国成功实现本土页岩气的工业化开采，极大地缓解了能源不足的问题，更是在世界范围内掀起了页岩气等非常规油气的开发热潮。

通过分析可以发现美国页岩气开发成功的因素：政策支持、环境宽松、中小企业积极参与、技术进步等因素。虽然中国政府目前已经积极出台政策扶持，为页岩气等产业发展提供条件，但是由于中国的中小企业实力有限，不具备独立开发页岩气的能力，目前国内页岩气开发仍旧以三大石油集团公司为主。产业集群模式正是着眼于这一点，集合多家中小企业，合力开发页岩气产业，提高参与度，实现技术突破，扫清页岩气发展进程中的障碍。

二、中国页岩气产业发展现状

当前中国页岩气开发已经得到了广泛的重视与支持，但由于中国页岩气产业起步晚，基础差，缺乏核心技术，可谓是机遇与挑战并存。

中国页岩气具有十分可观的开发前景。据研究调查，中国有着极为丰富的页岩气储量，加上页岩气还具有生命周期长，环境效益好等优势，使得页岩气更具开发价值。中国政府也在积极出台优惠政策，大力推进页岩气的开发进程。但是由于中国基本国情与美国有着不小的差异，页岩气产业处于刚起步阶段，资金缺乏、缺少核心技术以及开采过程中环境问题处理不便等问题，开发难度比之美国更大，无法照搬美国的发展模式。由于页岩气的开采难度高，成本不低，多数中小企业也无力参与页岩气的开发，而核心技术上也尚未取得较大突破。

目前，中国主要还是由中国石油天然气集团公司、中国石油化工集团公司和中国海洋石油总公司等大型能源企业进行页岩气勘探开发，主要集中在四川盆地及其他一些地区。通过这些年的努力，中国在页岩气的开发上已经取得了一定的成果，但是制约中国页岩气进步的重要因素仍是开发基础薄弱，缺乏核心技术等。近年来，随着全球页岩气开发浪潮兴起，国际交流不断加深，页岩气的开发又有了新的机遇。

三、页岩气产业集群模式SWOT分析

利用SWOT分析法，从优势（Strengths）、劣势（Weaknesses）、机遇（Opportunities）和威胁（Threats）四个角度分析页岩气产业集群的发展模式，并将各因素综合分析，提出可行的策略。

（一）优势

1. 丰富的资源

根据美国能源信息署（EIA）的最新统计数据显示，当前全球页岩气技术可采资源达189万亿立方米。其中，资源量排名前五位的国家依次为：中国（约占20%），美国（约占13%），阿根廷，墨西哥和南非。根据国土资源部公布的相关数据，中国页岩气的地质储量达到134.42万亿立方米（包括青海和西藏地区），技术可采资源量25.08万亿立方米（包括青海和西藏地区）。巨大的资源支持，为集群发展提供了可观的前景和保障。

2. 成本降低，市场竞争力增强

页岩气从勘探、开采、储运、炼制、石化一直延伸到销售形成一条完整的产业链。而产业链实质上就是上、下游产业的分工。如果建立页岩气产业集群，在集群内部则会实现更加专业化的分工，更有效的信息交流，能够共同协作。而单个生产环节的投入缩小，效率提高。集群内部的协同合作，能大大缩减交易成本、运输成本以及污染处理成本，提升产品的市场竞争力。

3. 带动区域发展

产业集群的建立与发展势必会对区域经济起到拉动作用，而区域经济的发展对产业集群也能起到促进作用，两者相互促进，实现双赢，良性循环。可见，产

业集群发展模式的效益不仅作用于页岩气开发本身。

（二）劣势

1. 资金缺乏

页岩气作为非常规油气资源，在近年来才得到国家重视，相关技术与设施都还不够完善。特别是，天然气这类资源，运输条件有诸多限制，要实现大量生产，就必须配备相应的管道运输网，需要大量的资金投入。这些也正是制约中小企业，使其难以独立开发页岩气的重要因素。同时，由于开采技术的不完善，页岩气的开采成本一直居高不下。除此之外，产业集群建立需要大量用地，在如今地价飞涨的背景下，也不可避免会造成一定的负担。即使产业集群与中小企业相比有更强的实力，资金的问题仍会是一个重要的限制因素。

2. 缺少核心技术

中国目前仍处于页岩气开发的初级阶段，在水平井和压裂技术上还没有取得较大的突破，这极大地影响了页岩气开发的进程，也导致了页岩气的成本居高不下，甚至会影响页岩气的开发前景。根据相关资源显示，美国的页岩气埋藏深度大致在200~2,000m，而中国的四川盆地页岩气的埋藏深度多为1,500~4,000m，且部分页岩气的储藏地区人口密集，灾难频发，开采难度更高。要实现页岩气的产业化，核心技术的突破不可或缺。

3. 缺乏统一的开发标准

虽然中国的页岩气资源总量丰富，但是中国对页岩气开发的地质基础工作薄弱，对中国地质条件下页岩气的富集条件认识不足，缺乏系统的、完善的页岩气评价方法，这无疑极大地影响了页岩气资源评测的可靠性和页岩气可开采性，也导致了中国陷入大量资源储藏无法转化为可采资源的窘境。同时，无可靠的页岩气评测结果，也将给页岩气产业集群区的选址带来不小的困难。

4. 环境威胁

页岩气的开采目前主要还是依靠水力压裂。而水力压裂中产生的返排废水和生产废水等副产品，会对环境造成严重的威胁。集群式的生产虽然可以实现这些污染的统一治理，但随着页岩气产量的扩大，污染治理难度也随之增加了。

5. 中国页岩气产业集群自身存在的问题

页岩气产业集群作为一种资源导向的产业集群，自身也存在一些缺陷。首先，产业链过短，集群间企业竞争过度。页岩气是一种非常规油气资源，制约其发展的主要因素是开采难度与开采成本。而常规的天然气资源在国内已经有了较成熟的供应模式，这就导致了页岩气的产业集群工作主要集中在开采环节，后续的产业链过短，企业之间甚至出现恶性竞争。其次，缺乏创进能力与动力。由于产业集群中多数企业为中小企业，而进行创新往往意味着大量资金投入以及更大的风险，以致很多企业缺乏创新动力与能力，对页岩气的开发也会带来不利的影响。

（三）机遇

1. 政府政策引导与支持

国家与各地方政府的大力支持促进了页岩气产业的发展，为页岩气产业集群的发展提供了条件。“十二五”期间，国家将页岩气作为重点能源矿产进行战略调查和勘查开发，并加大了投融资渠道。国家政策的落实将推动页岩气技术的创新与产业升级，为页岩气产业集群的快速发展提供了动力。与此同时，在国家政策的引导下，各地政府也积极投资基础设施建设并出台优惠政策来推动页岩气产业的发展。目前，在国内页岩气资源富集地区政府已引导建立了多处页岩气产业园，例如重庆将规划打造面积为3,750.5亩的临港页岩气重型装备产业园。据预期产业园区建成后，总产值将达300亿元。

2. 潜在的巨大的市场

中国是能源消耗大国，国内石油及其他能源供应压力日益增重，能源供不应求，天然气价格均价总体呈上升趋势。而对比美国天然气市场由于受页岩气开采量大幅增加的影响，天然气价格继续下降，中国天然气价格超过美国同期价格约50%。这为中国发展页岩气产业提供了机遇。同时，国内能源结构不够合理，清洁能源只占总能源消费的4%，比世界平均水平低约20%。为了减少大气污染，同时缓解石油及其他能源供应的压力，未来中国将重点发展清洁能源，对清洁能源的需求更加旺盛。页岩气作为一种高效清洁的能源，具有极大的市场潜力。

3. 国际交流与合作的加深

国家积极鼓励国内企业加强与国外的页岩气交流，例如拿到国内页岩气开发权的国内企业可以进行国际化合作与联合开发，而国内很多公司也建立了和美国的合作关系，如中国海洋石油总公司在美国休斯顿建立了自己的研发基地。加深国家交流与合作，向美国、加拿大等发达国家学习其商业化运作模式，也为中国页岩气产业模式的发展带来了机遇。

4. 国内相关油气产业经验的积累

中国油气产业在常规油气上积累了宝贵的经验，同时也具有成功建立产业集群模式的经验，国内相关油气产业集群经验的积累将为页岩气产业集群有序发展提供借鉴作用。

（四）威胁

1. 资源的不确定性

虽然根据初步估算，中国的页岩气资源具有相当大的发展潜力，然而到现在为止，中国页岩气资源的整体系统的调查评价工作仍未完成。在全国的页岩气资源潜力及分布特征尚且不清楚的情况下，可开发的页岩气资源量仍存在很大的不确定性。美国在页岩气开发前期进行了大量的资源评价与基础研究工作，极大地促进了美国的页岩气产业发展。相比于美国，中国的页岩气资源普遍埋藏较深，开发更为困难，因此页岩气资源的战略调查与评价工作就显得更重要。但目前中国基础性研究明显滞后于页岩气开发的实际需要，缺乏较为全面的资源调查和评价工作，这在一定程度上制约了页岩气资源的开发。

2. 技术依赖与国外竞争

美国页岩气产业商业化的成功带动全球页岩气产业发展，其页岩气成功开发的关键原因就在于掌握了水平井技术、多段压裂技术、水力压裂等一系列关键技术。页岩气产业属于高新技术产业，对集群的创新能力要求高。而中国页岩气勘探开发还处在探索阶段，对国外技术依赖度高，创新能力较弱，使得集群的持续发展缺乏核心动力。

同时，由于美国拥有商业化运营的经验，在中国页岩气集群发展中，必将面临国外公司的激烈竞争，面临国际市场的冲击。虽然页岩气补贴政策出台，但国内企业由于自身技术空缺未敢进入，真正出手的却是美国页岩气基金，这将不利于中国页岩气产业集群的自主发展。

3. 尚未形成完善的市场服务体系

虽然政府主管部门对页岩气资源开发持开放态度，许多非油气企业以及民间资本也已进入页岩气产业。但总体来看，三大石油集团公司仍然是页岩气勘探开发与技术工程服务的主体，充分的竞争市场尚未形成，市场机制在优化配置资源上的作用受到一定影响，不利于一般资本的进入，与页岩气产业配套的完善的市场体系尚未形成，这将阻碍页岩气产业集群的形成。

4. 管理制度尚未形成规范

尽管现阶段页岩气投资融资制度以及相关的管理制度陆续出台，但能促进产业建设的制度却仍在讨论，投资融资管理体制也较为落后。管理制度和监管政策的不完善，使得页岩气产业集群的形成缺乏动力，因此现在页岩气产业发展多停留在三大石油集团公司的勘探阶段，其他方面进展较慢，不利于形成健康有序的产业集群。因此，相关的管理制度需要改善与落实。

四、页岩气产业集群战略分析

（一）优势—机会战略分析

1. 利用政策的引导与支持，发挥丰富的资源储量以及成本较低、污染更低的优势，大力推进页岩气产业集群的发展与进步。同时，集群发展为当地带来的经济拉动能进一步促使政策向集群发展倾斜。

2. 把握页岩气市场潜力巨大的机会，对其丰富的储量进行开发，并引导开发成本的进一步降低。而集群周边地区也能从中获益，相互促进。

3. 利用日益增多的国际交流与合作，借鉴经验，推进页岩气开发技术进步，成本降低，拉动产业集群的规模与数量的提升。同时，页岩气的开采成本下降，竞争力进一步增强，也能更有效地吸引国内外的投资。

4. 借鉴国内其他资源产业集群的成功经验，结合页岩气的实际情况对丰富的资源进行开发，寻求进一步成本降低、页岩气商品化的途径，并反哺集群地区的经济，相互拉动。

（二）优势—威胁战略分析

1. 以丰富的资源储量为基础，有效利用市场导向作用以及集群对区域经济拉动来引导对页岩气资源的进一步勘探与研究，全面评测中国页岩气的资源现状。

2. 一方面，以广大的资源储量与本土优势为竞争优势与国外竞争；另一方面，在学习国外成功经验的同时，利用集群内部的高效率与更丰富的研发资源，推进核心技术的进步。

3. 丰富的可采资源对资源竞争起到了一定的缓合作用，集群比之于独立的中小企业有更雄厚的实力与更高效的研发环境，使之在市场上拥有更强的竞争力，保证集群能够在市场竞争中立足。

（三）劣势—机会战略分析

1. 充分利用积极的宏观政策所带来的机遇，一方面国家将加大资金的投资，另一方面相关的激励政策也将吸引更多的外来投资，来弥补目前资金缺乏问题，加快核心技术的研发突破，为页岩气产业集群的持续发展提供坚实的后盾。

2. 利用页岩气巨大的市场潜力，有效吸引国内外的投资，带动相关核心技术的进步，推进页岩气资源评测工作的开展与开采标准的确定，以达到推动页岩气产业的开发进程的目标。

3. 通过与美国等已经成功开发页岩气资源的国家进一步的交流合作，借鉴经验，引进先进技术，结合中国国情制定合适的战略，以解决目前资金缺乏，技术落后及污染治理等问题。

4. 在国内相关油气产业集群的开展中，已经积累了一定的实践经验，这些经验对解决页岩气产业集群资金缺乏、恶性竞争等问题，将有很大的帮助。

（四）弱点—威胁战略分析

1. 完善资源评测工作，全面了解中国的页岩气资源现状，有助于吸引更多的投资及确定统一的开采标准，有利于页岩气产业开发后续工作的开展，推动页岩气的发展。

2. 加强页岩气产业的政策扶持力度，出台政策优惠以保护本国页岩气产业，引导页岩气产业集群健康有序的发展。加快核心技术的研发进程，尽快实现核心技术的突破，走出受核心技术限制的困境，摆脱对国外的技术依赖。

3. 完善市场机制，为页岩气产业营造良好的市场氛围，鼓励中小企业参与页岩气开发工作中，解决资金缺乏与研发进度缓慢的问题，实现新的突破。

4. 确定合理的管理制度，对产业集群进行有效的管理，对开发过程中产生污染进行有效地治理，防止集群内部恶性竞争等问题出现，引导产业集群积极创新，高效运行，为页岩气产业的发展进程注入活力。

综上所述，中国页岩气产业集群尚处于探索阶段，一方面具备优势，要把握机遇，而另一方面，仍存在劣势，面临威胁。对于页岩气产业集群的发展，提出优势—机会、劣势—机会、优势—威胁、弱点—威胁四种发展战略。发展页岩气产业集群内部优势的同时要抓住外部机遇，用外部的机遇来弥补自身的劣势，利用自身优势回避或减轻外部威胁所造成的影响，最后克服自身的劣势，回避外部环境威胁。

中国油品质量升级的挑战、机遇及对策

中国气象局的数据显示，2013年全国平均雾霾天数为52年来之最，安徽、湖南、湖北、浙江、江苏等13地均创下“历史纪录”。雾霾天气给大气环境、群众健康、交通安全带来了严重影响，可以说人们是“谈霾色变”。整个2013年，几次大范围的雾霾天气给中国国家的环境问题敲响了警钟。污染排放是雾霾形成和持续的重要因素之一。中国科学院“大气雾霾追因与控制”专项组分布的研究成果称，北京市的PM2.5颗粒成因中，机动车尾气排放占据的比重最大，约占四分之一。油品质量是影响汽车尾气排放的重要因素。油品质量升级可以有效减少尾气排放，有助于防治雾霾天气，改善空气质量。

面对雾霾天气的困扰，中国加快油品质量升级的步伐，2013年2月6日，中国国务院常务会议决定加快油品质量升级。9月10日，国务院印发《关于印发大气污染防治行动计划的通知》，国家发展改革委员会于9月23日印发《关于油品质量升级价格政策有关意见的通知》。明确了油品质量升级时间表，并指出要按照合理补偿成本、优质优价和污染者付费的原则合理确定成品油价格。然而，油品升级之路举步维艰，还面临很多的挑战，当然，也有不少发展机遇，助力企业转型升级。

一、中国油品升级的现状

（一）中国油品升级起步较晚

欧洲对机动车尾气排放控制的管理中，汽车尾气排放控制装置的污染物催化转换率很大程度上受到了汽柴油中硫的含量影响，因而不断提高标准尾气排放标准并在标准颁布和落实过程中提出相应的汽柴油质量要求。中国的机动车尾气排放管理体系参考和借鉴了欧洲的管理经验，特别是对汽柴油硫含量的要求。

在汽油无铅化过程中，虽然1993年石化行业发布《无铅车用汽油》（SH0041-1993），但需要强调的是，这个标准只是行业参照标准，不具备强制实行的法律效力。真正的突破一直到1999年国家质量技术监督局批准的《车用无铅汽油》标准（GB17930–1999）和国家环境保护总局发布的《车用汽油有害物质控制标准》（GWKB1–1999）才实现。而日本在1977年已经提出汽油无铅化，美国、欧洲更是早在1975年便已提出。而在汽油硫含量的要求上，美日欧达到相应标准的年份更是远远超过中国。

在柴油质量标准的规定上，2003年中国才制定了第一个针对汽车用的柴油标准——《车用柴油》（GB/T19147–2003），提出硫含量目标为500ppm，这也是一个推荐性标准，在实际的柴油质量控制中并没有参照该标准。后来在空气污染治理的迫切需求下，国家质量监督检验检疫总局2009年修订了该标准使之上升为强制性的车用柴油标准（GB19147–2009），要求柴油的硫含量降至350ppm。2013年初，国家质量监督检验检疫总局发布的国Ⅳ车用柴油标准要求到2015年硫含量全部低于50ppm，国务院常务会议也提出在2013年6月底前制定发布国Ⅴ车用柴油标准（硫含量10ppm）具体到位期限为2018年1月1日。就算按照国务院的部署，到那时候柴油实现低硫化，中国也将落后欧盟8年、美国10年、日本12年，见表7。

表7　美欧日中达到对应或相当汽油标准的年份

	欧Ⅱ	欧Ⅲ	欧Ⅳ	欧Ⅴ
硫ppm	＜500	＜150	＜50	＜10
美国	1990	2000	2004	计划2017
欧洲	1998	2000	2005	2009
日本	–	1999	2005	2007
中国	2005	2010	计划2014	计划2018

资料来源：中国油气产业发展研究中心

（二）中国油品升级速度较快

中国油品升级虽然起步晚，但油品升级的间隔时间较短。中国从2003年开始做国标油，从“国Ⅰ”升级到2005年的“国Ⅱ”再到2010年的“国Ⅲ”，这些都只用了10年时间。欧盟提出油品升级准确来说是在签订京都议定书之后，从1995年的“欧Ⅰ”标准到2009年的“欧Ⅴ”用了14年时间，如果算上汽油无铅化推进历程，那这个时间更是远远超过中国。而和很多发展中国家想比，中国的油品质量绝对是领先的，泰国和印度的油品质量要求和中国差不多，都是“欧Ⅲ”标准，越南、柬埔寨和菲律宾仍然停留在“欧Ⅱ”标准，不少发展中国家更是只有“欧Ⅰ”标准。所以，客观地说，中国的油品升级速度并不慢，只是环境污染的累积性和雾霾天气的集中爆发使民众产生了如此观点。

（三）柴油升级标准明显滞后

中国直到2009年才制定了强制性的车用柴油标准（GB19147–2009），该标准规定到2011年6月30日硫含量达到“国Ⅲ”标准，但是即使延长两年过渡期，市场上也没能实现所有车辆都用上“国Ⅲ”柴油。中国柴油升级“国Ⅲ”标准比同标准的汽油慢了三年，车用柴油的供应比“国三”尾气排放标准的柴油车慢了至少四年。

不达标到准的柴油也一直阻碍着柴油车排放升级，2004年全国“国Ⅱ”排放标准的柴油车延期4个月执行，2008年全国“国Ⅲ”排放标准的柴油车延期半年执行，而“国Ⅳ”排放标准的轻柴油车被推迟2次，一共1.5年；“国Ⅳ”排放标准的重柴油车更是被推迟3次，具体时间环保部仍未做出。

（四）各地标准参差不齐

北京地区2013年2月执行“京Ⅴ”标准，上海于同年9月规定使用“沪Ⅴ”车用汽油、“国Ⅴ”柴油，同年11月江苏正式执行“苏Ⅴ”标准，浙江、广东的十多个地市也早已实行“国Ⅳ”标准，而此时全国其它地区仍处在“国Ⅲ”标准，甚至更低。当北京市率先执行第五阶段排放标准时，据北京市环保局提供的资料，其周边省市供应的柴油却仍停留在“国Ⅰ”标准（<2,000ppm），这几乎是第五阶段规定的小于500ppm的40倍。

二、油品质量升级的问题及挑战

（一）油品质量升级成本分担机制

中国油品定价机制不够灵活，政府对成品油价格实施定价，油品质量升级的新增成本不能完全向下游传导，仅靠炼厂本身消化，自然会使得炼厂积极性不足。从国Ⅱ到国Ⅲ，再到国Ⅳ和国Ⅴ，脱硫工艺的加工成本在不断增加。与此同时，油品升级往往伴随着油价上涨，如果完全按照成本来核算，油品质量每提升一个层级，每升油价可能上涨0.5元以上。这个上涨幅度如果向下游传导，最后只能由终端消费者接受，可能会遭到很多反对，但如果全部让企业内部消化，企业推动油品升级的积极性难免会受到影响。

从国家发改委的通知可以看到，油品质量升级成本最后由消费者承担约70%~80%；企业自行消化20%~30%。中央财政将按现行油价补贴机制对种粮农民、林业、渔业、城市公交、农村道路客运等困难群体和公益性行业给予补贴；对出租车，在运价调整前，继续由财政给予临时补贴。按照“污染者付费”原则，造成汽车尾气排放污染最主要的两方分别是生产企业和消费者。因此，油品升级增加的成本让消费者承担一部分，炼油企业也承担一部分。

汽车消费仍是少部分人群，消费油品对资源、环境造成影响，应该承担一定成本，但是油品生产企业成本核算是否能够做到公开透明，让消费者明白消费，也是非常重要的方面。这要求价格调整建立在公开的成本监审基础上，推动生产企业真正能够通过提高经营效益赢得比较收益。一般来说，环境问题具有公共属性，政府应该合理补偿成本。但财政收入采用何种补偿方式、补偿多少、补偿在哪个环节、用哪些收入来补偿，需要进行充分论证。欧洲、日本升级汽柴油国标时，往往会对炼油企业有财政或税收倾斜，因此，高标准的油品价格不会增长很多，消费者承担的部分比较小。现在中国的情况是，消费者承担了绝大部分的成本，可能会使升级面临一些问题。因为如果要消费者来承担比例过多的话，终端市场显然更愿意选择价格低廉的低劣品质油品，导致高品质油品推广比较困难。

（二）油品质量升级的资金技术保障

中国油品升级的步伐相对较快，美、欧、日实现汽油无铅化分别用了21年、27年和12年左右的时间，而中国实现汽油无铅化仅用了7年左右的时间，之后每一轮升级时间均与国外相当。如果把中国炼油工业起点较低、结构性矛盾难以调节、满足国内成品油供应不断增长等因素考虑在内，这无形中增加了炼油化工企业的压力。

对于炼油企业来说，油品质量升级最大的障碍是资金，一套装置几亿元的投资使企业压力很大。面对油品质量升级，一般的炼油化工企业可能根本无法负担，这也导致一些民营企业进退困难，而拥有众多炼油厂的中国石油天然气集团公司、中国石油化工集团公司等中央企业也并不轻松。根据加工的原油品质、现有炼厂装置水平以及产品结构的不同来选择适当的脱硫环保新技术改进生产，建设新装置和配套设施，协调不同区域的升级油品供应，这都需要大量的资金保障。从目前的升级时间表来看，时间紧迫，企业施工期集中，而且承包商有限，装置改造难度比较大，企业升级压力不小。

在中国原油对外依存度不断攀升的背景下，进口原油的重质化、高含硫特点，使得炼油企业需快速提高技术水平，引进先进生产设备，也为中国油品质量升级带来一定的技术挑战。除了资金技术压力，炼油化工企业成品油供应能力也将接受考验，生产高标号油品会降低原油产出率。据测算，按照全国1亿吨的催化炼油化工能力，升级后就会少产出500万至600万吨的油品，在一定程度上加大了中国的原油需求量，会进一步提高中国原油对外依存度。

（三）油品质量标准和监管机制

首先，各地油品质量升级进度、标准不同。虽然中国已确定2013年底汽油国四标准过渡期结束，但截至目前，除了北京实行京标五标准，上海和江苏、浙江、广东的十多个地市实行国四标准外，其他地区仍实行国三标准。而柴油因其下游影响面更广，国四标准更迟迟没有推出。结果是北京推广了标准最高的京五汽油，却不能明显感受到由此带来的好处，因为环境污染不分行政区划。

其次，柴油质量标准不一。美国、欧洲等发达国家均对柴油实施统一质量标准。但中国实行“双轨制”，分为普通柴油和车用柴油两种不同的质量标准，普通柴油标准硫含量限值很宽松，且不控制芳烃及多环芳烃含量。实际上，因为价格差异，城市车辆也会使用普通柴油，中国普通柴油用量虽仅占汽柴油总量的三分之一，但其SO2排放量却占80%以上，因此，普通柴油燃烧排放尾气是中国油品使用中SO2等污染排放的绝对大户。

第三，中国成品油产品质量标准由多个部门进行管理。成品油质量标准的制定权由国家标准化管理委员会掌握，而具体负责此项工作的是该委下属的全国石油产品和润滑剂标准化技术委员会，最终标准是由质检总局来发布。目前，成品油质量以技术监督局抽检为主，主要还是依靠企业自律，这就会存在监管真空，一些企业就会钻空子，生产不合格油品。油品检验需要人力、物力和财力，政府监管部门很难做到全检。加强对炼油企业炼油化工、零售环节监管，是此次油品升级过程中的需要重点关注的问题。

三、油品质量升级的政策建议

（一）通过成品油零售价格市场化、减免税收以及碳税的方式

炼油企业承担油品质量升级最直接的成本压力。国家应通过价格改革来化解石油企业成本上升的压力，如成品油零售价格市场化，也可以通过降税等方式减轻企业的成本压力，让企业转嫁到消费者身上的成本压力能够有所缓减。

近年来，中国加快成品油价格形成机制改革，已经取得一定的成效。但在油价高涨的时代，一方面，消费者抱怨高油价，另一方面，大型国有石油企业承担社会责任却没有被认同的抱怨时有耳闻。企业和消费者之间的隔阂，根源在于两者之间没有建立对称的信息通道。消费者是价格的承担者，在价格的制定中相对处于弱势。如果能够通过对企业的有效监管，使信息多的一方和信息少的一方之间的不对称性降低，既能降低政策执行中因社会不理解造成的成本，也有利于真正加快国有企业竞争力的提高。

税负占到汽柴油零售价格的30%左右，包含增值税、消费税、城市维护建设税、教育费附加等，仅以成品油消费税为例，2012年便达到2,811亿元，4年来征收已超过9,000亿元。汽车包含的税费则更多，有生产阶段的增值税、购买阶段的购置税、保有阶段的车船税、使用阶段的路桥费等，其中仅购置税 2012年就有2,228亿元。相关专家表示，以中国石油化工集团公司每年300亿的升级投入来看，如燃油税、购置税各减税5%，便可以抵消该企业油品升级的成本。

油品升级成本补贴可考虑采用差别化方式，补贴更多向柴油倾斜。汽油消费主要用于私家车等小型乘用车，而柴油是大型交通运输工具的主要燃料，一方面，消耗量远高于汽油，改善环境柴油不能不升级，另一方面，中国大量物资运输仍主要依赖货车，柴油价格上升对下游价格传导尤为明显。

不过，在经济增长放缓、税收收入增长下降、税收形势严峻、财政支出压力增大的情况下，以税收优惠促进油品的办法显然只能是一厢情愿。有专家表示，从完成税收的目的性来看，单纯依靠从燃油税和车辆购置税中减免税收的办法降低油品升级成本，不利于整个环境资源税税制的建立和合理化。尤其是车辆购置税，它有自己专门的用途，解决的不是油品升级要解决的问题，油品升级主要是为了降低车辆排放的污染物。应该通过建立合理的碳税制度来调控。多用车，多排放的多缴税；少用车，用好油的少缴税或不缴税。

（二）完善油品升级标准体系和监管体系

为有效改善大气环境，应尽快完善中国油品质量标准体系。首先，将柴油质量标准统一，不再分为普通柴油与车用柴油，增加控制柴油总芳烃限值，降低多环芳烃限值，并加快低硫化步伐。其次，汽油国Ⅴ标准按计划推进低硫化，同时降低烯烃、芳烃含量限值和蒸汽压最高限值。对大气污染严重的中东部大中型城市圈实行差别化管理，对京津冀、长三角、珠三角等大气污染重点控制区域，从减缓光化学烟雾的角度出发，制定更为严格的特别标准限制。

此外，环保部门还应根据油品质量标准体系升级要求，加快修订现有的车用汽油及车用柴油有害物质控制标准，并制定完善各类机动车、船以及航空器等尾气排放标准。国家应采取有效措施，建立油品生产、销售的分类监管体系，强化市售油品质量监督，杜绝低劣油品进入市场。监管部门应该加大抽检力度和范围，并且强化惩罚措施，对于质量不合格产品进入市场，需要加大制裁力度，增加企业违法成本。

（三）加快炼油产业升级改造进程

落实油品质量升级的环境效益，应加快摸清中国现有油品质量现状及生产设备能力状况，找出存在的实际问题，制定油品升级以及降低尾气排放的实施规划，加快现有炼油企业油品升级改造项目的审批进度，促进炼油工业升级改造，做到一次规划、分步实施、分区域管理，加大配套基础研究投入，推进油品升级的技术进步。中国石油天然气集团公司、中国石油化工集团公司等大型企业应结合油品质量升级要求，做好生产装置结构调整的统筹规划，梳理现有企业油品升级存在的问题，从油品升级角度优化新建、扩建炼油项目装置。

跨国油气管道安全运营风险及对策

经过三年艰苦建设，由中国、缅甸、韩国、印度四国六方投资的中缅管道于2013年9月30日正式投产，这是继中哈、中亚、中俄管道建成后的又一条跨国油气管道。至此，中国初步形成了陆上东北、西北、西南和海上四大油气进口战略通道，从根本上改善了中国能源进口方式，有力促进了中国能源消费结构的调整。然而，随着跨国天然气管道的输送量不断增加，跨国管道运输安全的重要性也日益凸显，管道能否安全平稳运行依旧一个重要的话题。

一、跨国油气管道的建设现状

随着中国能源消费总量迅速增加以及油气对外依存度的提高，中国能源供应安全面临着巨大的挑战。为此，中国正大力推行“油气运输渠道多元化”政策，加快建设跨国油气管道，以保障国家能源安全。当前，中国建成或正在建设的跨国油气管道主要有：中俄原油管道；中缅油气管道以及中国—中亚天然气管道，这三大陆上油气管运通道与海上航运通道一起，形成中国油气进口的四大战略通道。

（一）中俄原油管道

中俄原油管道起自俄罗斯远东管道斯科沃罗季诺分输站，经中国黑龙江省和内蒙古自治区13个市、县、区，止于大庆末站。管道全长999.04公里，俄罗斯境内72公里，中国境内927.04公里。2011年，中俄原油管道正式投入运行，按照双方协定，俄罗斯将通过中俄原油管道每年向中国供应1,500万吨原油，合同期20年，这在一定程度上保障了中国东北地区原油供应的稳定。

（二）中亚油气管道

中亚天然气管道起于阿姆河右岸的土库曼斯坦和乌兹别克斯坦边境，经乌兹别克斯坦中部和哈萨克斯坦南部，从阿拉山口进入中国，成为“西气东输二线”。管道全长约一万公里，其中土库曼斯坦境内长188公里，乌兹别克斯坦境内长530

公里，哈萨克斯坦境内长1,300公里，其余约8,000公里位于中国境内。目前，中亚天然气管道A线和B线已经建成并运行，中亚天然气管道C线正在抓紧建设，最终形成多通道、油气并行的输送管网。中哈原油管道总体规划年输油能力为2,000 万吨，西起里海的阿特劳，途经阿克纠宾，终点为中哈边界阿拉山口，全长2,798 公里。管道的前期工程阿特劳—肯基亚克输油管线全长448.8公里，管径610mm，已于2003 年底建成投产，年输油能力为600万吨。

（三）中缅油气管道

中缅油气管道在缅甸境内双管并行，从云南瑞丽进入国内，在贵州安顺实现油气管道分离。中缅原油管道起点是缅甸西海岸的马德岛，终点是重庆市，在缅甸境内全长771公里，国内全长1,631公里，设计年输油能力为2,200万吨。中缅天然气管道起始于缅甸皎漂港，终点为广西市，在缅甸境内全长793公里，国内全长1,727公里，设计年输气能力为120亿立方米。2013年9月30日，中缅天然气管道全线贯通，开始输气，有力的保障中国西南地区油气供应。

二、跨国油气管道安全运营的主要风险

跨国油气管道里程长、范围广，涉及资源出口国、运输途径国和资源进口国等诸多国家和地区，各种势力交错纷杂，共同影响着管道建设和油气的安全供应。跨国油气管道的风险主要来自于地缘政治博弈、经济波动、社会动荡、运营管理协调困难等方面。

（一）地缘政治风险

从地缘政治博弈角度来讲，世界各大国围绕能源为核心的斗争一直都在白热化角逐着。在跨国管道修建过程中，各国对运输线路的争执与分歧就凸显出其背后的政治争夺，而非仅仅对经济利益的考虑。马六甲海峡一直是中国能源运输通道的“咽喉”，是美国遏制中国发展的战略要地。

中缅管道的建成，恰恰在一定程度上突破了这一困境，但是美国不会就此收手，仍会通过经济、军事等手段向缅甸政府施压，通过提高管道运输费用、减少输气量等手段减少中国在该地区油气管道的收益。俄罗斯为了增加自己国家的天然气出口，也会进行施压，最大限度地限制中缅管道的输气量。

此外，中俄原油管道的上游油源也面临日本的直接竞争。日本积极开辟俄罗斯作为其新的油气进口渠道，与中国争夺俄罗斯外输油气资源的同时，极为重视对俄东西伯利亚地区“萨哈林–1号”和“萨哈林–2号”项目的开发。同时，日

本在不断争取与油气资源开发相配套的石油管道项目，比如横跨西伯利亚的石油管道项目。俄罗斯则以谋求与多个国家进行油气合作为目的，努力同亚太地区的多个消费大国营造出一个卖家、多个买家的供求关系，以实现其利益的最大化。因此，中俄原油管道的油源也面临着一定的中断风险。

中亚油气管道也存在与中亚地区其他油气管道争夺资源的问题。在前苏联时代，当时位于中亚的加盟共和国就已铺设了通向欧洲的管道系统，因此向欧洲地区输气一直是中亚国家出口天然气的主要方向。随着中国从中亚天然气管道进口的天然气逐年加大，气源风险也随之提高。

（二）经济安全风险

跨国油气管道的经济风险主要来自于气源国天然气价格上涨、美元贬值、运输国国内通货膨胀等因素导致的管道运输成本费用的增加。中缅油气管道开通后，缅甸每年除获取作为股东的分红外，还将得到大量税收、土地租金、过境费、技术培训基金等费用。一旦缅甸国内经济发生波动，国内通货膨胀加剧，缅甸政府将会通过税收等手段增加跨国管道的相关费用，导致中国进口天然气成本上升，对国内天然气市场造成一定冲击。中亚进口天然气也存在价格过高等问题，而中俄天然气进口谈判一直没有进展，关键原因也在于双方对价格存在争议。

（三）第三方破坏风险

跨国油气管道往往都会穿越安全局势极为复杂的区域，受到分离主义、极端主义和国际恐怖主义等第三方破坏活动的长期袭扰。

中缅跨国油气管道要穿越缅北地区的缅甸民族独立武装势与缅甸政府军的冲突区域，从建设开始，就承受着巨大的安全风险。管道建成后，中缅管道的首要任务就是保证管道的安全平稳运行，通过与缅方加强合作，最大限度地降低由突发袭击事件而引起的天然气供应中断的风险，确保国内稳定供气，维持经济日常运行。

中亚天然气管道经过的区域，当前也存在着非常多的不稳定因素，民族分裂主义，宗教极端主义和国际恐怖主义在这些地区活动猖獗，暴力恐怖事件频频发生。哈萨克斯坦、土库曼斯坦等中亚国家国内面临着非常大的安全隐患。在“经济与和平研究所”发布的全球和平指数（主要包含与邻国的关系、公民相互信任度、重大犯罪发案率和恐怖袭击的可能性等指标）排位榜上，2012年哈萨克斯坦排名第105位，其他中亚国家排名也非常靠后；“经济与和平研究所”发布的全球恐怖主义指数（主要包括恐怖主义事件总数、恐怖事件造成的死亡总人数、恐怖事件造成的受伤总人数、以及估算的因恐怖事件造成的财产损失等指标）排行榜，哈萨克斯坦也排在了第47位。这说明哈萨克斯坦等国国内仍存在着较大的安全威胁，如果这些国家发生不稳定事件，必将影响中亚天然气管道的运营安全。

（四）管理运营风险

从跨国管道的运营管理角度来说，由于跨国油气管道里程长，涉及多个国家和区域，往往由不同国家的多个行政部门共同管理，管理协调起来难度非常大。另外，不同公司的管道运营规章制度也有所差异，员工素质参差不齐，往往会因为员工违规操作和违章行为带来管道泄露爆炸等一系列事故。因此，如何有效的整合各公司管理方式和运营模式，协调统一管理，并严格落实执行，仍是跨国油气管道各运营方需要重点突破的难点。

三、跨国油气管道安全运营的政策建议

面对日益复杂的地缘政治局势和交错纷杂的利益之争，如何确保跨国油气管道的安全稳定运行，保障国家能源安全供应，应从以下几个方面着手：

（一）转变理念，把管道安全运营当作一种生产力

只有跨国油气管道的平稳运营，把天然气由上游市场输送到下游市场，天然气才能真正的实现价值增值和价值传递。因此，应该转变思路，革新理念，把天然气的安全运输当作企业获取收益的动力，而非负担和责任，把跨国油气管道的安全运营看作一个产业来用心经营。

（二）继续推进互利多赢模式

中缅油气管道是一项“四国六方”共同出资建设的国际化项目，其建设投产是互利多赢的模式的成功典范。通过共同出资、利益共享，互利多赢的合作模式，把各参与方捆绑在一起，各方都为了自身利益，尽力维护管道的平稳运行。下一步要继续强化这种合作模式，合理处理各种关系，落实各方责任，最终达到互利共赢、齐头并进的和谐局面。

（三）构建高效的国际协调机制

由于管道运输覆盖区域广阔，涉及多个利益方，面对随时可能发生的突发事件，亟需建立一套高效有力的沟通协调机制，加强与各利益方的沟通与协调，明确处理应急事件的分工与责任，从而积极应对各种不确定因素和突发情况的发生。

（四）建立完善的安全保障体系

加强管道运输安全保障体系的完善与建设，制定配套的危机管理预案和应急处理措施；加大能源战略储备的建设力度，构建煤、气、油互动的战略动用协调机制；提高员工的安全责任意识，强化对管道安全隐患的排查工作，严厉打击破坏管道运输的不法行为。最终，通过各方的不懈努力，确保跨国油气管道平稳运营，维护国家经济安全和社会稳定。

中国海外油气合作的战略选择

1993年，中国石油工业开始实施“走出去”战略。这一年，中国首次成为石油净进口国，中国石油企业首次走出国门探索海外油气勘探开发。目前，中国石油工业“走出去”已经有20年的历史。在这20年的时间里，中国海外油气业务从无到有，从弱到强，规模不断扩大。2012年，三大石油集团公司海外油气权益产量已经接近亿吨，中国原油净进口量已经达到2.7亿吨。通过实施“走出去”，中国获得了丰富的海外油气资源，这不但有效保障了国家能源安全，也成为中国强化国际合作、推动世界经济发展的重要途径。

一、中国海外油气合作的新机遇

中国国内油气供需客观形势决定了中国石油企业必须长期坚持实施“走出去”战略，通过加强国际油气合作加大海外油气资源获取力度。当前，全球经济特别是发达经济体经济复苏缓慢导致其油气消费增速放缓或出现下降；美国页岩油气大规模开采带来“能源独立”使美国对海外油气的依赖性骤然降低；西半球非常规和深水油气成为世界油气供应新的增长极，多重因素使世界油气市场由供需偏紧转换为供应充裕已经成为当前及今后一段时间内的必然趋势。这种全球油气供需格局转换为中国获取海外油气资源带来契机。

中东地区近年来油气勘探活动活跃，伊拉克、东地中海逐渐成为勘探新热点。伊拉克继续推动本国油气行业的发展，扩大油气勘探与开发招标区块，加大了油气工程与建设领域的合作。2013年4月，中国石油天然气集团公司伊拉克哈法亚油田举行二期工程奠基仪式，这标志着哈法亚油田1000万吨产能建设步入关键时期，也表明中石油中东油气合作跨入新阶段。伊朗温和保守派候选人哈桑·鲁哈尼赢得选举，成为新一届总统。伊新政府将用温和的政策作为管理国家的基楚和准则，与世界“5+1”大国达成了伊朗核问题的初步协议，美伊关系迎来新的转机。同时，伊朗积极实施对农业、工业和矿业的免税政策，拟采用产品分成合同吸引外国投资。

东非油气大发现吸引了全球石油企业的投资热情。2012年起，肯尼亚的石油储量已至少吸引了23家国际巨头，正在引领新一轮非洲油气大开发。2013年3月16日，中国石油天然气集团公司收购意大利埃尼集团全资子公司埃尼东非公司28.57%的股权，从而间接获得非洲莫桑比克4区块项目20%的权益，开启了进军东非油气上游市场的新时代。

中俄油气合作取得突破性进展，中国与中亚油气合作进入重大战略机遇期。新普京时代俄罗斯加快能源战略调整，贸易中心逐步东移，中俄油气合作出现新的机遇期，并逐步由油气贸易扩展到上下游领域的全方位合作。2013年6月21日，在俄罗斯总统普京和中国国务院副总理张高丽的见证下，两国石油公司签署了2,700亿美元的对华长期供应原油协议。9月，国家主席习近平出访中亚五国和俄罗斯，先后与土库曼斯坦、俄罗斯、哈萨克斯坦、乌兹别克斯坦等元首共同见证一系列油气合作协议的签署和工程投产，并做出复兴丝绸之路和建设丝绸之路经济带的重要指示。此外，中国加快了进军蒙古国内的油气上游开发领域的步伐，中国石油天然气集团公司与蒙古达成石油勘探协议，将牵头蒙古石油与天然气的勘探开发工作。

中国在美洲地区的油气投资再创新高。美洲地区油气资源国继续推进油气领域的对外合作，并且逐步放宽对油气资源的国有控制。委内瑞拉积极探索新的对外合作方式，试图通过修改合同条款、创新合同模式来放宽油气领域的合作政策；巴西举行第11轮和12轮油气招标，并适当降低政府利润油比例；墨西哥通过能源改革法案，将通过石油工业改革和对外开放吸引更多外国资本和私人资本进入油气领域；在博鳌亚洲论坛2013年年会期间，墨西哥国家石油公司与中国石油化工集团公司签署了两年期的供油协议，供油量由每月5万桶猛增到每天3万桶。此外，北美液化天然气（LNG）产业发展迅猛，2013年5月美国能源部批准德克萨斯周液化天然气（LNG）出口项目，预示着美国天然气出口政策将逐步放宽，为中美液化天然气（LNG）合作奠定了新的基础。

亚太地区仍是中国天然气的对外合作的目标区域。2013年9月，中缅油气管道建成投产，每年能向国内输送120亿立方米天然气，2,200万吨的原油，成为中国又一条非常重要的能源战略通道。中国收购澳大利亚液化天然气（LNG）项目继续深入推进，2013年2月21日，中国石油天然气集团公司自美国康菲石油公司手中购得部分资产权益，包括西澳大利亚的波塞冬（Poseidon）项目20%权益以及陆上凯宁（Canning）盆地页岩气项目29%权益，为中国海上战略通道提供了资源保障。

二、中国海外油气合作存在的挑战

2013年全球经济增长动力依旧乏力，海外的主要的油气合作区域仍处于的大动荡、大调整、大变革时期，政治经济局势复杂多变，给中国石油企业"走出去"带来了巨大的风险和挑战。

（一）以能源为核心的政治博弈愈加激烈

当前国际上围绕油气资源展开的竞争愈演愈烈，已经远超出了商业的竞争，成为各国经济、军事、政治争斗的筹码。争夺的焦点主要集中在中东、非洲等地区，尤其中东地区的石油争夺最为激烈。西方经济发达国家为了打压和排挤中国石油企业，鼓吹的所谓"中国石油威胁论"，造成了石油竞争的不公正因素，也客观上加大了中国石油企业在"走出去"战略中的市场风险。

（二）油气资源国政治经济局势持续动荡

世界石油资源最丰富的地区，也是政局最不稳定、最为复杂的地区。由于政局动荡造成政府更迭频繁，使对国外投资者的政策法规不连贯，加大了海外投资的风险变数。而且，当外国石油公司的经营理念与所在国的国家利益目标不一致时，资源国就会动用外贸、财政、国际收支与汇率、经济保护主义等政策，甚至不惜对法律法规、以及油气合同条款进行更改，以限制跨国公司的经营。

（三）油气资源国国有化浪潮继续蔓延

资源国家的石油国有化运动必然会造成世界石油市场的重新洗牌。由于部分产油国的政局不太稳定，法律尚不健全，能否真正遵守舍约、保护外国企业的资产还是一个未知数。拉美地区掀起的国有化浪潮，通过修改合同条款，改变合作模式等方式损害到中国石油企业在这些国家的产权，从而影响投资和生产计划，问题严重还导致中国石油企业以前的投资遭受损失。

（四）国外合作区块投资成本持续升高

资源国对外合作较好的油田区块大部分已经被西方跨国石油公司和本国石油公司所占据。剩余推出的合作区块大多都位于地质条件比较复杂的陆上油田、技术设备要求较高的深海油田以及含水量较高、增产潜力小的老油田。这些油田对技术要求较高，投入成本大，经济效益差。而且，部分资源国对于油气合作条款要求愈加苛刻，管理协调难度大，一定程度上增加了中国石油企业"走出去"的管理和运营风险。

三、中国海外油气合作的战略选择

在新的形势下，中国石油企业深入继续推进“走出去”战略，加大海外油气资源合作，应从以下几点着手：

1. 把握主动

除了传统油气出口国外，美国由于本土气价太低已经计划出口约4,500万吨/年的液化天然气（LNG），加拿大受到美国能源独立的影响也急于为本土油气寻找新的买家，全球油气市场卖方之间的竞争越来越激烈，而中国巨大的油气消费潜力已经成为这些卖家的重要目标。这意味着中国油气进口来源将更加丰富，从而能为国际油气贸易赢取主动权。中国应当把握主动，积极与这些潜在的油气出口国进行沟通合作，分散油气进口渠道，有效降低进口风险。中国利用俄罗斯在欧洲天然气销售受阻的有利时机深化中俄油气合作，不但从俄罗斯获得稳定的油气供应，也强化了双方战略伙伴关系。尽管美国液化天然气（LNG）出口对象主要为日韩，但中国完全可以通过坦诚沟通，实现从美国引入液化天然气（LNG）资源。由于进口来源不断丰富，买方实力的增强使中国在价格谈判中更具优势，对于与俄罗斯谈判天然气价格十分有利。另外，世界经济不景气使很多油气资源国都愿意吸引外资开采本国油气资源，在2013年10月份召开的世界能源大会上，加拿大和巴西都表示愿意外国资本参与其国内的油气资源勘探开发，这为中国石油企业创造了更多海外投资机会。尽管中国已经在西半球拥有不少油气项目，但机会之门再次打开为中国深入西半球，获得更加优质的海外油气资产提供了便利。

2. 有进有退。

石油工业“走出去”20年，中国石油企业海外投资已经遍布世界各地，但海外资产盈利性不好已经成为一个普遍的问题。海外资产质量不高，与资源国各种苛刻的条件有关，更与对资产评估不够、存在重规模轻质量等理念有关。在世界油气供应充裕，全球油气贸易高度发达的形势下，国内油气供需缺口可以通过国际贸易填补，并不需要海外项目生产的油气“补贴家用”，因此海外资产增强获利能力便成为海外投资的重要方面。这就要求海外油气投资应当从机遇型投资转向战略型投资，制定规划统筹考虑海外油气资产的获取与布局，避免遇到优质资产时的准备不足。应当从只进不出转向有进有出，制定合理的止损机制和容错机制，既不经济又不符合战略需求的资产一定要退出。应当加强对现有资产的运营管理，特别是作为非作业者时要通过合理的途径强化对资产运营的参与程度，避免因信息不对称、对制度不了解等非正常因素导致的损失。

3. 抱团取暖

抱团取暖的言外之意就是加强合作。海外油气并购风险高，资源国要求苛刻，获取相对优质的资源更是难上加难。撇开不可控因素，绝对实力则是进行成功海外油气投资的关键因素。尽管合作投资海外油气并不是必要方式，但却是增强实力、降低风险的有效手段，也是相互学习和促进的重要机遇。中国三大石油集团公司是中国油气海外投资的主要参与者，但相互间合作进行海外投资的案例并不多。当面对一些风险较大、实力要求较高的海外油气资产，三大石油集团公司完全可以通过相互合作获得共赢机会。中国石油天然气集团公司和中国海洋石油总公司联合其他国际石油公司成功中标巴西深水利布拉油田，定会成为中国石油企业相互合作的典范。

随着中国油气工业“走出去”规模越来越大，中国承担的责任也将越来越重。在逐步实现“能源独立”特别是油气独立后，由于受到债务危机和财政赤字的影响，美国降低或者减少对传统油气资源地区的力量存在变得极为可能，然而美国力量的存在却是维护这些地区和平稳定的重要因素。一旦美国实施战略收缩变成现实，仍然对这些油气产区高度依赖的中国理应填补美国留下来的空缺，承担更大的国际责任。

中美页岩气合作现状及建议

中国是亚太地区经济和能源需求增速最快的国家，能源供需缺口巨大，在国家“十二五”规划中，页岩气已被列为新能源开发的重点。而美国是世界上最早对页岩气资源进行研究和勘探开发的国家，技术成熟，管网设施完善，并且已经实现了页岩气的大规模商业性开采。中美两国在页岩气方面存在巨大的合作空间，可以通过互信合作实现共赢。

一、中美页岩气合作现状

作为天然气的一个重要来源，页岩气的开发热潮日渐升温。与美国相似，中国也有着巨大的页岩气储量，2011年，国土资源部启动了“全国页岩气资源潜力调查评价及有利区优选”项目，经过初步调查评价，得出中国页岩气地质资源潜力为134.42万亿立方米（不含青藏区）。但中国在页岩气开发方面经验缺乏、技术积累较少。而美国是唯一大规模实现页岩气商业化开采的国家，技术先进，商业模式成熟。通过与美国合作，包括政府以及石油公司间的合作，中国可学习到相关技术，为国内页岩气开采做准备。

目前，中美政府间已就页岩气合作达成了部分协议。2009年，美国总统奥巴马访华期间，国家能源局与美国国务院签署了《关于页岩气合作的谅解备忘录》。2010年，在美国召开第五次中美能源政策对话和第十届中美油气工业论坛，议程以开发页岩气为主。2012年初，中美政府间首个页岩气合作项目完成。2013年，中美就加强能源和气候变化方面的合作进行磋商，发布了《关于加强中美经济关系的联合情况说明》，中方将欢迎国内、国际私营企业和投资者参与页岩气勘探开发，美方则承诺和中方开展技术、标准、政策等多方面合作，并促进中方完善有关监管框架，促进中国页岩气勘探开发的健康、快速发展。近年来，三大石油集团公司也相继与美国的石油公司开展了页岩气合作项目。中国石油天然气集团公司先后与美国新田石油公司（Newfield）、美国RPC公司、美国康菲石油签署页岩气合作协议；中国海洋石油总公司则多次与美国第二大天然气生产商切萨皮克能源公司合作，收购其页岩气项目；中国石油化工集团公司先后与美国雪佛龙公司、美国康菲石油开展页岩气合作项目以及收购美国德文公司页岩气项目权益。

然而，从目前中美页岩气合作现状来看，合作的形式过于单一，合作的效果也远远没有达到双方的预期。

二、中美页岩气合作符合双边利益

美国是页岩气开发最早并且已实现商业化开采的国家，无论是技术上还是经验上都是领先者。在中国，页岩气资源丰富，其开发对于满足能源需求、保证国家能源安全和改善能源结构、提高能源利用效率均意义重大。如何借鉴美国成熟的技术和经验以实现大规模开发，是一个重大问题。

中国地质条件较美国复杂，美国页岩气深埋范围一般在1,000~3,500米，而中国页岩气深埋小于3,000米的范围很少，部分深埋超过5,000米，适用于中国复杂页岩气地质构造条件的技术体系还未形成。美国页岩气市场化程度比较高，技术分散在众多中小企业手中，中国企业可以围绕制约页岩气发展的关键技术，通过选择与具有一定技术实力的公司进行合作，提高自身页岩气开发的技术水平和研发能力。表8中列示了中美在页岩气勘探开发主要环节关键技术的比较。从表中可以看出，中国在常规油气开采方面技术较为成熟，但在页岩气领域与美国差距很大（见表8）。

表8　　中美页岩气勘探开发主要环节关键技术比较

环节	技术	中国技术成熟度	美国技术成熟度	差距
勘探	微地震监测技术	尚待从设备和工艺两方面大力推进	CGGVeritas、Schlumberger、Baker Hughes、Halliburton等多家公司已有微地震技术服务	目前，中国页岩气地震识别、综合预测及储层改造监测都尚处于摸索阶段
钻井及测井	水平钻井	在常规油气开采领域应用成熟，刚开始应用于页岩气	在常规和非常规领域应用均成熟；上百家公司均可做水平钻井服务	中国将其用于页岩气这一新领域需要大量测试与实践

续表

环节	技术	中国技术成熟度	美国技术成熟度	差距
	随钻测井	“十一五”期间，中油测井公司研制出多种测井仪器的随钻测井系统，形成多参数地层评价随钻测井技术，填补国内空白	Atlas INIEQ公司、Halliburton、Schlumberger等均掌握着国际上较为先进的随钻测井技术	尽管取得一些突破，但目前中国处于刚刚起步阶段，普及率不高，某些关键设备尚待配套
	地质导向系统	成功研制了CGDS-1近钻头地质导向钻井系统	包括美国在内的5个国家的石油公司形成了旋转导向钻井现场应用技术	该技术虽然在中国实验室研发得到突破，但基本未实现技术的实际应用和设备国产化，仍需引进或租用国外的设备
井下作业	水力压裂	在常规油气开采领域应用成熟	在多种领域应用均成熟；多家公司可以做针对页岩气的分段压裂服务，多者可达20余段的压裂	目前中国主要能实现“6-7段”压裂，高于10段的压裂存在技术困难，某些关键技术尚待配套
	压裂液等化学剂配方	对致密储层的压裂液已臻成熟，但对页岩气尚待探索	能够根据不同区块、不同地层实现有针对性的工艺体系	对中国来说，针对不同地区、层系的配套压裂工艺体系还要在大量实践基础上逐渐形成

资料来源：中国能源网

对美国来说，中国页岩气工程技术服务市场存在巨大的合作空间。美国页岩气领域的优秀的初创企业囿于美国繁杂的法律环境和环保安全要求而难以发展，还有一些技术由于在美国本土成本太高而无法商业化，当他们看到了中国丰富的页岩气资源，便纷纷产生到中国发展的意愿。有些企业，通过和中国企业进行合作实验，完善了原有技术，而技术一旦成熟，便可以实现利益共享。

三、加强中美页岩气合作的建议

（一）以市场换技术、取经验

中美两国页岩气领域的合作空间巨大，双方的合作意愿日渐强烈。但对于页岩气合作，中美双方仍心存顾虑。因为对于美国而言，中国既是重要的合作伙伴，但同时也是竞争对手。双方站在不同的利益立场，中美合作的实质性进展受到影响，合作的现状也与中方的愿景差距很大。美国企业希望政府通过技术输出以赢得中国市场，因为中国天然气井口价为3元/立方米，而在美国仅为1元/立方米左右，利润空间显而易见。但美国政府对于高端技术输出始终抱着一种比较保守的态度。而中国国内的油气领域开放程度不够，自然也不利于促进企业在技术水平上的提升。两国要想真正实现合作，必须建立良好的互信基础，解决各自的合作障碍。中国要出台政策，提高市场开放程度，产生足够的利益驱动力，并且尽快在管理水平上与世界接轨。美国在中国市场获取利益的同时，理应放弃片面的技术保护主义政策，以平等的心态同中国开展合作，拿出中国最需要的关键技术，如水力压裂技术等。只有这样，中美页岩气合作才能更好地实现共赢。

（二）寻求更广泛、更平等的多种合作形式

目前，中美页岩气合作方式比较单一，仅限于官方的协议签订、中国油气公司入股美国油气公司、美国油气公司和油田服务公司参与中方页岩气开发项目等，合作模式政治化、官方化、大型化。中美两国应该开展更为广泛的合作，合作方式可以向商业化、民间化、小型化发展，弥补单一合作形式下的不足。比如，加强中美高校间的合作，从人才培养着手，进而促进技术的引进和在中国的实际应用。中国应该充分利用知识、信息、创新能力，和传统的自然资源软硬两种资源，更加注重能源软实力的提升，在走出去的同时，能够把美国的好经验、强技术引进来，把软资源不断强化，使之早日转化成中国在国际合作与竞争中的比较优势。当然，所有的合作要想取得实质性进展，互信才是关键。

（三）借鉴美国经验、注重安全和环保

中国页岩气开发面临着比美国更大的空气污染和水污染风险，因为中国页岩气矿床含有更多的硫化氢，而硫化氢是一种有毒气体。美国的环境影响研究表明：完善的设备和最佳操作方案对于限制逸出气体和保护地下水具有关键作用。《美中页岩气合作倡议》中提出在中美页岩气合作中，美国要为中国的页岩气开发提供包括安全和环境保护在内的技术帮助。现在中国已经完成了最初的勘探阶段，应当借鉴美国页岩气开发的历史经验，在合作中力求学习美国在环境保护方面的技术方法，采用最佳方案捕获温室气体，降低温室气体排放。如果页岩气开发导致严重的地下水污染，可能会给中国经济带来重创，也有可能招致美国国内民众对于水力压裂开采技术的反对。因此，中美双方在页岩气合作过程中，要在安全和环境保护方面共同作出努力，更好地实现双赢。

中非油气合作现状与展望

尼日利亚、阿尔及利亚、安哥拉、利比亚、埃及是非洲五大产油国，阿尔及利亚、埃及、尼日利亚是非洲三大产气国。近年来，非洲油气资源探明储量快速增长，不仅在北非、西非等传统产油区获得重要进展，而且在东非、非洲内陆以及南部非洲都取得重要突破。非洲在全球能源供应格局中的地位大幅度提升。据2013年BP能源统计年鉴称，截至2012年底，非洲已探明石油储量增至1303亿桶，占全球已探明储量的7.8%，储采比37.7，原油产量主要集中在利比亚（2.9%）和尼日利亚（2.2%）。此外，非洲国家还有丰富的天然气资源，2012年底，非洲探明天然气总量为14.5万亿立方米，占世界总探明储量的7.7%，储采比高达67.1。天然气资源主要集中在阿尔及利亚（2.4%）和尼日利亚（2.8%）。非洲油气资源探明储量快速增长，前景广阔。不仅在北非、西非等传统产油区不断有新资源发现，而且在东非、非洲内陆以及南部非洲也有大量的能源发现。

非洲油气资源的快速发展引起世界广泛关注。作为中国第二大石油进口来源地和最大的海外份额油来源地，非洲既是未来保障中国油气安全的主要地区，又是中国石油企业“走出去”的主战场之一。与此同时，西方国家也加紧对非洲油气资源的争夺，非洲油气市场竞争激烈。中国石油企业进军非洲油气领域面临严峻的考验。

一、非洲能源新格局

相比中东不稳定的政治局势，非洲地区的油气资源较为安全；加之与欧美市场的距离优势以及非洲国家在油气领域的招商引资政策，非洲油气市场吸引众多国家进入。美国加强与非洲开展油气项目的合作，包括埃克森美孚公司、雪佛龙公司、埃索石油公司康菲、赫斯（HESS）、丹文等纷纷进入非洲市场；欧盟则利用历史殖民优势强势进军非洲市场，争夺油气利益，包括英荷壳牌公司、法国道达尔等石油巨头也大笔投资非洲油气项目；日本高度依赖政治外交与非洲展开油气资源合作，以降低油气供应风险。包括日本政府与毛里塔尼亚、乍得、阿尔及利亚、埃及、安哥拉、加蓬、刚果等国开展合作；以中国、马拉西亚和印度为代表的新兴国家的国家石油公司也纷纷加入非洲国家的油气合作项目。非洲油气市场竞争激烈。

二、中国与非洲油气合作现状

随着中非经贸关系的快速发展，双方在油气领域的合作也日益密切，中国与苏丹、尼日利亚、阿尔及利亚、利比亚、安哥拉、加蓬、赤道几内亚、刚果（布）这8个国家在石油和天然气的开发利用方面建立良好合作关系。

（一）中国与苏丹的合作

中国已在苏丹投资150亿美元，拥有1/2/4区、3/7区、6区、15区4个上游投资项目，另外还投资建设了喀土穆炼油项目、喀土穆化工项目、石化贸易项目等3个下游项目，逐步形成一个集生产、精炼、运输、销售于一体，包括上、中、下游的完整的石油工业产业链。

（二）中国与尼日利亚的合作

2002年，中国三大国有石油企业陆续获得石油领域生产权益。中国进入尼日利亚油气领域时间较晚。中国石油化工集团公司获得乍得盆地第64、66区块的勘探权；中国海洋石油总公司收购尼日尔三角洲ML130区块45%的权益；中国石油天然气集团公司获得杜纳炼油厂51%的股份，并修建炼厂。

（三）中国与阿尔及利亚的合作

中国石油企业在阿石油合作项目已达到7个，主要包括中国石油化工集团公司的扎尔扎亭（Zarzaitin）油田提高采收率工程、中国石油天然气集团公司的阿德拉尔（Adrar）上下游一体化项目、谢里夫（Cheliff）盆地112/102A区块和乌埃德姆亚（Oued Mya）盆地350区块的油气勘探项目、438B区块油气勘探项目、Octouat油田设计服务项目和斯基克达（Skikda）凝析油炼油厂建设项目等。

（四）中国与利比亚的合作

中国与利比亚在油气领域也开展广泛合作。包括：中国石油天然气集团公司和中国海洋石油总公司在利比亚开展区块建设、管道铺设、石油勘探、钻井、测井等业务。近年来，中国石油企业先后承包利比亚西部油气双线管道工程建设项目、727石油管道工程、Zueitina输气管道项目等。

（五）中国与安哥拉的合作

投资安哥拉油气领域的中国公司多为国有企业，主要集中在石油、基础建设等领域。其中有中国石油化工集团公司与安哥拉石油国际公司合资组建石油公司，收购马拉松石油公司在安哥拉第32区块20%的权益。

（六）中国与加蓬的合作

中国与加蓬开展油气领域合作，中国石油化工集团公司与加蓬政府签订了就距离蒂尔港东南200公里海域的三个区块进行技术评估的协议；中国石油化工集团公司下属的联合石化公司与道达尔—加蓬（TotalGabon）签署了在石油勘探开发方面进行合作的意向书和石油输出合同协议，可从加蓬直接进口石油。

（七）中国与赤道几内亚的合作

2006年，中国海洋石油总公司签署赤道几内亚S区块的石油合同；2007年，中国石油天然气集团公司与赤道几内亚国家石油公司、尼日利亚FRUITEX公司共同签署石油区块购买协议。此外，中国石油天然气集团公司、中国海洋石油总公司与几内亚政府就几内亚湾的油气作业签署有关协议。

（八）中国与刚果（布）的合作

2004年，中国与刚果（布）签订一份每年购买100万吨石油的协议，大量吸收刚果石油，这一数量占刚果（布）石油年产量的10%。按照协议，中国石油企业可以进入刚果（布）的石油开采和炼油领域。

三、中国在非洲油气项目的风险分析

非洲已成为中国第二大石油进口来源地和最大的海外份额油来源地。获取非洲石油资源是中国海外能源供应多元化战略的重要组成部分。非洲石油储量和产量不断增加使其在全球能源格局中地位大幅提升，非洲油气市场上大国之间也展开了激烈竞争，这也增加中国石油企业进入非洲油气市场的难度。此外，中非油气合作中还需考虑非洲国内局势变化。

（一）非洲地区政治风险不稳定，增加油气项目投资风险

非洲国家局势发展错综复杂，部族、种族、宗教及地区冲突、局部冲突、政府腐败等问题严重，长期受殖民主义统治影响，导致非洲国家面临较大的政治风险。苏丹达尔富尔战乱、索马里地区战争、利比亚内战等直接影响非洲整个地区的政局稳定性，增加海外油气项目风险。非洲地区的政治风险给中国在非洲的能源资源寻求及其他经济活动带来巨大威胁。2013年，南苏丹支持苏丹境内叛军问

题使得苏丹政府严令禁止南苏丹使用该国管道进行石油出口，直接导致中国石油天然气集团公司油田的停产。南北苏丹政府之间的矛盾直接导致中国在苏丹的项目无法正常运营，投资收益无法收回。

（二）薄弱的经济基础，油气合作收益受损

非洲经济落后，多数国家处于从计划经济向市场经济转轨的过程，经济模式比较单一，基础比较差，市场运作也不规范，包括：非洲国家在制定经济发展政策时不依据国际通用标准；不考虑世界实际情况而制定汇率；对外实行贸易保护主义；对效益低下国有企业给予高度支持。这些政策严重排斥市场化经济，促成非洲经济危机的出现。高物价和高失业率阻碍非洲经济发展。对于非洲经济，总体上可概括为：整体结构的不合理；局部地区及国家之间经济发展的不平衡。经济上的贫困诱发体制上的腐败，许多海外项目因此也受到影响。

（三）法律渊源复杂、标准不一，加大油气项目投资成本

非洲长期的被殖民历史，其法律较多受到宗主国法律的影响。而不同的法律渊源使得整个非洲法律环境复杂。此外，非洲能源资源出口国的制度化程度普遍不高，治国理政水平低下，导致腐败问题极为严重。整个非洲社会，缺少有效的法律制裁体系，易产生汇兑风险和征收风险。对于投资方来说，其权利往往受到非洲国家的地方政府损害。地方政府不直接征用企业的有形财产，而是以种种措施阻碍外国投资者有效控制、使用和处置本企业的财产；政府公私不分，运用政治谋取商业利益。对于进入非洲地区的石油企业而言，因为不熟悉当地法律政策而开展的油气项目，往往需要承担更大的投资成本。如：加蓬政府收回中国石油化工集团公司旗下子公司中国阿达克斯石油运营的主要陆上油田Tsiengui，这不仅耽搁中国石油化工集团公司海外项目进程，增加投资成本，还造成中国石油化工集团公司当日股价下跌。

（四）国际石油公司竞争施压，中国石油企业进入非洲市场难度加大

由于在非洲地区的传统历史及地理优势，西方大国对非洲地区油气资源展开激烈竞争，强势对弱势的排挤，其他国家艰难发展。以美国为主的西方大国未来一段时间内会继续奉行排挤主义，高度戒备中国石油企业进军非洲。国际大公司对于中国石油企业进入非洲市场设置了重重屏障，在资金、技术、设备多方面进行垄断，并对非洲油气区块争夺方面与中国展开激烈的竞争。此外，在外交政策方面也对中国频频施压，以各种外交渠道和方式制衡中非关系。一切都只为获取

更多的非洲油气资源，独占非洲油气利润。

四、中非油气合作展望

油气资源前景广阔的非洲将成为未来中国能源合作的重要地区。尽管非洲许多油气合作项目已经被西方国家所垄断，中国石油企业在非洲面临激烈的竞争，但未来中国将不会放弃在非洲的发展。从新一届领导班子出访非洲来看，中国相当重视与非洲建立合作关系，高层出访为实现中非合作奠定良好的合作基础。未来中国石油企业进入非洲油气市场需要综合考虑非洲各国家的政治、经济、法律环境对油气合作带来的潜在风险，同时还需考虑该地区的其他国际石油公司发展情况。

（一）合作战略本土化发展趋势明显

随着非洲能源战略地位的提升，非洲国家的话语权逐步加大。非洲国家致力于石油工业本土化发展，逐步加强对本国石油工业的控制。对于要走进非洲的中国石油企业而言，需要适应非洲本土化发展国情，入乡随俗的开展油气项目。包括制定与当地经营环境相适应的战略规划、人力资源管理制度等。

（二）与其他石油公司共同开发非洲油气资源

在非洲，中国石油企业不仅面临西方石油巨头公司的激烈竞争，还接受着内部互相争夺油气资源。未来中国石油企业需要联合其他石油公司共同促进中非石油合作。这一方面加强了与竞争对手的合作，增强了资金和技术的竞争力；另一方面减少了直接对抗石油巨头的竞争压力。

（三）中国将加大与大型产油国的合作

中国石油企业在非洲多与苏丹、赤道几内亚、乍得等中小产油国合作。大型产油国的油气投资项目较少。中国石油企业将坚持多国并举路线，加大与大型产油国合作。主要包括与尼日利亚、安哥拉、埃及、阿尔及利亚、利比亚五大产油国的油气合作。这不仅能增加油气供应，保障油气供应安全，还能提高中国石油企业的经济收益。

总体说来，中国在非洲的海外油气项目，未来将以三大国有石油公司为主力进军非洲市场，民营企业也将加入中非海外油气合作项目。在非洲的油气项目尽管面临一些不稳定因素的影响，中国石油企业要进口调整战略，以多样化的合作方式，展开多领域的油气资源合作。从技术、资金、设备、人员等方面进行提升和改进，同时还需要处理好与国际大石油公司之间的关系，尽可能多的采取强强联合共同开发非洲油气资源。要实现未来中非之间油气领域的广泛合作，不仅需要石油企业转变战略，加强自身建设，还需要国家为石油企业“走出去”提供宏观政策支持。

中国进口液化天然气（LNG）安全分析及对策建议

随着城市化水平的提升以及工业的发展，天然气消费量逐渐增加，加上天然气作为燃料具有高效环保的特点，因而中国政府对天然气产业的发展给予了越来越高的重视。为了满足国内不断增加的天然气需求，进口液化天然气（LNG）的贸易量逐年增加，2012年中国液化天然气（LNG）进口量达19.9亿立方米。然而，液化天然气（LNG）进口增加的同时，其潜在的风险问题值得关注。

一、中国进口液化天然气（LNG）发展现状

（一）来源地及数量

2007年中国成为天然气净进口国，此后天然气进口持续增加。2012年中国共计进口液化天然气（LNG）19.9亿立方米，同比增长19.88%，主要来源地包括中东、东南亚、以及澳大利亚。其中，卡塔尔、澳大利亚、印度尼西亚、马来西亚、也门进口的液化天然气（LNG）分别为6.8、4.8、3.3、2.5、0.8亿立方米，分别占总进口量的34.17%、24.12%、16.58%、12.56%、4.02%，卡塔尔成为中国最大的液化天然气（LNG）进口来源国（表9）。根据国家“十二五”规划，到2015年中国天然气市场供应量可望超过2,400亿立方米。

表9　　2012年中国进口液化天然气（LNG）来源地及数量

地区	中东			非洲				东南亚		欧洲	美洲
国家	阿曼	卡塔尔	也门	阿尔及利亚	埃及	尼日利亚	澳大利亚	印度尼西亚	马来西亚	俄罗斯	特立尼达多巴哥
进口量/108m^3	0.1	6.8	0.8	0.1	0.4	0.4	4.8	3.3	2.5	0.5	0.2
合计	7.7			0.9			4.8	5.8		0.5	0.2

数据来源：BP能源统计年鉴（2013）

（二）液化天然气（LNG）运输船

中国液化天然气运输船都由沪东中华造船（集团）有限公司建造，船主为中国液化天然气运输船公司。截止2013年2月14日，全球服役的液化天然气运输船共计361艘，正在建造有79艘。目前，中国有6艘液化天然气运输船服役（表10），分别是大鹏吴液化天然气（LNG）船、大鹏月液化天然气（LNG）船、闽榕液化天然气（LNG）船、闽鹭液化天然气（LNG）船、大鹏星液化天然气（LNG）船、深海液化天然气（LNG）船，占全球总数的1.7%；而正在建造有4艘，占全球总数的5%。

表10　　中国服役的液化天然气（LNG）运输船

船名	交付时间	级别	动力装置	灌数	容量/m^2
大鹏吴	2008.4	AB/CC	蒸汽驱动	4	147,000
大鹏月	2008.8	AB/CC	蒸汽驱动	4	147,000
闽榕	2009.2	AB/CC	蒸汽驱动	4	147,000
闽鹭	2009.8	AB/CC	蒸汽驱动	4	147,000
大鹏星	2009.12	AB/CC	蒸汽驱动	4	147,000
深海	2012.9	AB/CC	蒸汽驱动	4	147,000

数据来源：鲁平.中国LNG海上运输安全评价[D].大连：大连海事大学.2013

（三）基础设施

近几年来，中国加快沿海地区液化天然气（LNG）接收站的建设。目前，国内已建成投运液化天然气（LNG）接收站6座（表11），总接收能力2,130万吨/年。其中深圳大鹏液化天然气（LNG）站是中国第一座投入商业运行的液化天然气（LNG）接收站，一期规模370万吨/年，于2006年投产，二期已扩建至670万吨/年，是目前国内规模最大的接收站。目前核准在建的液化天然气（LNG）接收站有6座，建成后将新增接收能力1750万吨/年。另外，已取得国家发改委“路条”文件同意开展前期工作的还有6座接收站（括号内数字是项目完成时间），分别是天津浮式液化天然气（LNG）接收站（2014年）、天津液化天然气（LNG）接收站（2015年）、福建漳州液化天然气（LNG）接收站（十三五）、广西液化天然气（LNG）接收站（十三五）、连云港液化天然气（LNG）接收站（十三五）、中国海洋石油总公司深圳液化天然气（LNG）接收站（十三五），总能力合计为1,720万吨/年。综合已建和在建项目，预计到“十二五”末中国沿海液化天然气（LNG）接收站总接收能力将达到4,400万吨/年，届时这些接收站将会使沿海液化天然气（LNG）接收站与输送管网成为一个网络系统。

表11　中国运营和在建中的液化天然气（LNG）接收站　单位：百万吨/年

运营中			在建中		
LNG接收站	接收能力	投产年份	LNG接收站	接收能力	投产年份
中海油大鹏	3.8	2006	中海油珠海	3.5	2013
中海油莆田	2.6	2009	中海油深圳	2	2013
中海油上海	3	2010	东莞（JCVO）	0.5	2013
中石油南通	3.5	2011	中石油曹妃甸	3.5	2013
中石油大连	3	2011	中海油海南	2	2014
中海油宁波	3	2012	中石化青岛	3	2014
中海油莆田	2.4	2012	中石化北海	3	2015
总接收能力	21.3	——	总接收能力	17.5	——

数据来源：中国天然气网站

二、中国进口液化天然气（LNG）存在的安全问题

（一）进口气源国单一化

在进口液化天然气（LNG）方面，2009年中国的进口量为19.9亿立方米。气源国已涉及卡塔尔、澳大利亚、印度尼西亚、马来西亚、也门、阿曼等11个国家，呈现多元化的雏形。但从进口量构成看，主要以卡塔尔为主，占进口总量的34.17%，仍然是一支独大的局面。进口气源国的单一化，对于进口国来说，潜在巨大危险。例如2009年初的俄乌“斗气”导致的欧盟“受气”，更充分证明了进口气源单一化的危害性。欧盟国家1/4的天然气需求由俄罗斯供应，而其中80%的天然气必须途经乌克兰。因俄乌“斗气”引起的断气对欧盟18个国家天然气供应造成直接影响，但相比之下，德国、法国、意大利进口大国进口来源多元化，而且这些国家拥有较大的储备量，在俄罗斯向法国供气减少70%、向意大利供气

减少90%、向德国供气量有所减少的情况下，并未对上述3国天然气供应安全造成较大的冲击，相反，还给相邻国家提供了“救急气”；而对俄罗斯天然气依赖程度高且又缺乏其他进口渠道的国家，如保加利亚、克罗地亚和马其顿等，受到的冲击则非常大。目前，欧盟也正在积极寻求新的进口渠道，以逐渐弱化俄罗斯对欧盟天然气供应地位，以防再次受到类似的伤害。

（二）进口成本压力巨大

近几年来，随着进口价、运输费、保险费等进口费用的增加，中国进口液化天然气（LNG）的平均成本不断提高。日本是世界第一大液化天然气（LNG）进口国，进口量为1,188亿立方米，1985~2000年间其进口液化天然气（LNG）的平均成本在4美元左右小幅波动，但进入21世纪以后平均成本呈现快速上升趋势，2000~2012年间由4.72美元增长到16.75美元每百万英热单位，约增长了2.5倍，期间虽受经融危机的影响，2009年平均成本出现了下滑，但之后很快上升（见图26）。由于日本和中国毗邻，在液化天然气（LNG）进口来源地、运输距离以及保险费等方面相似，所以日本进口液化天然气（LNG）平均成本的变化，可以很大程度上反映中国进口液化天然气（LNG）平均成本的变化，因而不难判断中国进口液化天然气（LNG）成本也有了大幅度增长。

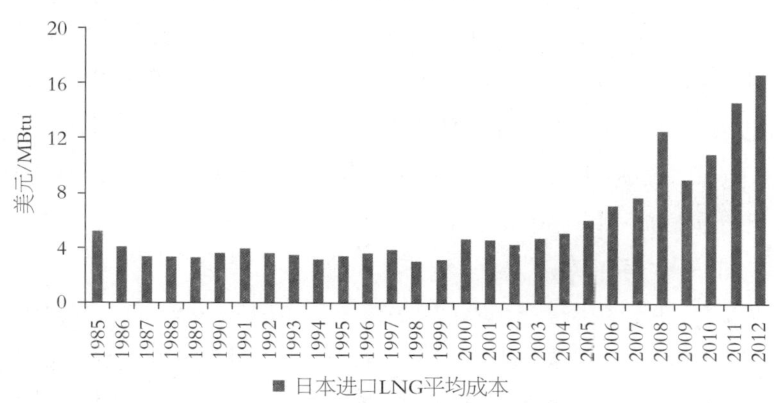

图26 日本进口液化天然气（LNG）平均成本

数据来源：BP能源统计年鉴（2013）

促使液化天然气（LNG）进口成本增加的最主要因素是进口价的提高，而进口价的提高主要源于如下两方面因素。

一方面，液化天然气（LNG）生产成本增加。据BP统计，2012年澳大利亚是中国第二大进口液化天然气（LNG）来源地，对于中国的液化天然气（LNG）

气源稳定性具有关键性作用。然而澳大利亚液化天然气（LNG）项目面临巨大的成本压力。澳大利亚的西北海域蕴藏了巨大气源，然而其水深大部分超过200米，对开采技术要求大，成本高。同时，天然气液化成本也因澳大利亚炎热的气候有所增加。2003年到现在，其价格从3美元每百万英热单位上涨到8~10美元每百万英热单位，翻了数倍。虽与澳大利亚签订的是照付不议协议，但面对澳大利亚液化天然气（LNG）的成本压力，若气源成本继续上升，其是否可以依协议供气有待观察。

另一方面，近年来，国际液化天然气（LNG）市场由买方市场迅速转化为卖方市场，东亚和欧美国家积极争夺液化天然气（LNG）资源，态势愈演愈烈，增加了中国获取液化天然气（LNG）资源的难度。日本和韩国是世界上两个最大的液化天然气（LNG）进口国，购买力强和价格承受力高，经过数十年发展，其液化天然气（LNG）市场已相当成熟。由于它们在20世纪70、80年代所签订的液化天然气（LNG）长期供应合同大部分在2010年前后到期，需要延续和更换，在印度尼西亚减少续签合同量、压缩出口量的形势下，日本和韩国提前推进了到期合同的延期攻势，在不足3年时间内，日本和韩国就分别续签或新签了2,000万吨和600万吨的进口合同。欧洲各国长期以来致力于天然气供应多元化，以降低对俄罗斯的依赖，保障国内能源安全。2006年，俄乌供气出现危机，更加坚定了欧盟各国通过开发利用液化天然气（LNG）来降低对俄气依赖的决心。此外，印度、新加坡等也在积极寻找资源。欧美和东亚国家的合力竞争，导致现在全球液化天然气（LNG）资源供应十分紧张，给中国获取液化天然气（LNG）资源增加了很大难度，进一步提高了液化天然气（LNG）进口成本。

（三）国内运力不足风险

截至2013年2月，中国共有6艘液化天然气（LNG）运输船，与韩国、日本等液化天然气（LNG）进口大国相比，运力不足，韩国服役的液化天然气（LNG）运输船为197艘，是中国的32倍；日本服役的液化天然气（LNG）运输船为96艘，是中国的16倍。

此外，随着中国沿海各液化天然气（LNG）规划项目的实施，中国液化天然气（LNG）进口贸易发展迅速，预计到“十三五”末，液化天然气（LNG）进口量将超过6,000万吨/年，基本形成国内天然气资源与国外液化天然气（LNG）资源相互补充的沿海天然气供应体系，天然气在中国一次能源消费中所占比重将达到10%以上。届时，中国液化天然气（LNG）船队保有规模必须达到50~60艘。

（四）进口液化天然气（LNG）航线单一

目前，中东地区是中国最大的液化天然气（LNG）进口来源地，占了总进口38.69%，其中卡塔尔也是我最大的液化天然气（LNG）进口来源国。目前，全球40.6%的天然气剩余储量在中东地区。中东是未来相当长时间内全球液化天然气（LNG）的重要供应中心。然而，来源于中东的进口液化天然气（LNG）海运高度依赖于马六甲海峡和霍尔木兹海峡。受地缘政治等因素影响，这两个海上通道隐藏了较多不稳定因素。马六甲海峡是连接太平洋和印度洋的重要海运通道，海峡西宽东窄，多岛礁、浅滩，战时极易被封锁。一旦台湾海峡或南海有事，美国很可能通过控制马六甲海峡来切断中国的液化天然气（LNG）进口通道。目前，中国从非洲、中东进口的全部液化天然气（LNG）以及从亚太地区进口的部分液化天然气（LNG）都须经过马六甲海峡海运回国。霍尔木兹海峡是海湾国家出口液化天然气（LNG）的主要通道。假如它被封锁或受到影响，将会影响包括中国在内的整个世界的液化天然气（LNG）供应。该海峡目前存在较多的安全隐患，例如：各种冲突和战争，恐怖主义活动，因水文地质特征而可能造成的海峡航道意外堵塞等等。因此随着对马六甲海峡、霍尔木兹海峡依赖的加深，势必对中国液化天然气（LNG）供给安全造成更大威胁。

（五）海盗袭击频繁出现

最近几年海盗活动频繁，海盗袭击事件时有发生，威胁着中国液化天然气（LNG）运输船的安全。从图27不难看出1995年至2011年全球海盗袭击数量呈现波动上升趋势，在近10年中，2006年次数最少，具体为240起。2009~2011年全球海盗袭击事件均在400起以上，其中2011年更是远超500起，2012年有所回落，但长期来看，受饥饿贫困等因素的影响，海盗袭击还将保持在较高水平。另外，海盗活动范围逐渐扩大，区域更加集中。在2012年全球共发生的341起海盗袭击事件中，非洲占到125起，其次为南中国海的90起。海盗袭击发生的区域仍然集中分布于全球公认的海盗危险海域，其中居于前7位的海域（括号内数字为海盗袭击发生次数）分别为：东非（61）、南中国海（90）、印度洋（33）、西非（64）、南美洲（21）、阿拉伯海（38）、马六甲海峡（24）。

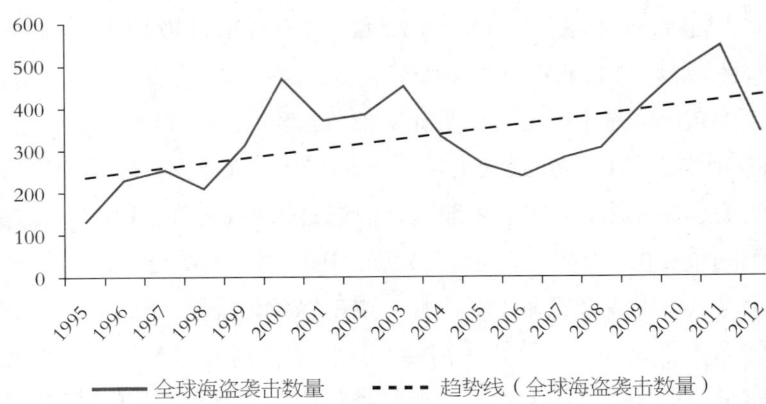

图27　全球海盗袭击数量及其趋势线

数据来源：国际海事组织

三、保障液化天然气（LNG）进口安全的措施建议

（一）推进气源多元化，实现平稳均衡发展

中国液化天然气（LNG）进口过度集中于中东等不稳定的地区，随着进口规模越来越大，为了降低液化天然气（LNG）进口风险，就必须实施液化天然气（LNG）进口地多元化。首先，中东地区天然气资源丰富，开采较容易，成本也较低，目前要大量减少中东天然气进口并不现实，但可以适当控制其比重。其次，北美洲天然气资源也非常丰富，其中美国在“页岩气革命”后，天然气产量大幅度增长。中国可以考虑通过提供资金等方式与北美等天然气丰富的国家加强合作，提高这些地区的天然气进口比例。最后，从地理位置等因素来考虑，亚太地区是中国液化天然气（LNG）进口的理想来源地。中国从该地区进口的液化天然气（LNG）数量一直在增加，但仍有很大潜力。为了保障液化天然气（LNG）进口安全，中国应该扩大与亚太地区国家的液化天然气（LNG）贸易，比如油气资源丰富的俄罗斯。总之，中国不仅要进一步扩大进口的区域，而且要注重进口量上的相对均衡发展，逐渐形成以澳大利亚、印度尼西亚、马来西亚、卡塔尔、伊朗为主要液化天然气（LNG）进口来源，其他国家为补充的多元化液化天然气（LNG）进口体系。

（二）加强国际合作，推进贸易方式多样化

在当今世界，能源安全不仅是一个经济问题，同时它也是一个政治和军事问

题，通过能源外交加强国际合作是确保能源安全的核心环节，也是天然气进口气源多元化和进口渠道、贸易方式多样化的关键。国家通过外交手段，建立政府间的合作框架，为获取海外资源奠定基础，中国土库曼斯坦天然气管线在短期内能够成功投运，就是能源外交的重大成果。

在国际合作方面，不仅要重视与资源国的合作，积极进入产业链上游业务环节，以期获得可靠的资源；同时也要注重与主要消费国之间的合作，努力形成一个利益共同体，以期获得比较优惠的价格。在贸易方式上，目前有长、中期合同及短期现货贸易等方式。进口管道天然气必须签订长期购销合同，以有效地控制资源供应量和供应时间上的风险，避免受价格频繁波动影响长输管道项目的盈利能力。进口液化天然气（LNG）可以采用相对灵活的方式，对基本需求量采用长期照付不议合同形式，对于额外需求或季节调峰等需求可通过中、短期合同来满足。

（三）拓展陆上液化天然气（LNG）进口路线，落实陆上管道天然气进口

以西北、东北、西南和海上四大战略通道布局建设为契机，加快进口气源多元化体系建设，形成南北互补、海陆互补的多元、灵活的进口天然气资源体系。

进口管道天然气资源近期以邻近的中亚三国和俄罗斯为主，辅以缅甸天然气，远期还可考虑经印度进口伊朗等中东地区的天然气。2013年7月，孟加拉国湾的天然气开始注入中缅油气管道天然气管线首站——皎漂分输站，中缅气管道正式投产，使中国进口自中东的液化天然气（LNG）不必经过马六甲海峡，而直接从面向印度洋安达曼海的缅甸马德岛上岸，经管线输送到中国西南地区，对于实现中国进口天然气多元化和确保天然气安全具有重大战略意义。

俄罗斯天然气资源非常丰富，具备长期大规模向中国稳定供气的基础，但中俄气管道项目经过10多年的谈判，因地缘政治以及价格等问题一直未果。为此，一是要积极介入中亚三国的上游勘探开发，努力从源头掌控资源；二是加强与缅甸及其邻国的合作，尽快落实中缅管道的气源；三是抓住当前欧盟想要弱化对俄罗斯的天然气依赖以及美国页岩气大幅上产将改变世界天然气供应格局的时机，抓紧与俄罗斯谈判，尽快使中俄天然气管道成为造福中俄两国人民的能源大通道。

（四）加快液化天然气（LNG）船队建设，提高液化天然气（LNG）国运比例

由于液化天然气（LNG）运输船造价很高，提高了该行业进入壁垒，所以

阻碍了液化天然气（LNG）船队的发展。中国应该借鉴国外大型液化天然气（LNG）运输公司的经验，在政策上扶植有实力的液化天然气（LNG）运输公司进入资本市场，利用资本市场进行液化天然气（LNG）公司的兼并重组，促进整个行业的资源配置，提高国际竞争力。同时政府应把建设高水平的油轮公司纳入国家能源安全战略，在税收上给予一定年限的税收减免，支持液化天然气（LNG）运输公司的扩大再生产。在液化天然气（LNG）建造方面，要鼓励技术创新，提高国内液化天然气（LNG）运输船建造水平，更好地满足国内液化天然气（LNG）运输公司对于液化天然气（LNG）在质量、规模等方面的需求，同时也可以降低购买成本。

（五）增强海空军力量建设，推进液化天然气（LNG）运输船安保工作

从欧美等国家经验来看，解决液化天然气（LNG）运输安全问题都是靠拥有强大的海军力量进行护航，控制自己所需要的主要航线。在当今国际形势下，中国有必要打造一支具有远洋作战能力的强大海军，并在重要航区部署自己的军事力量，这样既可以有效地打击海盗，又可以防止海运通道被海上军事强国所切断，从而有效维护原油运输航线通畅，保证中国液化天然气（LNG）海上运输安全。

要从以下几个方面着手推进液化天然气（LNG）运输船安保：一是建立安保研究中心，完善水上交通监管系统，整合数据资源，建立现代化、高效化、科学化的安保指挥系统，为液化天然气（LNG）运输船提高实时安保指导；二是装备防护器械。包括消防水枪、铁丝网、自治燃烧弹、防弹头盔等等，甚至政府可以借鉴国外少数国家经验，考虑是否可以让船舶管理层和保安员配备武器；三是主管机关可向政府申请，争取与公安部门合作，培养海上保安防暴警察，组建海安特警队伍。倘若船舶航经危险海域、认为有必要时，可聘用海安特警为其保驾护航。

电动车产业革命及其对油气产业的影响分析

2013年的全球电动车市场上跌宕起伏，众多美国电动汽车公司纷纷陷入倒闭或经营困境的同事，有着“下一个乔布斯”美誉的“跨界奇才”艾伦·马斯克上演了一段神话。美国Tesla公司推出的Model S型电动汽车拥有目前全球最长的续航里程、炫酷的外形设计、卓越的驾乘体验和始终联网的地图导航等功能，获得美国高端汽车市场的追捧。与之相匹配的，是Tesla迅速扩张的的超级充电网络、逐渐压缩的快速充电时间（30分钟续航200英里）和卓越的商业运作模式。尽管面临很多的不确定因素，艾伦·马斯克未来的战略构想还在加速推进，所掀起的电动车产业革命浪潮或许会以难易预料的速度席卷全球，改变人们的生活。

一、电动车Tesla产品的核心竞争力

Tesla公司的CEO艾伦·马斯克是一个在过去二十年中先后涉足互联网、航空和新能源行业，均取得巨大成功的“奇才”。Tesla公司推出的Model S跑车性能卓越，目前在美国、挪威等电动车普及率较高的国家销量位居榜首，占据了美国27%的纯电动汽车市场份额。Model S无论在汽车性能、充电效率及售后服务方面都占据行业头把交椅，相对竞争对手有独一无二的竞争优势。首先，该车型在满电状态下最大续航里程480KM，是目前电动车行业之最；为保证性能最优，最高时速被锁定在了200KM/小时；其次，百公里加速仅需要4.2~5.9秒，可与保时捷911跑车相媲美。第三，Tesla公司的超级充电网络为Model S用户免费提供充电服务，可达到充电15分钟续航240KM的效率，领跑行业竞争者，且该充电速度还将持续压缩。此外，公司终身无条件免费更换故障电池，并在维修期间，免费提供车主一辆最新款电动车使用。

现阶段Tesla的盈利模式是：将Model S定位中高端市场，在美售价约7万美元，通过现阶段的盈利收回前期的巨额研发投入和偿付债务，并建立品牌影响力。公司计划未来3~4年内推出2~3万美元价位的电动汽车，逐渐开拓对产品性价

比要求较高的低端市场。届时，随着电动车产业成熟度的进一步提高，充电网络的覆盖率扩大，充电速度的进一步压缩和续航里程的增加，将同步支持大量客户保有Tesla旗下电动车产品。

自2010年上市以来，Tesla公司的股价已经上涨超过7倍，2013年以来Tesla股价更是持续大涨，从1月初约36美元/股上涨到9月初的170美元/股，累计涨幅达到372%。2013年10月1日至11月19日期间，三辆Tesla Model S电动车运行途中锂电池组先后着火，拖累Tesla股价下跌和市值缩水，近而引发消费者对电动车安全性的怀疑。但Tesla公司随即发布事故分析说明，认为该款车型的事故概率仍然低于传统燃油汽车，并致力于未来进一步提高电池安全性。

二、电动车Tesla公司近期动向及技术新进展

目前，Tesla Model S电动车充电30分钟续航200英里能力依然无法与几分钟加满油箱的燃油汽车匹敌，但Tesla的技术首席表示在解决了优化输出率和避免电池过热的问题后，公司终会将充电时间缩短至“5~10分钟”。虽然时间表并不明确，但Tesla现阶段推出“90秒”换电技术与之相补充。该项技术源于其竞争对手以色列Better place公司，而该公司目前已经破产。“充电”和“换电”相互补充，一方面在现阶段提高充电效率，给顾客更多的体验选择；另一方面，也是目前Tesla公司主要的收入来源。因为美国“ZEV”计划（Zero-Emission Vehicle Program）给续航里程和充电时间卓越的公司一定指标奖励，Tesla可通过出售该指标赚钱（类似碳交易）。Tesla公司2013年第一季度财报扭亏，和第三季度净收入1,600万，毛利率增长21%的业绩均包含ZEV补贴。

此外，Tesla的Model S第三季度每周生产550辆，共交付5,500辆。目前全球总保有量达到19,000辆，累计行驶里程1亿英里，平均每天70万英里，遍布20个国家。面对持续增长的市场需求，Tesla考虑2014年Model S车型产量翻番。2013年12月13日，Tesla公司正式在中国接受Model S和Model X两款车型预订。公司新近宣布了五年内推出电动皮卡的计划，而同时正在研发水陆两用电动车和无人驾驶电动车。

Tesla公司目前拥有的超级充电站比大多数公共充电站快20倍，20分钟的时间可完成电池50%的充电量，30分钟充电续航能力达到200英里。公司于2013年5月29日宣布了在美国建设超级充电站网络计划，招募合作伙伴提供场地和必要的基础设施。每个充电站的建设费用在10~17.5万美元之间，建设周期（含考察、

谈判业务）12~20周。2013年12月5日，Tesla的姊妹公司Solarcity宣布了一套名为Demand Logic的智能蓄电系统。该系统可以通过使用存储电能，降低高峰用电需求，以及在停电时提供备用电源，从而降低能源成本，该项技术将极大推动Tesla的光伏太阳能超级充电网络建设。2013年底，Tesla车主可驾驶电动汽车实现美国东西海岸之间的长途旅行。预计2014年底充电站网络覆盖80%的美国地区和部分加拿大地区，到2015年底这一数字将上升到98%。届时，这个美国乃至世界上第一个电动汽车能源供给网络，会成为今后电动汽车普及时的充电桩首选。

三、全球充电网络建设新动态

据Navigant Research公司（专注清洁能源研究的公司）研究显示，目前全球已建成的公共电动汽车充电站达6.4万个（包括慢充和快充电站）。据IHS预测，2012年全球快充电站数量仅为1,800座，2013年扩充至5,900座，2014年底达到2013年的三倍左右，2020年将会达到20万个。目前，充电网络覆盖程度较好的国家中，美国拥有充电站6,883座；日本4,700座，其中快充电站1,700座；欧洲、中东和非洲（EMEA）地区总量大约20,000座左右，其中快充电站约1,500座。

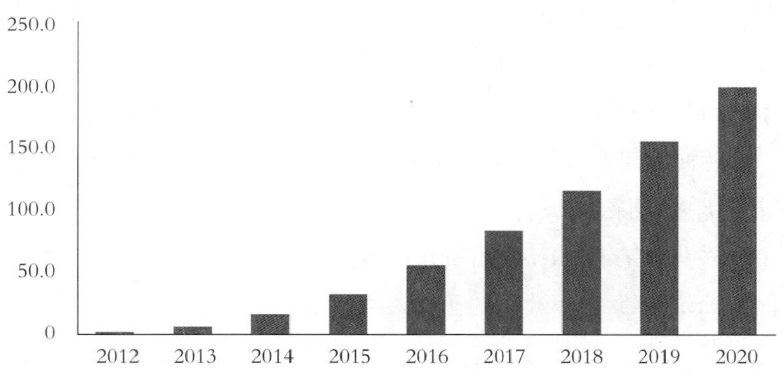

图28 世界电动汽车快速充电站建设速度预测（单位：千座）

资料来源：IHS Inc August2013

据德国《法兰克福汇报》2013年11月26日报道，欧盟议会交通委员会近期决定，到2020年前计划在全欧洲建成45万座电动车充电站，其中德国计划建成8.6万座，且规定任意两座充电站之间的距离应小于300公里。此举将对欧洲电动汽车、氢燃料电池汽车和混合动力汽车产业发展起基础性推动作用。目前欧洲国家中，挪威的电动车产业发展最为成熟，已经形成电动车网络发达和油气生产外部出口“并行不悖”的局面。

除公共充电站外，未来居家充电、零售商充电站数量也会快速增长。2013年9月份，加州硅谷地区的帕罗奥图市（斯坦福大学及一些科技公司，包括特斯拉汽车公司所在地）一致通过一项新的政策，所有新建居民住房都将能够安装电动车充电站。2013年宜家家居在美国8个地区24个新充电站计划完成后，在美国境内17个地点拥有55家充电站。

电池回收行业也已经为电动汽车电池回收做好了充分的准备。美国的Kinsbursky Brothers’Toxco和欧洲行业领先的Umicore两家公司均拥有镍氢电池100%非掩埋回收的技术以及锂离子电池70–100%非掩埋回收技术（此两种电池目前广泛应用于混合动力车及电动车中）。

四、电动车产业革命对油气产业的影响

Tesla电动汽车的成功，为这一行业发展提供了新的思路，或许这样的思路在后金融危机时代和世界经济复苏过程中传递出某种趋势性的信息，可能颠覆现有能源消费格局。据BP公司2013年发布的《2030能源展望》分析，2011年全球油气消费中用于交通运输的比重为31%，2020年降为30%；2011年运输行业中油气消费占98%，2020年降为为96%。国际能源署（IEA）发布的《2012年国际能源展望》中统计，2011年全球油气消费中用于交通运输的比重为46%，2035年将达到60%。虽然两个《展望》均认为未来油气消费在交通运输中的比重将持续上涨，但全球范围内环保压力的激增仍然为清洁能源的发展提供了空间。特别是中国的石油进口对外依存度的持续高企和全国范围内的空气质量持续恶化，会促使中国政府加速清洁能源产业政策的配套。

充电技术的突破、高性能电动车成本的降低、“独一无二”的商业模式以及产业政策的大势所趋，都在艾伦·马斯克逐步实施的战略体系之中。而上述因素中的任何一个，都是导致包括石油公司在内的任何公司潜在的战略风险。如果在短时间内，Tesla快充时间能够安全的降至5分钟，并同步推出中低端电动车产品，美国、欧洲和其他石油进口依存度较高的国家会迅速普及，在中国的推广和普及将可能仅剩下政策性的壁垒。依据以往艾伦·马斯克的行动力和他公司的执行力，电动汽车产业革命对油气和汽车行业的冲击乃至颠覆正在以令人叹为观止的速度逼近，是现阶段石油公司面临的不可忽视的战略性风险，需要从战略高度持续关注和深入思考。

油气产业中的物联网应用现状与建议

一、物联网技术概述

物联网（The Internet of Things）的概念最初来源于美国麻省理工学院（MIT）在1999年建立的自动识别中心（Auto－IDLabs）提出的网络无线射频识别（RFID）系统，该系统设想把所有物品通过射频识别等信息传感设备与互联网连接起来，实现智能化识别和管理物品的目标。

2005年，在突尼斯举行的信息社会世界峰会（WSIS）上，国际电信联盟（ITU）发布“ITU Internet Reports 2005:The Internet of Things”，正式确定了“物联网”的概念，报告介绍了物联网的特征、技术、挑战以及未来的市场机遇，报告指出：我们正处于一个新的通信时代的边缘，信息与通信技术（ICT）的目标不仅能够满足人与人之间的沟通，而且实现了人与物、物与物之间的连接，无处不在的物联网、互联网通信时代即将到来。物联网会使人类在通信与信息技术的海洋里获得一个新的沟通方式，可以把任何时间、任何地点、连接任何人的方法，扩展到连接任何物品，物联网的核心就是万物的连接。物联网时代从此拉开序幕。

2009年，IBM提出了“智慧地球”这一战略，欧盟也在2009年制定了“物联网行动计划”。在这次信息化浪潮中，中国政府、企业与世界保持了同步发展，将物联网建设提升至国家战略的地位，新时期国家五大战略性新兴产业规划中也有物联网技术发展规划的一席之地。

物联网还没有一个明确统一的定义，目前国内较为多见的定义为：“物联网，指利用全球定位系统、激光扫描等种种装置与互联网结合起来而形成的一个巨大网络，其目的就是让所有的物品都与网络连接在一起，方便识别和管理。物联网应该具备三个特性：一是全面感知，即利用各种可用的感知手段，实现随时即时采集物体动态；二是可靠传递，通过各种信息网络与互联网的融合，将感知的信息实时准确可靠地传递出去；三是智能处理，利用云计算等智能计算技术对海量的数据和信息进行分析和处理，对物体实施智能化控制。

二、油气产业中物联网的发展现状

作为国家支柱型产业和国民经济的重要领域，石油行业的发展意义重大。而现实中，生产、运输、管理等环节间的不协调是制约石油行业发展的重要因素。物联网在石油行业中的应用，可有效解决这一问题，物联网可以实现石油行业与电子信息业、物流运输业、装备制造业等多产业间的相互协作，物联网可以减少野外作业，提高巡检效率，实现智能管理，实现实时监控，减少事故及损耗，实现透明化管理，提高数据准确性与时效性，从而提高生产效率，促进石油行业的发展。

在油田信息化的进程中，随着技术的发展，“数字油田”的建设成为了信息化的核心，所谓“数字油田”是将油田的各项资源进行数据化，构建以优化生产、规范经营管理为目标的信息系统。在“数字油田”发展的基础上，随着物联网技术的进步，对于油田信息化的建设提出的更高的要求，那就是“智能油田”。“智能油田”就是在依托已有的数字油田的基础上，继续建立覆盖油田乃至集团的各项业务的信息采集系统、知识发掘共享系统、决策模型库等，为油田的生产和管理提供高水平的智能手段，实现信息采集自动化、数据知识共享化、生产过程自动化、系统应用一体化、生产指挥可视化、分析决策科学化的智能油田，这些在物联网技术的发展下成为可能。

借鉴最常用的物联网定义，可以推演出油气生产物联网系统定义：通过传感、射频、通讯等技术，对油气水井、计量间、油气站库、油气管网等生产对象进行全面的感知，实现生产数据、设备状态信息在生产指挥中心及生产控制中心集中管理和控制，搭建规范、统一的数据管理平台，支持油气生产过程管理，进一步提高油气田生产决策的及时性和准确性。

目前，在油气生产中，油气举升、产量计量、油气集输、油气水处理、注入措施等这些生产环节，大部分使用传统生产工艺，生产运行主要靠人工管理，效率和稳定性不高（见图29）。根据油气田生产实际要求，亟需加快面向生产操作过程的信息系统建设，通过信息技术与工业生产的融合，提高生产操作的自动化程度，保证生产持续、安全、稳定、高效的运行，为优化生产管理流程，优化组织结构，实施精细化管理创造条件。

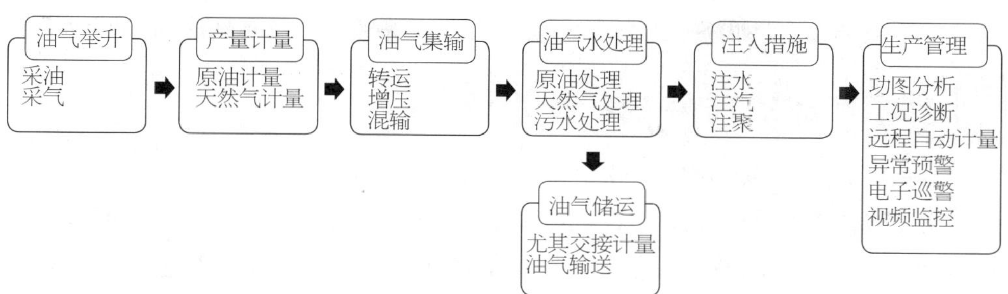

图29 油气生产主要工艺流程

三、油气产业中物联网的体系架构

根据物联网的相关定义，物联网在油气行业的应用可采用如下三层体系架构：

（一）采集与控制子系统

该系统的主要功能为生产数据采集、生产过程控制、设备状态监控、生产环境监测。利用传感、射频等技术，感知油气生产信息，管理子系统的关系型数据库(生产数据库)，实现生产实时监测、视频图像智能监控、油水井工况、报表管理、生产动态分析、应急辅助、设备管理、远程控制、可视化监控、产量管理、基础数据管理和告警管理等功能，达到采集数据准确、过程控制精确到位、安全管理及时有效、系统控制稳定可靠的目标。

（二）数据传输子系统

该系统是物联网体系架构中用于连接前端感知层和应用服务层各设备单元，并进行高效数据传送的载体，采用有线和无线技术相结合的方式，将单井和站库生产数据高效、安全、稳定地传输到各油气田监控指挥中心。其中，站库数据传输采用有线光缆方式，单井、计量间数据传输采用无线方式。合理选用各种适用的无线通信技术，建设覆盖油气生产区块的无线通信网络，实现生产数据和视频图像的实时传输，满足整个系统对数据的安全性、实时性、稳定性等要求。

（三）生产现场监控与管理子系统

该系统主要是利用实时采集的生产信息，建立覆盖油气生产和处理全过程的生产管理、预测预警系统和数据接口，实现生产实时监测、远程控制、生产动态分析、油水井工况、报表管理、基础数据、告警管理、设备管理、应急辅助、可视化监控、作业管理、视频图像智能监控、产量管理等功能，达到生产过程实时预警、控制参数实时调整、数据信息实时发布、管理决策及时到位的良好效果。

四、油气产业中物联网的具体应用

（一）上游业务与物联网

物联网技术在抽油井及海上采油平台监控系统中的应用。对采油厂而言，油井、计量站、中转油站、联合站、原油输送系统、储油设施等数量多且分布零散，这些设施的工作状态及开采油品时的温度、压力、流量等数据直接决定油田生产的稳定性和原油质量问题。建立一个自动化、信息化、数字化的采油控制系统尤为重要。物联网技术中的传感网具备解决这一难题的条件，因其拥有较多的传感器这些传感器便可自动形成一个网络传感器组合模型，通过网络协同效应获取采油厂大面积区域的多种信息，且无线传感器网络的最大优势是所采集的数据具有连续、实时、准确、可靠的特点。从而实现对采油厂及设施的集中监管，减少人员投入，及时准确解决现场的故障，提高了采油及生产效率。有效解决了抽油井及海上采油平台的数据自动采集问题。在各终端采油点的输油管道处设有温度传感器、流量计、压力传感器等设备，这样可以通过传感网数据采集器对温度、压力、流量数据进行收集和分析处理，最后通过网络和广域网通信传回远程监控中心。监控中心可以以此方式完成对各方采集的数据进行流量统计分析和管道实时监控。

1. 钻井专家系统：通过采用低成本高可靠的无线传感器网络技术，采集转盘转速、立管压力、绞车扭矩、泵冲程、钻井液液位、流量、密度、可燃性气体、井架振动、井口温度、振动等实时信号，输人相应的钻井专家系统，可以实现钻井过程的自动优化控制，减少各种钻井事故的发生。

2. 测井放射源实时监控系统：采用先进的核电子学和RFID技术，实现对测井用放射源的自动化和智能化识别跟踪和实时定位管理，确保放射源的储存、运输和使用始终处于在线监控状态下，并提供放射源的出人源库、上下源车、进出院门、野外定位以及异常移动报警等，实现对放射源物质实施全过程跟踪与记录。

3. 油气生产物联网集成系统：通过采用低成本高可靠的无线传感器网络技术，对油气生产各装置设备参数进行实时采集与分析优化，提高生产操作每个单元的自动化程度，优化生产管理流程，实施精细化管理，并按流程建立劳动组织架构，优化一线员工布局，从而把人和生产流程的效率发挥到最佳水平。

（二）中游业务与物联网

因输油工程投产较大，不可能轻易更新换代，局部存在管道老化、腐蚀等现象，会导致管道漏油事故的发生，不仅破坏生态系统，还威胁着人民的财产和安全。为防止输油管道泄漏，减少原油外泄带来的经济损失，油田管理处采用人力定时巡查的方式，此方法费时、费力，且发现问题还存在不及时和不准确性。运用物联网技术可以轻松解决此难题。管道泄露识别系统：物联网技术通过无线传感器网络技术对石油输送管道进行实时监测，这样传感网可将监测的输油管道的温度、压力参数进行计量，对利用传感网通信传输至油田监控中心，然后控制中心就会对采集的各方数据进行全面系统的分析，从而实现了对盗油、管道泄漏和停井情况的实时检测和监控，避免了安全事故的发生，为石油行业创造了巨大的经济效益和社会效益。

（三）下游业务与物联网

1. 电子提单：电子提单模式与ERP(企业资源管理）系统整合，充分有效地实现了企业对物 料管理的全面监管，提高了销售分销的速度，为企业节约了运营成本，实现了物料、资金和信息化管理的三方合一，达到了信息系统集成优化IT资源配置的目的，增强了ERP系统广泛应用的前景。电子提单技术因其高效、安全、便捷并能大大节约石油行业的管理费用已得到企业的认可和好评。此项业务的改革是石油石化行业物流资源管理水平及管理模式的创新性的提高。

2. 员工安全保障系统：户外员工在危险区域穿着带传感器的工作服，通过搜集系统，将气体中各有毒气体浓度信息及员工位置传回中控室，为员工提供实时有毒气体监测分析结果和预警信息以及50英尺范围内的精确定位，以便在事故发生时可快速定位员工。该系统可以在突发事故中对要疏散的人员进行管理，指明安全路线，保障人员的安全，更好地维护职工的利益。

3. 电子加油卡：IC加油卡的运用历史较长，依据物联网技术，可以再更大范围内实现数据的传输与共享，切实方便用户。同时，根据搜集到的用户使用习惯、使用信息等数据，可以在此基础上针对不同的客户提供差异化的服务，做好客户关系管理。

4. 危险品物流监控系统：通过运用智能传感器、RFID、GPS、GIS和GPRS等先进技术，实现危险品状态实时监控、调度管理、应急处理和报警求救等功能，对危险品施行全程监控，为管理人员提供实时数据，准确掌握危险品状态。

五、推动油气产业中物联网建设的建议

物联网的三层体系架构中，每一层的建设都不容忽视，只有这样才能更好地挖掘和利用物联网的价值。

（一）传感器的选择与使用。各类传感器是物联网的基础，物联网的信息均依赖于各种传感器实时、准确、高效地搜集和传输，石油石化行业的生产一线的自然环境相对恶劣，人工维护成本大，如何让传感器发挥它应有的作用，并且能长时间、稳定地工作是非常重要的问题。与此同时，传感器的高成本限制了它的使用规模，降低成本、提高使用效率、提高部署合理性均需解决。因此，从传感器的选择、安装的技术以及后期的更换、维护的方法需要谨慎。应该从更高的层次看待这个问题，选择外包还是自主生产，应该结合长远的规划加以衡量。

（二）数据的安全。利用物联网可以提高油气产业的管理效率，但是数据泄露的风险也随之增加，因而安全问题至关重要。数据安全一方面是数据传输过程中有发生被截取、监听以及传输到云端发生泄漏的风险；另外一方面是随着数据量的增大，数据接入所使用的协议、数据传输的方式不当导致数据失真、缺漏的风险。注重数据安全一方面要加强对数据传输、存储安全性的关注，使用良好的加密方法进行加密；另一方面是要研究推广自己的物联网传输协议，统一规范，加强管理。

（三）数据的处理与应用。物联网底层可以为上层传输大量的数据，随着规模的扩大，如何快速处理、响应大批量的数据，并且能从这大量的数据中获得需要的信息将会成为难题。一方面应加强基础设施建设，使用更高速的处理设备；另一方面就是要加强对数据的管理与挖掘，加强对海量流数据的处理能力、提高对于大数据的挖掘与分析能力。

（四）集成共享的能力。许多油田均建有自己独立的管理系统，在建设物联网时也会根据自身的特点选择不同的方式，如何让物联网与已有的管理系统集成，更进一步的，如何让信息在不同的油田之间实现集成共享显得很棘手。油田内部的物联网和已有系统的集成各个油田可以自行解决，但是油田间的数据共享则需要上层统一组织，这样才能建设起一个高效协作的物联网系统。

油气生产物联网系统面向油气生产操作过程的数字化，通过信息化与工业化的融合，紧紧围绕生产运行管理，提高生产操作每个单元的自动化程度，保证生

产持定、高效运行；同时为优化生产管理流程，实施精细化管理创造了条件，提供了保障，并能根据生产管理特点，按流程改进劳动组织架构，优化一线员工布局，从而把人和机器的效率发挥到最佳水平。

附　件

附件1：2013年中国油气产业发展大事记

2012年1月

2013年1月1日，中国海洋石油总公司新加坡石油公司正式运作。

2013年1月6日，国家能源局发文同意中国石油化工集团公司连云港液化天然气项目开展前期工作。

2013年1月7日，全国能源工作会议在北京召开。确定2013年全国能源系统要重点做好八个方面的工作。

2013年1月7日，延长石油集团与美国斯伦贝谢集团及斯伦贝谢长和公司签订天然气开发技术合作协议，三方共同在陕北延长气田进行天然气开发技术合作及低渗透技术增产服务及技术合作等。

2013年1月8日，美国能源信息署（EIA）在其发布的2013年度能源展望中，首度使用北海布伦特原油作为原油价格基准。

2013年1月14日，环保部发布《轻型汽车污染物排放限值及测量方法（中国第五阶段）》标准二次征求意见稿。

2013年1月16日，中国海洋石油有限公司宣布，其母公司中国海洋石油总公司与雪佛龙中国能源公司就15/10和15/28区块签订了产品分成合同。

2013年1月17日，由中国化学工程集团所属中化二建集团有限公司参建的世界首家焦炉煤气制液化天然气项目——新矿内蒙古能源有限责任公司内蒙古恒坤化工有限公司LNG项目试产成功，标志着世界焦炉煤气制天然气技术的新突破。

2013年1月17日，国务院发布《全国海洋经济发展“十二五”规划》。规划提出，“十二五”时期，中国将提高渤海、东海、珠江口、北部湾、琼东南等海域现有油气采收率。

2013年1月20日，阳光凯迪生物质燃油燃气厂在武汉正式投产，这是全球第一条投入生产的万吨级生物质燃油生产线。

2013年1月21日，国土资源部正式公布了第二轮页岩气探矿权出让招标中标企业。

2013年1月21日，中国石油化工集团公司与中国航油举行2013年航空煤油资源供应框架协议签字仪式。

2013年1月22日，中国海洋石油总公司在武汉建设LNG清洁能源生产基地。

2013年1月23日，国务院正式印发《能源发展“十二五”规划》(国发[2013]2号)，提出2015年能源发展七个方面主要目标，并明确“十二五”发展七个方面的内容。

2013年1月28日，2013~2020年国土资源部将与贵州合作勘探开发页岩气，加快页岩气资源勘查开发重大突破。

2013年1月29日，国家能源局发布《煤层气产业政策》征求意见稿，面向社会各界征求意见。

2013年1月29日，中国石油化工集团公司首套异戊橡胶生产装置在燕山石化举行中交签字仪式。该装置的投产，可发挥燕山石化在合成橡胶生产领域的优势，成功填补中国石油化工集团公司异戊橡胶生产的空白。

2013年1月30日，温家宝主持召开国务院常务会议，提出加快形成能源消费强度和能源消费总量双控制的新机制。

2013年1月30日，中国石油化工集团公司集团公司与中国海运(集团)总公司在京签署船舶润滑服务合作协议。

2013年1月30日，中化集团和美国先锋自然资源公司签署油气资产收购协议。

2013年2月

2013年2月1日，中化集团和美国先锋自然资源公司签署油气资产收购协议，由中化集团全资子公司中化美国石油有限合伙公司购买美国先锋公司持有的折合权益内净租面积约8.28万英亩的油气开发权。

2013年2月5日，中国石油化工集团公司南阳能源化工有限公司在河南南阳举行揭牌仪式。

2013年2月6日，中国国务院常务会议决定加快油品质量升级，明确了油品质量升级的时间表，并指出要按照合理补偿成本、优质优价和污染者付费的原则合理确定成品油价格。

2013年2月16日，宏华集团公司已与神华地质勘探有限责任公司正式签署非常规天然气勘探开发战略合作框架协议。双方将在该领域全面提升核心技术研发，为中国的天然气开发贡献力量。

2013年2月16日，国家海洋局官方网站宣布，康菲石油中国有限公司已取得蓬莱19-3油田总体开发方案和环境影响报告书的核准文件。

2013年2月20日，中国石油天然气股份有限公司与美国康菲石油公司在北京签署合作协议。

2013年2月21日，中国海洋石油总公司与中国中煤能源集团有限公司在北京签署中联煤层气有限责任公司股权转让合同。

2013年2月23日，中国石油化工集团正式完成对美国切萨皮克能源公司资产的收购交易。

2013年2月24日，国家发展和改革委员会宣布，自2月25日零时起将汽、柴油每吨价格分别提高300元和290元。

2013年2月25日，中国石油化工集团公司国际石油勘探开发公司与美国切萨皮克能源公司签署协议，收购其位于俄克拉何马州北部部分密西西比灰岩油藏油气资产50%的权益。

2013年2月26日，中国海洋石油总公司完成收购加拿大尼克松公司的交易。收购尼克松的普通股和优先股的总对价约为151亿美元，这是中国企业成功完成的最大一笔海外并购。

2013年3月

2013年3月1日，中国石油海外勘探开发公司与中国石油集团经济技术研究院联合组建中国石油海外发展战略研究中心。

2013年3月4日，中国石油化工集团公司集团公司与山东省东营市人民政府签署战略合作框架协议。

2013年3月9日，揭阳（惠来）大南海石化工业园项目暨中国海洋石油总公司项目春季开工仪式在惠来举行。

2013年3月11日，石油物探技术研究院成功建立中国首套煤层气储层岩石物理测试系统，为煤层气地球物理勘探技术发展奠定基础。

2013年3月12日，日本经济产业省宣布成功从日本近海地层蕴藏的甲烷水合物中分离出来甲烷气体，这标志着日本向可燃冰开采商业化进程迈出了关键一步。

2013年3月12日，中国石油勘探与生产分公司对外宣布，中国石油已自主攻关初步形成成套页岩气开采技术。

2013年3月13日，兰州至成都原油管道工程全线贯通。

2013年3月13日，中国海洋石油总公司气电集团与四川省德阳市在京签署清洁能源战略合作协议，双方将在清洁能源LNG领域展开合作。

2013年3月13日，中国石油天然气集团公司与意大利埃尼集团签署两项合作协议。

2013年3月14日，中国石油化工集团公司巴陵石化苯乙烯嵌段共聚物（SEBS）产品首入欧盟市场。

2013年3月14日，江苏省正式启动该省页岩气勘查开发工作。

2013年3月16日，为加快实现对战略替代能源可燃冰的开发利用步伐，中国启动了对其勘探开发技术的新一轮系统性研究，该专项被科技部批准纳入国家“863”计划重点项目实施，执行年度为2013–2016年。

2013年3月18日，中国石油化工集团公司东北油气分公司在辽宁省阜新市彰武县双庙镇地区勘探出一处石油资源储量达3000万吨的新油田。

2013年3月21日，中国石油化工集团公司正式成立能源管理与环境保护部，这是央企首次成立专门负责绿色低碳、能源与环境的部门。

2013年3月25日，国家能源深水油气工程技术研发中心在中国海洋石油总公司研究总院成立。

2013年3月26日，中国石油化工集团公司与南非国家石油公司达成合作框架协议，将推动位于南非伊丽莎白港世界级规模的穆托姆博炼油项目开展。

2013年3月26日，国家发改委发布新的成品油调价机制，调价周期由22个工作日缩短为10个工作日，取消4%的调价幅度限制，将根据原油进口结构适时调整油价挂靠油种。

2013年3月27日，中国政府批准壳牌在中国的首个页岩气产品分成合同，这也是中国首个正式获批的页岩气产品分成合同。

2013年3月29日，中国海洋石油总公司与中国船舶重工集团公司举行战略合作协议签字仪式，双方将进一步加强在海洋油气勘探开发、油气运输及相关装备研发制造等领域的合作。

2013年3月28日，中国海洋石油总公司与台湾中油公司在北京签署了LNG现货采购合同。

2013年3月31日，北京绿色金融协会与北京、上海、深圳等试点地区的碳交易平台联合发起并启动了中国首个企业碳披露项目。

2013年4月

2013年4月1日，中国海洋石油总公司与中国兵器工业集团签订战略合作协议。

2013年4月1日，陕西省在西安、宝鸡、汉中三市试点M25车用甲醇汽油。

2013年4月6日，亚洲博鳌论坛在海南召开，中国石油天然气集团公司与哈萨克斯坦国家石油公司签订了关于《中哈原油管道扩建的原则协议》。

2013年4月6日，中国石油化工集团公司甬绍金衢成品油管道正式运营。

2013年4月10日，中国海上最大的油气平台组块—荔湾3–1气田中心平台组块完成陆地建造。

2013年4月11日，华电集团、清华大学与陕西省人民政府联合开发的具有中国自主知识产权、达到国际领先水平的煤制芳烃技术正式问世，并将首先落户华电煤业榆林煤化工基地。

2013年4月13日，中国石油天然气集团公司在南苏丹主营的1/2/4区油田恢复生产。

2013年4月13日，塔里木哈拉哈塘油田至轮南原油长输管道投运。

2013年4月14日，中国石油天然气集团公司在伊拉克的哈法亚油田二期举行奠基仪式，这标志着哈法亚油田1000万吨/年产能建设步入关键时期。

2013年4月16日，中国石油化工集团公司炼油特殊产品应用技术中心正式成立。

2013年4月22日，中国海洋石油有限公司宣布，涠洲6–12油田已于近期成功投产。

2013年4月23日，中国石油化工集团公司延川南煤层气增储建产会战启动。

2013年4月24日，国家发展与改革委员会宣布，从25日起国内汽柴价格每吨下调395元和400元。

2013年4月24日，中国石油化工集团公司全资子公司——国际勘探开发公司与台湾中油股份有限公司签署缅甸D区块30%的权益转让协议。

2013年4月26日，中国海洋石油渤海石油管理局和南海西部石油管理局分别在天津塘沽和广东湛江成立。

2013年4月29日，中国燃气控股有限公司宣布，与台湾共23家银行于台北举行银行团联合授信签约仪式，签订了额度为4.5亿美元，三年期的联合授信协定。

2013年5月

2013年5月4日，国家科技部在胜利油田组织召开国家“863”计划项目“微生物采油关键技术”启动会，标志着该项目正式开始运行。

2013年5月6日，中国海洋石油总公司渤海石油管理局成立，这将进一步推进区域油田开发建设，服务国家海洋强国战略。

2013年5月6日，中国海洋石油总公司与英国天然气集团(BG集团)签署系列协议，向BG集团每年采购500万吨液化天然气资源，为期20年；并将以19.3亿美元增持澳大利亚昆士兰柯蒂斯液化天然气项目的权益。

2013年5月8日，国家能源局发布《关于建立服务能源企业科学发展协调工作机制的通知》，针对电力、油气、新能源等成立协调小组。

2013年5月9日，西气东输三线东段干线吉安——福州段第一标段正式打火开焊，标志着西三线东段工程建设正式进入管道主体施工阶段。

2013年5月13日，中国石油化工集团公司与中国邮政储蓄银行举行战略合作签约仪式，标志着双方合作进入新阶段。

2013年5月14日，中科院新疆理化技术研究所成功研发出采油污水深度处理技术，可减少化学药剂使用量，提高回用水水质，减少油气资源开发造成的环境污染。

2013年5月23日，中国石油化工集团公司炼化工程在香港正式挂牌上市，成为香港上半年集资额最大的IPO。

2013年5月23日，亚洲最大的深海油气平台——荔湾3-1气田中心平台，完成了上部组块的浮托安装。这是世界上首次实现在南海开阔海域油气平台的整体浮托安装，标志着中国深海超大型油气平台的设计、建造和安装技术能力取得历史性突破。

2013年5月23日，中国石油化工集团公司炼化工程（集团）股份有限公司H股于香港联合交易所主板挂牌上市。

2013年5月24日，根据《国务院机构改革和职能转变方案》和《国务院关于取消和下放一批行政审批项目等事项的决定》，国家能源局将取消或下放一批涉及能源领域的行政审批事项。

2013年5月27日，中化集团下属中化石油勘探开发有限公司与哥伦比亚国家石油公司签署协议，双方将合作开展Nogal、Cardon和Manzano三个新区块的勘探作业。

2013年5月28日，中国石油化工集团公司催化剂有限公司揭牌仪式在北京举行。

2013年5月31日，中化集团下属中化石油美国有限公司以17亿美元收购先锋自然资源公司Wolfcamp页岩气资产40%的权益，完成项目交割。

21013年5月31日，大连商品交易所和中国城市燃气协会在北京正式签署《关于开展燃气类期货品种研究的战略合作协议》，双方就液化石油气、天然气等燃气类期货品种进行合作研究。

2013年6月

2013年6月1日，中国石油化工集团公司第一个煤层气田5亿方产能建设工作全面展开。

2013年6月4日，中原油田筹备近一年时间的普光气田智能气田建设项目正式启动。

2013年6月4日，由江苏蓝色船舶动力有限公司筹建的LNG加气站项目正式在淮安水上服务区开工，这也是全国内河首家LNG加气项目。

2013年6月5日，第五届中国石油地质年会在京召开。

2013年6月6日，上海期货交易所公告，石油沥青期货合约规则草案正式向社会公开征求意见，这意味着中国另一个能源化工品种即将与投资者见面。

2013年6月5日，山东潍坊滨海将建成中国首个石油焦交易市场，将成为中国最大的集研发、生产、交易于一体的石油焦综合基地。

2013年6月8日，日本经济产业省资源能源厅宣布，首次在日本海正式启动对甲烷水合物（俗称“可燃冰”）蕴藏量的调查。

2013年6月10日，中国石油西南油气田公司蜀南气矿长宁地区页岩气试采干线工程正式打火开焊。

2013年6月13日，国家发改委网站正式发布了《清洁生产评价指标体系编制通则》(征求意见稿)。

2013年6月16日，第三届东亚气候论坛在杭州闭幕。论坛发布《建设低碳东亚共同宣言》，呼吁中日韩社会各界为应对全球气候变化做出努力，用实际行动来推动世界气候环境的改善。

2013年6月17日，中国迎来首个“全国低碳日”。

2013年6月18日，中国石油与塔吉克斯坦能源工业部、道达尔公司（Total）、克能石油公司（Tethys）在塔吉克斯坦首都杜尚别共同签署塔吉克斯坦伯格达（Bokhtar）区块项目油气合作交割协议。

2013年6月19日，在国家主席习近平和越南国家主席张晋创的见证下，中国海洋石油总公司董事长王宜林与越南国家石油公司总裁兼首席执行官杜文好签署了《北部湾协议区联合勘探协议第四次修改协议》。

2013年6月19日，国务院办公厅印发国家能源局主要职责内设机构和人员编制规定。重新组建的国家能源局由原国家能源局和国家电监会整合而成。

2013年6月20日，中海化学加拿大控股公司出资3,197万加元完成了认购西钾公司（West-ernPotashCorp）增发的4,504万股普通股(约占西钾公司已发行流通股的19.9%)的交割工作。

2013年6月21日，中国石油天然气集团公司董事长周吉平赴俄访问期间和俄罗斯石油公司总裁谢钦签署俄向中国增供原油长期贸易合同，与俄第二大天然气生产商诺瓦泰克公司签署收购亚马尔LNG项目20%股份的框架协议。

2013年6月25日，中国石油和化学工业联合会在京发布了石化行业首个自律公约——《石油和化学工业绿色发展自律公约》，倡导全行业加强自律管理，健全自律机制，强化自我约束，提高行业整体素质。

2013年6月26日，中国石油油气管道合资合作战略协议在北京签署。这是国务院“新36条”颁布后中国石油又一例引入民间资本的国家重点工程项目，标志着国有资本对民间资本的开放迈出实质性步伐。

2013年6月28日，国家发展改革委发布《国家发展改革委关于调整天然气价格的通知》（发改价格[2013]1246号），决定自2013年7月10日起调整非居民用天然气门站价格，居民用天然气价格不作调整。

2013年6月28日，中国石油化工集团公司集团与美国切萨皮克能源公司就密西西比灰岩油气资产50%的权益转让项目顺利交割。

2013年6月28日，中国石油化工集团公司集团公司与韩国SK公司在北京签署武汉乙烯项目合资经营合同。

2013年6月28日，中国首台8,000米直流电驱动超深井钻机成功研发，填补了国内同类产品的空白，总体达到了国际先进水平，在中国超深井钻机制造史上具有重要意义。

2013年6月28日，中国石油化工集团公司科技攻关十条龙项目之一——南京化学工业有限公司废水综合治理项目最后两个子项目进行中交，形成了具有国内领先水平的废水治理成套技术，为石化行业的绿色发展提供了技术支撑。

2013年7月

2013年7月2日，中国海洋石油有限公司宣布，文昌8–3东油田已于近期成功投产。

2013年7月3日，中国计量科学研究院与西南油气田公司天然气研究院签署合作协议。

2013年7月3日，由武昌船舶重工有限责任公司承制的深海浮体系统交付巴西石油公司。

2013年7月5日，中国海洋石油总公司与博道长和石油有限公司就珠江口盆地28/03区块签订了产品分成合同。

2013年7月8日，胜利钻井工程技术公司成功中标英荷壳牌公共股份有限公司四川富顺区块8至10口定向井非常规页岩气项目。

2013年7月16日，江苏卡特新能源有限公司生物柴油日前在大连再生资源交易所上线交易，这标志着国内第一家以地沟油加工生产的生物柴油走上大宗商品交易的舞台。

2013年7月16日，中国海洋石油总公司与BP公司就南海珠江口盆地一深水区块签订石油合同，这也是中国海洋石油总公司与外国合作伙伴签订的第200个石油合同。

2013年7月16日，由宝鸡石油机械有限责任公司EPC总承包的中国首套300英尺自升式海洋钻井平台，在国外某海域成功完成了第一口海洋油气勘探作业任务，钻井深度达4,500米。

2013年7月17日，中国海洋石油总公司与国新国际投资有限公司签署了境外投资合作框架协议。

2013年7月24日，鄂尔多斯煤制天然气工业园暨120亿立方米煤制天然气项目在准格尔旗大路新区开工奠基，对于加快建设保障首都、服务华北、面向全国的清洁能源输出基地具有战略性、示范性意义。

2013年7月24日，中国海洋石油总公司与壳牌集团签署合作谅解备忘录，内容涉及国内外油气勘探开发、液化天然气、技术交流等多个领域的合作。

2013年7月26日，山西省煤炭地质局、国新能源发展集团、晋煤集团签署合作协议，共同实施山西省页岩气地质调查及评价项目。

2013年7月29日，中国石油董事长周吉平在北京会见了来访的埃克森美孚公司高级副总裁艾博森一行。双方签署了鄂尔多斯盆地长东区块联合研究协议和有关海外项目合作协议。

2013年7月30日，中国海洋石油有限公司宣布，在渤海海域获得渤中8-4和垦利10-4两个油气勘探新发现。

2013年7月31日，中海油田服务股份有限公司与斯伦贝谢签订深水及大位移钻井技术培训协议。

2013年7月31日，中缅天然气管道缅甸南坎站和中国瑞丽站同时开启阀门，两个小时后天然气完成置换，标志着中缅天然气管道（国内段）瑞丽至禄丰段进气投产。

2013年8月

2013年8月1日，中国海洋石油有限公司宣布，其母公司中国海洋石油总公司与壳牌中国勘探与生产有限公司就南莺歌海盆地35/10区块签订石油产品分成合同。

2013年8月3日，93#汽油现货挂牌议价交易在厦门石油中心上线，正式开盘。

2013年8月5日，中国石油化工股份有限公司所属中国石油化工集团公司化工销售（香港）有限公司与俄罗斯西布尔控股股份公司签署关于克拉斯诺亚尔斯克市合成橡胶厂股份公司股东协议。

2013年8月6日，中国石油天然气集团公司和中国船舶工业集团公司在北京签署战略合作协议。

2013年8月8日，中国石油化工集团公司勘探南方分公司与中国地质调查局油气资源调查中心签订西藏伦坡拉盆地油气勘探战略合作协议。

2013年8月9日，“天然气水合物成矿预测技术研究”课题已通过国家“863”计划海洋技术领域办公室组织的专家验收，填补了中国海域可燃冰成矿预测系统的空白。

2013年8月9日，中国石油天然气集团公司与国家开发银行在北京签署战略合作协议。

2013年8月10日，首个国家级石油装备质检中心落地东营。

2013年8月13日，工信部对外发布44家重点行业清洁生产示范企业名单，标志着《工业清洁生产“十二五”规划》进入实质性落实推进阶段。

2013年8月13日，中国海洋石油总公司与山西省晋城市政府在京签署战略合作框架协议。

2013年8月15日，中国海洋石油总公司天津LNG项目已正式通过国家发改委核准，这将是中国第一个浮式LNG项目。

2013年8月17日，中国中化集团与巴西国家石油公司签署资产收购协议，中化拟以15.43亿美元购买巴西国家石油公司所持有的BC-10区块35%权益。

2013年8月20日，中国石油天然气集团公司董事长周吉平会见塞拉尼斯（Celanese）公司董事长兼首席执行官罗慕科。会后，双方共同签署合成燃料乙醇应用推广合作谅解备忘录。

2013年8月21日，经国家能源局批准，中国能源行业页岩气标准化技术委员会在京成立，建设页岩气产业技术标准体系的工作自此全面启动。

2013年8月23日，中国石油化工集团公司与湖北省宜昌市政府签署合作框架协议，双方将在成品油、天然气、非油品、基础设施及民生工程建设等领域开展合作。

2013年8月24日，据日本媒体报道，日本石油天然气与金属矿物资源机构（JOGMEC）宣布，世界最大规模的地下油气储备基地——“波方国家石油天然气储备基地”在日本今治市爱媛县投入使用。

2013年8月26日，美国能源部专门在中国设立“可再生能源商务区”项目，加速中美两国清洁能源技术的发展和部署。

2013年8月27日，湖北省政府与中国华电集团在武汉签署页岩气开发利用战略合作框架协议。

2013年8月28日，世界最大超深水双钻塔半潜式钻井平台在中集来福士山东海阳基地开建。

2013年8月30日，中国石油化工集团公司全资子公司国际石油勘探开发有限公司与美国阿帕奇石油公司签署协议，收购阿帕奇埃及油气资产三分之一的权益。

2013年9月

2013年9月1日，中国石油化工集团公司重点工程——天津原油商业储备基地工程实现投产一次成功，这标志着中国石油化工集团公司在华北地区的原油储备实力实现了新的跃升。

2013年9月2日，《北京市2013~2017年清洁空气行动计划重点任务分解》公布。文件重点强调了加快电厂“煤改气”进程。

2013年9月2日，中国石油天然气集团公司宣布，其西南油气田公司首口煤层气井宁210井产气。

2013年9月3日，在中国国家主席习近平和土库曼斯坦总统别尔德穆哈梅多夫的共同见证下，中国石油天然气集团公司董事长周吉平和土库曼斯坦天然气康采恩总裁阿卜杜拉耶夫签署了天然气购销及工程建设项目相关的协议。

2013年9月3日，以“机遇与挑战”为主题的2013年中国国际管道会议在河北廊坊召开。会议呼吁以技术为先导解决国际管道发展面临的问题。

2013年9月4日，中国国家主席习近平和土库曼斯坦总统别尔德穆哈梅多夫共同参加了中国石油承建的复兴气田南约洛坦年100亿立方米产能建设项目竣工投产仪式。

2013年9月4日，壳牌（中国）与延长石油集团签署《关于油气领域战略合作的框架协议》。

2013年9月5日，在中国国家主席习近平和俄罗斯总统普京的见证下，中国石油天然气集团公司董事长周吉平与俄罗斯天然气工业股份公司总裁米勒签署了《俄罗斯通过东线管道向中国供应天然气的框架协议》。

2013年9月7日，中哈天然气管道二期第一阶段（巴佐伊—奇姆肯特段）竣工投产。

2013年9月9日，在中国国家主席习近平和乌兹别克斯坦总统卡里莫夫的见证下，国家发展与改革委员会主任徐绍史及中国石油天然气集团公司集团董事长与乌国代表签署了相关协议。

2013年9月11日，中国航油香港供油有限公司招标获选，将向香港国际机场提供航油加注服务。

2013年9月13日，中国银行旗下的投行中银国际公布，已与俄罗斯天然气工业银行签署战略合作协定。

2013年9月18日，多伦多证券交易所批准中国海洋石油总公司的美国存托凭证(ADRs)在多交所挂牌交易。中国海洋石油总公司将实现在内地、香港、美国和加拿大四地上市。

2013年9月22日，中国石油化工集团公司与委内瑞拉在人民大会堂签署相关合作文件。

2013年9月25日，中煤能源股份有限公司与中国石油化工集团公司润滑油公司在京签署战略合作协议。

2013年9月25日，由国家能源局与美国能源部、商务部联合主办的第十三届中美油气工业论坛在西安举行。

2013年9月30日，中缅天然气管道云南禄丰—广西贵港段主干线完工，标志着中缅天然气管道全线建成。

2013年10月

2013年10月8日，中国海洋石油总公司财务有限责任公司表示，公司已获国家外汇管理局通知，同意公司试点开展银行见外汇市场人民币对外汇远期和外汇掉期交易。

2013年10月9日，据青海日报报道，青海油田液化气天然气公司LNG铁路运输试验在青藏线格拉段首获成功，填补了国内LNG铁路运输的空白。

2013年10月9日，石油沥青期货正式在上海期货交易所上市，挂盘合约月份为2014年2月份到2015年9月份。

2013年10月10日，中国科学院与跨国能源企业道达尔公司签署战略研发合作协议，双方将在未来三年内利用超级计算机开发对复杂系统的高清模拟手段。

2013年10月10日，河南省首个页岩气勘查项目——中牟页岩气勘查2013年度第一阶段二维地震采集项目正式开工。

2013年10月11日，商务部发布公告，公布2014年原油非国营贸易进口允许量总量、申请条件和申请程序。2014年原油非国营贸易进口允许量为2,910万吨。

2013年10月11日，国务院总理李克强访问文莱，期间中国海洋石油总公司董事长王宜林与文莱外交与贸易第二部长林玉成签署了关于成立油田服务领域合资公司的协议。

2013年10月11日，俄罗斯石油公司与俄罗斯石油管道运输公司签署了关于扩大中国石油运输量的协议，从2015年起该管道的输油能力将达到每年2,000万吨；2018~2037年每年提高到3,000万吨。

2013年10月13日，国务院总理李克强访问越南。期间，受国家海洋局的委托，中国外交部副部长刘振民与越南自然资源与环境部副部长朱范玉签署了关于开展北部湾海洋及岛屿环境综合治理合作研究的相关协议。

2013年10月12日，35项与百姓生活密切相关的国家标准近期由质检总局、国家标准委员会正式批准发布，内容涉及车用乙醇汽油、出租汽车运营服务等。

2013年10月13日，第22届世界能源大会在韩国大邱举行。

2013年10月14日，国家发改委批准新疆准东煤制气示范项目开展前期工作。这标志着全国最大的煤制气项目获得国家核准，正式进入全面实施阶段。

2013年10月17日，重庆联顺页岩气创业投资基金正式挂牌成立。该基金将成为全国首支专注于页岩气领域高科技创新投资的专业创投基金。

2013年10月17日，中国海洋石油总公司海南天然气有限公司投资建设的省重点项目——海南液化天然气项目步入全面建设阶段。

2013年10月17日，信息化管理部会同发展计划部、炼油事业部、化工事业部、能源管理与环境保护部等有关部门，组织专家对中国石油化工集团公司智能工厂试点建设项目可行性研究报告进行了评审，标志着中国石油化工集团公司信息化建设步入新阶段。

2013年10月18日，中国首套“小井场大作业”理念成套页岩气压裂产品在烟台问世。

2013年10月20日，中国石油天然气集团公司宣布，来自缅甸孟加拉国国湾的天然气当日在广西贵港市点燃，标志着中缅天然气管道干线全线建成投产。

2013年10月21日，中国可燃冰岩芯气体采集技术获重大创新。

2013年10月22日，国家能源局发布2013年第5号公文，公布《页岩气产业政策》，将页岩气开发纳入国家战略性新兴产业。

2013年10月23日，中国石油天然气集团公司、中国海洋石油总公司与多家外国油企组成的联合投标体中标巴西一大型深水油田。

2013年10月23日，落户茂名石化的国内最大煤制氢装置，正式交付生产车间开汽。

2013年10月23日，中国石油化工集团公司与俄罗斯石油公司签署了预付款出口合同备忘录。从2014年起，俄石油每年向中国石油化工集团公司供应原油1,000万吨，期限为10年。

2013年10月23日，中国海洋石油总公司在渤海海域获得旅大5–2北中型新发现，并成功评价了垦利9–5/9–6中型含油气构造。

2013年10月30日，由中国石油和欧洲最大石油公司荷兰皇家壳牌公司共同成立的页岩油联合研究中心在中国石油麾下的石油勘探开发研究院举行了揭牌仪式。

2013年10月31日，延长石油与中国石油在北京签署战略合作协议，组成成品油销售机构。

2013年11月

2013年11月1日，兰州—郑州—长沙成品油管道工程(简称兰郑长成品油管道)阳逻—长沙末站干支线试运投产顺利完成。

2013年11月3日，中国首套自主研发的海上高精度地震勘探采集系统“海亮”在南黄海工区进行海试。

2013年11月4日，中国石油化工集团公司启动“碧水蓝天”环保计划，将在2013年至2015年三年间，投入近230亿元用于环境治理。这是中国石油化工集团公司规模最大的环保治理行动，也是迄今为止中央企业一次性投入最密集、涉及范围最广的环保专项治理行动。

2013年11月5日，中国石油化工集团公司2013年国际物探技术交流会暨I技术发布会在北京召开，会上发布了中国石油化工集团公司品牌地球物理技术体系——I技术。

2013年11月5日，在2013年中央企业参与中原经济区建设河南行活动中，市长赵瑞东与中国石油化工集团公司新星石油公司总经理袁清分别代表双方签署合作协议，共同对濮阳市地热资源进行综合开发利用。

2013年11月6日，二氧化碳捕集利用与封存（CCUS）产业技术创新战略联盟在北京正式成立。

2013年11月6日，西气东输管道公司顺利完成西气东输二线与川气东送互联工程动火连头作业。西气东输与国内其他主干管网的供气通道随之建立。这也是中国石油和中国石油化工集团公司所辖国内南北两大管网首次实现对接。

2013年11月10日，随着“太平洋雄鹰”号油轮驶离海南炼化原油码头，标志着中国石油化工集团公司(香港)有限公司洋浦成品油保税库建成投产。

2013年11月12日，中国海洋石油总公司与英国天然气集团完成了增持澳大利亚昆士兰柯蒂斯液化天然气项目的权益交割。

2013年11月15日，中国石油化工集团公司斥资31亿美元收购阿帕奇公司埃及资产1/3权益正式交割，中国石油化工集团公司首次进入埃及油气资源市场。

2013年11月15日，非常规油气产业联盟成立仪式在北京举行。

2013年11月19日，中国《国家适应气候变化战略》在联合国气候变化大会高级别会议上正式对外发布。

2013年11月19日，由东方物探吐哈物探处1836队承担施工的青海省天峻县聚乎更矿区三露天天然气水合物三维地震调查评价项目日前顺利完成，标志着中国首个可燃冰三维勘探项目野外采集工作完成。

2013年11月19日，天津首批LNG清洁能源公交车投入运行。

2013年11月22日，中国石油化工集团公司输油储运公司潍坊分公司位于黄岛区秦皇岛路与斋堂岛路交汇处的输油管线破裂，发生爆炸事故。

2013年11月22日，选址自贸区的上海国际能源交易中心正式挂牌，中国原油期货将在此平台上问世。

2013年11月27日，国家超级石油勘探数据处理中心——天津滨海新区大数据处理技术研发与应用工程实验室项目获得国家发改委正式批复，这是目前中国获批的首家石油勘探数据处理工程实验室。

2013年11月28日，北京市碳排放权交易在北京环境交易所正式敲锣开市。

2013年12月

2013年12月3日，伊朗国家天然气公司（NIGC）负债超过100万亿里亚尔（约合40亿美元），近日已宣布破产，这成为伊朗经济深陷危机一大印证。

2013年12月3日，国务院印发了《全国资源型城市可持续发展规划（2013~2020年）》。

2013年12月4日，财政部、海关总署、国家税务总局在财政部网站发布《关于调整进口天然气税收优惠政策有关问题的通知》指出，增加中缅天然气管道项目、浙江LNG项目及广东珠海LNG项目享受税收优惠政策。

2013年12月4日，中国工商银行宣布在中国正式推出账户国际原油交易产品，这是中国国内第一个以布伦特原油合约作为报价参考对象的交易产品。

2013年12月6日，乌克兰能源和煤炭工业部、中国化学工程集团公司（中国化学工程/CNCEC）和中国化学工程麾下全资子公司武汉工程有限公司计划在乌克兰建造合成天然气生产厂。

2013年12月9日，国内首个央地合作页岩气开发公司—四川长宁天然气开发有限责任公司在成都正式挂牌成立。

2013年12月10日，“海鑫油603”油轮靠泊黄浦江高桥石化3号码头，标志着中国石油化工集团公司首批“以出顶进”航煤进入上海自贸区。

2013年12月10日，北京首个应急储气库——位于河北唐山曹妃甸工业区的中国石油天然气集团公司唐山LNG正式向北京送气。

2013年12月10日，国内首个浮式LNG项目——中国海洋石油总公司天津LNG

项目正式开始为天津市供应天然气。此举将有效弥补华北天然气供应缺口，为京津冀地区大气污染防治带来帮助。

2013年12月15日，苏里格气田年产量达到200.6亿立方米，突破200亿大关。

2013年12月17日，中国自主研发国际首创的“汽油固定床超深度催化吸附脱硫组合技术”缓解雾霾。

2013年12月18日，国家标准委发布了中国第五阶段车用汽油国家标准，即“国五汽油标准”，自发布之日起实施。

2013年12月18日，由国家发改委核准、中国大唐集团公司建设的中国首个煤制天然气示范项目——大唐内蒙古克什克腾旗煤制天然气示范项目投运，正式向中国石油天然气集团公司北京段天然气管线输送清洁的煤制天然气产品。

2013年12月22日，从中国石油天然气股份有限公司获悉，截至12月22日，该公司所属长庆油田累计油气当量突破5,000万吨，如期完成将该油田建成“西部大庆”的目标。

2013年12月23日，中化集团首个储量融资项目顺利签约，这也是中国企业在海外操作的首笔储量融资。

2013年12月23日，中国神华的公告称，公司拟向全资子公司中国神华海外开发投资有限公司(“海外公司”)货币增资9,000万美元(折合约人民币5.5亿元)，并以此为注册资本设立海外公司的美国子公司，作为海外公司与Energy Corporation of America合作开发美国宾夕法尼亚州格林县的25口页岩气井位(“页岩气项目”)的投资主体。

2013年12月24日，延长国际(陕西延长石油集团控股上市公司)股东大会同意收购加拿大诺瓦斯公司(NovusEnergyInc.)，收购总价3.2亿加元。

2013年12月26日，中国石油化工集团公司炼化工程(集团)股份有限公司发布公告，他们与中天合创能源有限责任公司于当日签署了新型煤化工工程总承包合同。

2013年12月28日，新疆庆华能源集团有限公司生产的煤制气开始向中国石油天然气集团公司伊霍支线供气，为天然气的供应增加了新渠道。

附件2：2013年国内外油气产业相关数据

附表1：2013年中国全年石油石化主要产品产量

单位：万吨、亿立方米

月份 名称	1	2	3	4	5	6	7	8	9	10	11	12	合计	同比%
原油	1,657.6	1,702.8	1,771.3	1,715.2	1,772.5	1,744.3	1,716.2	1,730.3	1,687.8	1,806.9	1,729.9	1,789.9	20,812.9	1.7
天然气	105.2	96.4	92.4	92.1	88.8	88.5	89.7	89.0	85.0	92.3	100.1	109.1	1,129.4	9.1
原油加工量	4,097.8	3,967.4	3,971.2	3,831.9	3,906.2	3,959.8	4,063.1	3,973.9	3,864.6	4,107.6	4,017.3	4,201.6	47,857.6	3.3
成品油	2,325.7	2,576.4	2,513.7	2,353.9	2,462.8	2,399.5	2,467.9	2,460.4	2,397.8	2,523.7	2,498.9	2,584.8	29,615.7	4.4
汽油	875.6	774.7	830.6	776.4	820.8	803.6	813.4	804.1	780.7	831.7	833.1	875.4	9,833.3	9.5
煤油	194.5	189.6	198.0	195.2	213.8	199.7	204.3	226.4	224.3	232.8	206.3	226.0	2,509.6	16.4
柴油	1,401.8	1,465.9	1,482.5	1,382.3	1,428.2	1,396.2	1,450.2	1,429.9	1,392.8	1,459.2	1,459.5	1,483.4	17,272.8	0.3
润滑油	39.8	46.6	48.2	50.3	50.3	49.3	45.8	45.6	52.6	48.5	48.9	50.0	589.7	2.0
燃料油	169.5	191.9	242.0	195.2	215.8	219.9	199.9	199.1	191.2	217.2	216.4	221.0	2,557.2	8.3

数据来源：中国石油与化学工业联合会

附表2：2013年中国全年石油石化主要产品表现消费量

单位：万吨、亿立方米

名称＼月份	1	2	3	4	5	6	7	8	9	10	11	12	合计	同比%
原油	4,144.3	3,771.6	4,049.1	4,014.5	4,156.7	3,957.9	4,309.4	3,852.2	4,249.3	3,837.7	4,076.1	4,458.3	48,865.3	3.2
天然气	143.8	135.4	128.9	135.7	127.5	126.7	126.9	136.1	130.5	134.6	140.9	163.0	1,631.4	15.4
成品油	2,281.6	2,483.8	2,397.7	2,266.0	2,380.6	2,336.3	2,401.3	2,391.2	2,312.6	2,408.7	2,436.8	2,531.4	28,646.8	2.9
汽油	875.6	741.4	780	729.5	779.2	761.3	782.1	751.1	737.7	799.4	802.9	842.8	9,364.6	7.8
煤油	181.3	151.2	172.1	183.1	190.9	190.9	180.9	217.7	188.2	174.7	195.2	235.8	2,260.9	11.3
柴油	1,370.8	1,445.0	1,443.0	1,353.4	1,410.5	1,384.1	1,438.3	1,422.5	1,386.7	1,434.7	1,438.8	1,452.8	17,021.3	–0.6
润滑油	60.1	62.5	71.7	71.6	71	64.1	68.8	67.3	75.3	69.6	71.1	74.2	840.9	6.8
燃料油	340.8	364.9	352.6	340.7	366.5	348.4	313.7	197.2	263.4	302.6	268.3	232.0	3,768.9	–2.8

数据来源：中国石油与化学工业联合会

附表3：2013年中国全年石油石化主要产品进口量

单位：万吨、亿立方米

名称＼月份	1	2	3	4	5	6	7	8	9	10	11	12	合计	同比%	依存度%
原油	2,514.8	2,078.1	2,304.9	2,307.7	2,394.8	2,217.0	2,610.5	2,143.3	2,568.3	2,041.5	2,355.9	2677.6	28,214.4	4.1	57.4
天然气	41.6	40.7	38.0	45.6	40.7	40.1	39.1	49.1	47.6	44.3	42.8	59.5	529.6	29.9	30.8
天然沥青、页岩及砂	1.1	1.1	6.5	11.1	13.4	6.6	6.1	14.4	0.8	1.2	1.1	2.7	66.0	–58.9	—
成品油	56.3	49.7	49.4	74.4	49.7	58.2	57.6	59.4	53.2	38.7	52.2	96.7	695.6	–2.8	–3.4
汽油	0.0	0.0	0.0	0.0	0.0	0.0	0.0	0.0	0.0	0.01	0.0	0.0	0.01	–90.9	–5.0
煤油	49.3	45.1	47.3	69.3	44.7	58.1	55.8	59.4	53.0	38.2	51.9	96.6	668.9	7.8	–11.0
柴油	7.0	4.6	2.1	5.1	5.0	0.1	1.8	0.0	0.2	0.5	0.3	0.1	26.7	–71.8	–1.5
润滑油	22.0	16.8	24.6	22.4	22.7	16.0	24.1	22.8	24.0	22.1	23.5	25.6	266.4	16.4	29.9
燃料油	280.6	244.4	206.3	236.8	282.9	202.0	191.3	117.5	145.3	169.3	146.9	123.6	2,346.7	–12.5	32.2
石脑油	0.0	21.3	22.1	47.4	26.7	34.6	30.6	27.6	41.7	37.8	19.7	18.7	354.2	14.6	—
石油气	20.2	15.6	14.4	28.7	40.6	56.7	51.9	54.0	41.1	29.8	46.3	52.7	452.1	26.2	—
石蜡	0.5	0.2	0.6	0.8	1.7	0.7	0.7	0.8	0.8	0.9	0.9	1.0	9.6	48.5	—
石油焦	85.4	69.9	80.3	94.0	72.3	70.6	124.4	96.8	70.7	55.8	43.9	70.9	935.3	33.4	—
石油沥青	50.8	51.9	31.2	48.4	33.1	27.8	46.1	29.8	36.5	28.5	59.3	52.8	496.2	0.7	—

数据来源：中国石油与化学工业联合会

附表4：2013年中国全年石油石化主要产品出口量

单位：万吨、亿立方米

名称＼月份	1	2	3	4	5	6	7	8	9	10	11	12	合计	同比%
原油	28.1	9.3	27.1	8.4	10.6	3.4	17.3	21.4	6.8	10.7	9.7	9.2	162.0	–33.5
天然气	2.9	1.7	1.5	1.9	1.9	1.9	1.9	1.9	2.0	2.0	2.0	5.6	27.6	–5.0
天然沥青、页岩及砂	5.2	3.5	5.6	3.8	4.5	8.6	4.4	5.0	3.3	6.0	2.7	3.3	55.8	–19.4
成品油	100.4	142.3	165.4	162.3	131.9	121.4	124.2	128.6	138.4	153.7	114.3	150.1	1,664.4	36.0
汽油	0.0	33.3	50.6	46.9	41.6	42.3	31.3	53.0	43.0	32.3	30.2	32.6	468.8	60.4
煤油	62.5	83.5	73.2	81.4	67.6	66.9	79.2	68.1	89.1	96.3	63.0	86.8	917.5	23.1
柴油	38.0	25.5	41.6	34.0	22.7	12.2	13.7	7.4	6.3	25.0	21.0	30.7	278.2	49.4
润滑油	1.7	0.9	1.1	1.1	2.0	1.2	1.1	1.1	1.3	1.0	1.3	1.4	15.2	–23.9
燃料油	109.3	71.4	95.7	91.3	132.2	73.5	77.5	119.4	73.1	83.9	95.0	112.6	1,135.0	–2.5
石脑油	0.0	5.1	3.0	12.7	8.6	3.0	0.0	0.0	0.9	2.07	0.0	0.0	35.4	64.3
石油气	10.0	8.9	8.4	12.6	13.0	9.1	9.2	12.1	10.3	8.5	8.3	16.6	125.8	–0.9
石蜡	5.1	3.5	5.0	5.7	2.8	4.4	4.5	5.4	3.7	3.0	4.6	2.6	50.3	6.3
石油焦	14.8	14.7	19.3	18.3	26.5	19.1	18.4	21.7	26.2	24.7	11.6	18.8	234.0	1.4
石油沥青	0.9	0.4	0.8	1.7	2.2	1.1	2.2	2.0	1.6	2.4	2.3	0.4	18.0	74.9

数据来源：中国石油与化学工业联合会

附表5：2013年中国全年石油石化行业主要经济指标完成情况一

单位：亿元、个

行业名称	企业数（个）	资产总计	主营业务收入	利润总额	亏损企业亏损额
石油天然气开采业	281	21,464.1	13,536.5	3,663.0	126.6
精炼石油产品制造业	1,337	15,604.9	34,680.4	399.7	399.3
化学工业	25,634	63,877.1	81,037.1	4,308.0	745.7
专业设备制造业	1,400	3,627.9	3,945.6	272.6	187.2
石油和化学工业合计	28,652	104,574.2	133,199.8	8,643.5	1,290.3

数据来源：中国石油与化学工业联合会

附表6：2013年中国全年石油石化行业主要经济指标完成情况二

单位：%

行业名称	销售利润率	成本费用利润率	资产负债率	销售费用投入产出比
石油天然气开采业	27.1	38.2	46.3	0.4
精炼石油产品制造业	1.2	1.2	59.7	0.5
化学工业	5.3	5.6	57.3	2.2
专业设备制造业	6.9	7.4	54.9	2.1
石油和化学工业合计	6.5	7.0	55.3	1.6

数据来源：中国石油与化学工业联合会

附表7：2013年中国全年石油石化行业固定资产投资完成情况表

单位：亿元、个

行业名称	计划投资（亿）	实际完成（亿）	施工项目（个）	新开工项目（个）	竣工项目（个）
石油天然气开采业	6,603.1	3,805.1	542	406	367
精炼石油产品制造业	8,942.5	2,137.6	1,337	859	713
化学工业	35,157.1	14,071.7	14,910	10,455	9,693
专业设备制造业	1,981.5	1,023.2	1,114	799	756
石油和化学工业合计	52,684.4	21,037.7	17,903	12,519	11,529

数据来源：中国石油与化学工业联合会

附表8：2013年中国全年石油石化行业进出口总额及贸易差情况表

单位：万美元、%

行业名称	进出口贸易总额	同比增减%	贸易顺（逆）差	同比增减%
石油天然气开采业	24,288,814.0	1.2	−23,744,774.0	1.8
原油加工和石油制品	6,735,637.0	4.7	−1,295,706.0	−20.2
化工产品	33,117,008.0	3.3	−3,948,837.0	−3.2
专业设备	920,802.0	−26.8	−9,705.0	59.2
石油和化学工业合计	65,062,261.0	2.0	−28,999,022.0	−0.1

数据来源：中国石油与化学工业联合会

附表9：2013年全国主要石油石化产品进口平均价格

单位：美元/吨

日期	原油	液化天然气	航空煤油	5~7号燃料油	润滑油	石油沥青
2013年1月	793.0	600.3	1008.1	636.8	2,607.6	631.9
2013年2月	803.0	695.1	1037.1	639.4	2,518.5	637.7
2013年3月	816.8	551.0	1057.4	660.1	2,505.9	619.7
2013年4月	783.2	569.6	1007.3	650.4	2,588.2	634.2
2013年5月	748.5	473.9	939.4	645.2	2,550.6	643.6
2013年6月	736.5	576.8	936.1	636.4	2,584.5	629.4
2013年7月	743.3	559.9	948.6	621.0	2,670.8	630.0
2013年8月	765.7	601.9	966.6	623.3	2,687.6	614.3
2013年9月	784.2	616.7	997.7	603.2	2,757.1	616.4
2013年10月	804.4	490.7	996.2	609.7	2,794.8	615.3
2013年11月	782.3	492.3	994.0	624.7	2,785.2	605.2
2013年12月	782.8	721.3	992.2	622.5	2,551.2	591.3
年均价	778.1	589.1	988.3	633.7	2,628.2	622.3
比上年增减%	–4.3	5.1	–3.5	–7.9	1.5	–2.9

数据来源：中国石油与化学工业联合会

附表10：2013年国内主要汽柴油月平均价格

单位：元/吨

日期	90#无铅汽油	93#无铅汽油	97#无铅汽油	0#无铅柴油	-10#无铅柴油	重油	液化气
2013年1月	9,387	9989	10,572	8,586	9,056	5,210	6,280
2013年2月	9,485	10,099	10,683	8,679	9,148	5,200	6,200
2013年3月	9,684	10,323	10,907	8,869	9,355	5,870	6,010
2013年4月	9,243	9,863	10,422	8,440	8,922	5,700	5,900
2013年5月	9,044	9,652	10,195	8,234	8,682	5,600	5,840
2013年6月	9,044	9,655	10,200	8239	8,692	5,400	5,610
2013年7月	9,133	9,751	10,299	8,324	8,784	5,200	5,880
2013年8月	9,325	9,947	10,513	8,504	8,967	4,970	5,900
2013年9月	9,500	10,104	10,679	8,710	9,216	5,300	6,260
2013年10月	9,401	10,026	10,594	8,577	9,050	5,500	6,350
2013年11月	9,239	9,864	10,426	8,410	8,867	5,340	6,580
2013年12月	9,299	9,925	10,494	8,470	8,943	5,300	6,920
年均价	9,309	9,928	10,492	8,496	8,966	5,398	6,132
比上年增减%	-1.9	-1.9	-1.9	-2.1	-2.1	3.8	-4.3

数据来源：中国石油与化学工业联合会

附表11：2013年国际原油现货市场月平均价格

单位：美元/桶

日期	西德克萨斯中质油（WTI）	布伦特	迪拜	辛塔	大庆	胜利
2013年1月	93.16	111.51	107.40	108.37	110.20	107.45
2013年2月	96.15	116.18	110.92	113.29	115.32	113.19
2013年3月	92.17	109.56	106.07	107.71	107.92	107.04
2013年4月	92.71	103.22	102.95	101.32	100.63	100.69
2013年5月	94.29	102.37	100.51	97.86	96.19	97.04
2013年6月	95.09	102.92	100.40	97.84	97.43	96.80
2013年7月	102.31	106.3	102.07	100.15	98.82	99.05
2013年8月	105.72	109.53	105.43	103.18	100.79	101.55
2013年9月	107.76	113.97	109.45	112.87	110.11	104.3
2013年10月	102.08	109.54	106.55	108.59	106.19	104.24
2013年11月	95.01	107.07	105.66	105.77	102.30	102.18
2013年12月	96.61	110.83	107.66	105.56	103.20	104.78
年均价	97.75	108.58	105.42	105.21	104.09	103.19
比上年增减%	3.55	−2.73	−3.34	−7.85	−8.35	−8.36

数据来源：中国石油与化学工业联合会

附表12：2013年国际市场主要油品月平均现货价格

普氏现货报价，单位：美元/桶

日期	95#无铅汽油	柴油	航空煤油	石脑油	燃料油（180）*	燃料油（380）*
2013年1月	121.37	126.21	126.91	104.58	627.71	622.96
2013年2月	131.11	131.71	133.01	110.89	648.73	646.99
2013年3月	125.47	125.31	125.33	103.93	637.73	631.46
2013年4月	116.23	118.37	117.87	95.35	621.86	616.72
2013年5月	113.29	116.02	114.93	92.81	612.78	604.81
2013年6月	117.67	118.52	116.40	94.46	620.85	600.53
2013年7月	121.69	122.30	119.74	96.60	606.43	593.02
2013年8月	116.91	123.52	123.30	99.05	604.69	600.88
2013年9月	118.28	124.58	125.32	103.94	610.10	604.59
2013年10月	114.90	123.64	122.86	99.83	615.22	612.98
2013年11月	114.02	122.42	121.88	102.44	608.24	602.33
2013年12月	117.52	126.45	126.39	106.68	610.50	604.67
年均价	119.04	123.25	122.83	100.88	618.74	611.83
比上年增减%	−3.42	−3.80	−3.09	−2.59	−8.04	−7.51

数据来源：中国石油与化学工业联合会

附表13：2013年北美天然气现货市场月平均价格

单位：美元/百万英热单位

日期	纽约	路易斯安那州亨利	德克萨斯	加拿大埃科
2013年1月	10.56	3.38	3.33	2.93
2013年2月	8.76	3.28	3.24	2.88
2013年3月	4.17	3.70	3.65	3.13
2013年4月	4.81	4.12	4.08	3.41
2013年5月	4.24	4.07	3.97	3.38
2013年6月	3.93	3.87	3.64	3.10
2013年7月	5.06	3.70	3.64	2.64
2013年8月	3.45	3.40	3.38	2.21
2013年9月	3.76	3.62	3.64	2.04
2013年10月	3.64	3.79	3.74	2.95
2013年11月	3.80	3.64	3.41	3.09
2013年12月	5.23	4.16	4.15	3.43
年均价	5.11	3.72	3.65	2.93
比上年增减%	65.6	36.0	35.4	30.0

数据来源：中国石油与化学工业联合会

附表14：2003~2012年全球主要国家和地区的石油探明储量

单位：十亿桶

地区＼年份	2003	2004	2005	2006	2007	2008	2009	2010	2011	2012
委内瑞拉	77.2	79.7	80.0	87.3	99.4	172.3	211.2	296.5	296.5	297.6
沙特阿拉伯王国	262.7	264.3	264.2	264.3	264.2	264.1	264.6	264.5	265.4	265.9
伊朗	133.3	132.7	137.5	138.4	138.2	137.6	137.0	151.2	151.2	157.0
伊拉克	115.0	115.0	115.0	115.0	115.0	115.0	115.0	115.0	143.1	150.0
科威特	99.0	101.5	101.5	101.5	101.5	101.5	101.5	101.5	101.5	101.5
阿拉伯联合酋长国	97.8	97.8	97.8	97.8	97.8	97.8	97.8	97.8	97.8	97.8
俄罗斯	79.1	78.8	80.2	81.5	83.2	83.3	83.9	86.6	88.2	87.2
利比亚	39.1	39.1	41.5	41.5	43.7	44.3	46.4	47.1	47.1	48.0
尼日利亚	35.3	35.9	36.2	37.2	37.2	37.2	37.2	37.2	37.2	37.2
哈萨克斯坦	9.0	9.0	9.0	9.0	30.0	30.0	30.0	30.0	30.0	30.0
中国	15.5	15.5	15.6	15.6	15.5	14.8	14.8	14.8	14.7	17.3
经济合作组织（OECD）	247.5	245.2	244.7	241.0	239.8	234.4	236.0	235.0	234.7	238.3
石油输出国组织（OPEC）	912.1	918.8	927.8	936.1	954.0	1,028.8	1,068.6	1,167.3	1,196.3	169.9
欧盟	7.9	7.5	7.3	6.9	6.7	6.1	6.4	6.8	6.7	6.8
全球总计	1,340.0	1,346.2	1,357.0	1,364.5	1,404.5	1,475.4	1,518.16	1,622.06	1,652.61	1,668.9

数据来源：2013年BP能源统计年鉴

附表15：2003~2012年全球主要国家和地区的石油产量

单位：百万吨/年

地区 \ 年份	2003	2004	2005	2006	2007	2008	2009	2010	2011	2012
沙特阿拉伯王国	483.8	504.3	524.9	512.4	492.4	513.5	462.7	466.6	525.8	547.0
俄罗斯	421.4	458.8	470.0	480.5	491.3	488.5	494.2	505.1	511.4	526.2
美国	338.4	329.2	313.3	310.2	309.8	304.9	328.6	339.9	352.3	394.9
中国	169.6	174.1	181.4	184.8	186.3	190.4	189.5	203.0	203.6	207.5
加拿大	142.6	147.6	144.9	153.4	158.6	155.9	156.1	164.4	172.6	182.6
伊朗	198.0	206.9	205.1	207.9	209.6	213.0	204.0	207.1	205.8	174.9
阿拉伯联合酋长国	124.5	131.7	137.3	145.5	140.7	142.9	126.3	130.8	150.1	154.1
科威特	115.8	123.4	130.4	133.8	129.9	135.8	121.0	122.7	140.0	152.5
伊拉克	66.1	100.0	90.0	98.1	105.2	119.5	120.0	121.4	136.9	152.4
墨西哥	189.0	190.9	187.3	183.3	172.9	157.6	147.4	146.3	145.1	143.9
委内瑞拉	131.4	145.2	154.5	151.2	152.1	154.1	149.9	142.5	139.6	139.7
经济合作组织（OECD）	999.2	979.5	933.4	912.9	898.0	863.7	864.0	868.1	866.7	903.0
石油输出国组织（OPEC）	1,485.0	1,621.4	1,679.8	1,689.3	1,679.4	1,736.6	1,613.6	1,645.9	1,695.9	1,778.4
非石油输出国组织（NON-OPEC）	1,706.0	1,699.4	1,659.5	1,639.2	1,625.3	1,601.3	1,611.1	1,641.3	1,640.1	1,669.6
欧盟	148.2	137.7	125.7	114.6	113.1	105.4	99.0	92.7	80.9	73.0
全球总计	3,704.5	3,879.3	3,916.4	3,929.2	3,928.8	3,965.0	3,869.3	3,945.4	3,995.6	4,118.9

数据来源：2013年BP能源统计年鉴

附表16：2003~2012年全球主要国家和地区的石油消费量

单位：百万吨/年

年份 / 地区	2003	2004	2005	2006	2007	2008	2009	2010	2011	2012
美国	900.7	936.5	939.8	930.7	928.8	875.8	833.2	849.9	833.6	819.9
中国	271.7	318.9	327.8	351.2	369.3	376.0	388.2	437.7	461.8	483.7
日本	248.5	241.1	244.4	237.1	228.7	220.9	198.3	200.3	201.4	218.2
印度	113.1	120.2	119.6	120.4	133.4	144.1	153.7	156.2	162.3	171.6
俄罗斯	125.1	124.2	123.2	130.8	123.6	129.8	124.8	128.9	136.0	147.5
沙特阿拉伯王国	81.7	88.3	87.5	91.7	97.4	106.1	115.4	123.2	127.8	129.7
巴西	88.6	91.5	93.8	95.0	100.7	107.9	108.0	118.0	120.7	125.6
德国	125.1	124.0	122.4	123.6	112.5	118.9	113.9	115.4	111.5	111.5
韩国	106.4	104.6	104.6	104.7	107.6	103.1	103.7	106.0	106.0	108.8
加拿大	95.9	100.6	100.3	100.5	103.8	102.5	97.1	102.7	103.1	104.3
经济合作组织（OECD）	2,242.5	2,285.8	2,301.5	2,290.6	2,277.5	2,208.9	2,097.8	2,118.0	2,092.0	2,072.8
非经济合作组织（NON-OECD）	1,460.2	1,570.8	1,600.1	1,653.6	1,727.5	1,778.3	1,811.1	1,913.9	1,967.0	2,057.7
欧盟	706.0	715.1	720.1	722.2	706.5	705.6	667.7	662.8	645.9	611.3
全球总计	3,702.7	3,856.6	3,901.7	3,944.2	4,005.0	3,987.3	3,908.9	4,031.9	4,059.1	4,130.5

数据来源：2013年BP能源统计年鉴

附表17：2003~2012年全球主要国家和地区的炼油能力

单位：千桶/日

年份 地区	2003	2004	2005	2006	2007	2008	2009	2010	2011	2012
美国	16,894	17,125	17,339	17,443	17,594	17,672	17,688	17,594	17,730	17,388
中国	6,295	6,603	7,165	7,865	8,399	8,722	9,479	10,302	10,834	11,547
俄罗斯	5,324	5,327	5,392	5,471	5,484	5,405	5,382	5,491	5,663	5,754
日本	4,645	4,531	4,531	4,588	4,650	4,650	4,630	4,291	4,274	4,254
印度	2,293	2,558	2,558	2,872	2,983	2,992	3,574	3,703	3,804	4,099
韩国	2,598	2,598	2,598	2,633	2,671	2,712	2,712	2,712	2,783	2,887
意大利	2,485	2,497	2,515	2,526	2,497	2,396	2,396	2,396	2,331	2,200
沙特阿拉伯王国	1,890	2,075	2,100	2,100	2,100	2,100	2,100	2,100	2,110	2,122
德国	2,304	2,320	2,322	2,390	2,390	2,366	2,362	2,091	2,077	2, 097
巴西	1,915	1,915	1,916	1,916	1,935	2,045	2,093	2,093	2,116	2,000
经济合作组织（OECD）	44,986	45,133	45,204	45,469	45,688	45,789	45,752	44,989	45,426	44,686
非经济合作组织（NON-OECD）	39,322	40,065	40,823	41,879	42,807	43,535	45,193	46,627	47,578	47, 845
欧盟	15,729	15,803	15,811	15,857	15,784	15,658	15,553	15,229	15,234	14,797
全球总计	84,308	85,198	86,027	87,347	88,495	89,324	90,946	91,616	93,004	92,531

数据来源：2013年BP能源统计年鉴

附表18：2003~2012年全球主要国家和地区的天然气探明储量

单位：万亿立方米

年份 地区	2003	2004	2005	2006	2007	2008	2009	2010	2011	2012
伊朗	27.6	27.5	27.6	26.9	28.1	29.6	29.6	33.1	33.1	33.6
俄罗斯	30.5	30.3	30.3	30.3	30.4	30.4	31.1	31.1	32.9	32.9
卡塔尔	25.3	25.4	25.6	25.5	25.5	25.4	25.3	25.0	25.0	25.1
土库曼斯坦	2.6	2.6	2.6	2.6	2.6	8.1	8.0	13.4	24.3	17.5
美国	5.4	5.5	5.8	6.0	6.7	6.9	7.7	8.2	8.5	8.5
沙特阿拉伯王国	6.8	6.8	6.8	7.1	7.3	7.6	7.9	8.0	8.2	8.2
阿拉伯联合酋长国	6.0	6.1	6.1	6.4	6.4	6.1	6.1	6.1	6.1	6.1
委内瑞拉	4.2	4.3	4.3	4.7	4.8	5.0	5.1	5.5	5.5	5.6
尼日利亚	5.1	5.2	5.2	5.2	5.3	5.3	5.3	5.1	5.1	5.2
阿尔及利亚	4.5	4.5	4.5	4.5	4.5	4.5	4.5	4.5	4.5	4.5
中国	1.3	1.4	1.5	1.7	2.3	2.5	2.8	2.9	3.1	3.1
经济合作组织（OECD）	15.3	15.1	15.1	15.1	15.5	16.9	17.4	18.1	18.7	18.6
非经济合作组织（NON–OECD）	156.0	156.6	157.2	158.2	161.0	168.2	169.9	178.0	189.7	168.6
欧盟	3.2	3.1	3.0	2.8	2.6	2.5	2.5	2.3	1.8	1.7
全球总计	171.3	171.8	172.3	173.2	176.5	185.1	187.3	196.1	208.4	187.3

数据来源：2013年BP能源统计年鉴

附表19：2003~2012年全球主要国家和地区的天然气产量

单位：十亿立方米/年

年份 地区	2003	2004	2005	2006	2007	2008	2009	2010	2011	2012
美国	540.8	526.4	511.1	524.0	545.6	570.8	584.0	604.1	651.3	681.4
俄罗斯	561.5	573.3	580.1	595.2	592.0	601.7	527.7	588.9	607.0	592.3
伊朗	81.5	84.9	103.5	108.6	111.9	116.3	131.2	146.2	151.8	160.5
卡塔尔	31.4	39.2	45.8	50.7	63.2	77.0	89.3	116.7	146.8	157.0
加拿大	184.7	183.7	187.1	188.4	182.7	176.6	164.0	159.9	160.5	156.5
挪威	73.1	78.5	85.0	87.6	89.7	99.3	103.7	106.4	101.4	114.9
中国	35.0	41.5	49.3	58.6	69.2	80.3	85.3	94.8	102.5	107.2
沙特阿拉伯王国	60.1	65.7	71.2	73.5	74.4	80.4	78.5	87.7	99.2	102.8
阿尔及利亚	82.8	82.0	88.2	84.5	84.8	85.8	79.6	80.4	78.0	81.5
印度尼西亚	73.2	70.3	71.2	70.3	67.6	69.7	71.9	82.0	75.6	71.1
经济合作组织（OECD）	1,093.5	1,093.7	1,078.6	1,091.5	1,100.9	1,130.9	1,121.9	1,148.2	1,168.1	1,211.5
非经济合作组织（NON-OECD）	1,523.0	1,594.8	1,691.8	1,777.9	1,838.4	1,916.4	1,834.0	2,030.0	2,108.1	2,152.5
欧盟	223.6	227.3	212.0	201.3	187.5	189.4	171.5	174.9	155.0	149.6
全球总计	2,616.6	2,688.5	2,770.4	2,869.4	2,939.3	3,047.2	2,955.9	3,178.2	3,276.2	3,363.9

数据来源：2013年BP能源统计年鉴

附表20：2003~2012年全球主要国家和地区的天然气消费量

单位：十亿立方米/年

年份 地区	2003	2004	2005	2006	2007	2008	2009	2010	2011	2012
美国	630.8	634.4	623.4	614.4	654.2	659.1	648.7	673.2	690.1	722.1
俄罗斯	384.9	394.1	400.3	408.5	422.1	416.0	389.6	414.1	424.6	416.2
伊朗	82.9	86.5	105.0	108.7	113.0	119.3	131.4	144.6	153.3	156.1
中国	33.9	39.7	46.8	56.1	70.5	81.3	89.5	107.6	130.7	143.8
日本	79.8	77.0	78.6	83.7	90.2	93.7	87.4	94.5	105.5	116.7
沙特阿拉伯王国	60.1	65.7	71.2	73.5	74.4	80.4	78.5	87.7	99.2	102.8
加拿大	97.7	95.1	97.8	96.9	96.2	96.1	94.9	95.0	104.8	100.7
墨西哥	50.4	55.8	56.1	60.9	63.2	66.1	66.2	67.9	68.9	83.7
英国	95.4	97.4	95.0	90.1	91.1	93.9	86.7	94.0	80.2	78.3
德国	85.5	85.9	86.2	87.2	82.9	81.2	78.0	83.3	72.5	75.2
意大利	71.2	73.9	79.1	77.4	77.8	77.8	71.5	76.1	71.3	68.7
经济合作组织（OECD）	1,393.7	1,418.5	1,425.6	1,425.7	1,477.3	1,499.2	1,451.4	1,536.2	1,534.6	1,588.3
非经济合作组织（NON-OECD）	1,205.6	1,260.9	1,341.1	1,398.6	1,453.1	1,505.9	1,479.2	1,616.9	1,688.4	1,726.1
欧盟	473.7	486.7	494.8	487.8	482.0	491.3	460.1	496.9	447.9	443.9
全球总计	2,599.3	2,679.4	2,766.7	2,824.3	2,930.4	3,005.1	2,930.6	3,153.1	3,222.9	3,314.4

数据来源：2013年BP能源统计年鉴

参考文献

[1] 中国石油集团经济技术研究院. 近期国内外油气行业发展态势分析[J]. 国际石油经济. 2013（7）：1–10.

[2] 2013年上半年国内成品油市场特点及下半年走势分析[J]. 国际石油经济. 2013（9）：76–84.

[3] 朱显平，邹向阳. 中国—中亚新丝绸之路经济发展带构想[J]. 东北亚论坛，2006，15（5）:3–6.

[4] 陈晓娟. 中国西北与中亚五国经贸发展研究[D]. 西北师范大学，2008.

[5] 方然友. 同构与不均衡条件下的互补——对新疆与中亚五国经济互补性的分析[J]. 新疆金融，2008（10）:18–23.

[6] 赵旭，董秀成. 中亚里海地区油气地缘环境分析及中国的突围策略[J]. 改革与战略，2008，24（3）:23–26.

[7] 吴绩新. 里海BTC石油管道与中国石油安全[J]. 中国石油大学学报（社会科学版），2006，22（2）:1–5.

[8] 吴绩新. 从里海"BTC"石油管道建成后看中国–哈萨克斯坦石油管线建设[J]. 新疆大学学报，2006，34（1）:94–97.

[9] 张耀. 上海合作组织能源合作及其对中国的积极影响[J]. 山东工商学院学报，2012，26（6）:18–24.

[10] 吴绩新. 里海石油、天然气与中国能源安全[D]. 华东师范大学，2008.

[11] 强晓云. 上合组织多边合作的前景——管道合作视角的分析[J]. 上海商学院学报，2010，11（2）:42–45.

[12] 侯文霞. 当代中国石油外交战略浅探[D]. 贵州师范大学，2009.

[13] 张龙. 中国与土库曼斯坦天然气合作现状、问题与前景[D]. 新疆师范大学，2012.

[14] 李积军，张春昌. 刍议我国专属经济区的海事管辖权[C]. 2004年全国船舶防污染学术年会论文集. 2004:194–201.

[15] 杜辉. 中日石油进口贸易的博弈分析及政策研究[D]. 重庆大学，2010.

[16] 王亦非. 冷战后中日能源博弈关系探析[D]. 郑州大学，2013.

[17] 刘波. 日本对俄罗斯能源外交[D]. 东北师范大学，2006.

[18] 李玉潭，陈志恒. 中日能源:从竞争走向合作——东北亚能源共同体探讨[J]. 东北亚论坛. 2004（06）.

[19] 紫龙. 中日能源博弈催生东亚能源合作新机制[J]. 中国石化. 2004（08）.

[20] 王珊. 日本中东能源外交简析[J]. 现代国际关系. 2004（03）:49–50.

[21] 段琼. 中日石油管线之争背后的思索[J]. 周末文汇学术导刊，2006（1）:69–71.

[22] 李强. 论中日能源竞争与合作及我国对策[D]. 吉林大学，2009.

[23] 彭赟，李悦，郭明晶等. 我国天然气价格体制改革与价格规制机制设计[J]. 中国矿业，2012，21（12）:14–20.

[24] 孙慧，周璇，高鹏等. 2011年中国天然气行业发展动向及2012年展望[J]. 国际石油经济，2012，20（6）:45–50.

[25] 郑楠. 中国天然气供需的国际环境分析与因应策略[D]. 对外经济贸易大学，2011.

[26] 天然气价改应兼顾民生与市场. 天然气价改应兼顾民生与市场[N]. 中国证券报. 2013–4–1.

[27] 刘毅军. 气价调整是与非[J]. 中国石油石化，2013（14）: 36–37.

[28] 徐以升，李东超，张萌等. 逐鹿东亚天然气定价机制——中日潜在的竞争与合作[N]. 第一财经日报，2013–06–24.

[29] 林伯强. 天然气价改难以单兵突进[J]. 中国新闻周刊，2013（14）:68.

[30] 刘斌. 浙江B公司加油站非油业务发展研究[D]. 浙江工业大学，2011.

[31] 徐景洪. 中石化销售河北分公司加油站非油品业务营销分析[D]. 哈尔滨工业大学，2012.

[32] 曾兴球. 页岩气开发既要重视更须务实[J]. 国际石油经济，2012，20（3）:16–18.

[33] 潘继平. 页岩气开发现状及发展前景——关于促进我国页岩气资源开发的思考[J]. 国际石油经济，2009，17（11）:12–15.

[34] 张宏胜. 上海物联网产业SWOT分析及发展战略研究[J]. 中国科技信息，2012（18）:145–146.

[35] 朱文伟，随峰堂，王陈香等. 现阶段如何开展两淮地区煤炭资源勘查中煤层瓦斯勘查工作的建议[J]. 安徽地质，2009，19（1）:12–16.

[36] 姜晓华，柴立满，罗文静等. 国外煤层气开发现状及对中国煤层气产业发展的思考[J]. 内蒙古石油化工，2008，34（8）:46–49.

[37] 孙茂远，范志强. 中国煤层气开发利用现状及产业化战略选择[J]. 天然气工业，2007，27（3）:1–5.

[38] 梁润德. 山西能源产业集团煤层气发展战略分析[D]. 北京交通大学，2007.

[39] 袁易军. 基于VB的煤矿环境参数监测系统设计[J]. 煤炭技术，2010，29（6）:115–117.

[40] 孙茂远. 中国煤层气产业化战略选择[J]. 中国石油企业，2006（11）:116–119.

[41] 罗世兴，沙景华. 国内外矿权重叠勘查开发模式研究[J]. 中国煤炭，2011，37（10）:28–31.

[42] 关于加强煤炭和煤层气资源综合勘查开采管理的通知[J]. 资源与人居环境，2007（10）:12–13.

[43] 王文明. 软土地区提高旋挖钻机成孔质量的措施[J]. 探矿工程–岩土钻掘工程，2013（9）:68–71.

[44] 张彦军. 我国煤层气勘探开发法制建设历程探析[J]. 河南工程学院学报，2013，28（1）:61–63.

[45] 虞海澎. 新疆煤层气资源勘查研究现状及对策建议[J]. 中国西部科技，2008，7（13）:10–11.

[46] 吴艳艳. 中海油田服务股份有限公司战略选择研究[D]. 天津大学，2009.

[47] 郑璐，张建民. 石化产业掘金蓝色经济[J]. 中国石油和化工，2013（3）:27.

[48] 唐丰江. 中海油田服务公司发展战略研究[D]. 复旦大学，2008.

[49] 张峭. 油田服务企业发展研究[J]. 财经界，2010（6）:69.

[50] 傅津，刘志刚. 国际油田服务公司一体化发展的经验和启示[J]. 国际石油经济，2012，20（4）:26–33.

[51] 周学双，童莉，韩建华等. 改善大气质量需配套提升油品质量标准[J]. 炼油技术与工程，2013，43（7）:61–64.

[52] 信息动态[J]. 证券市场周刊，2012（8）:10–17.

[53] 赵利娜. 中国对非洲直接投资问题研究[D]. 浙江工业大学，2012.

[54] 王有勇. 中国与利比亚的能源合作[J]. 国际观察，2007（3）:47–52.

[55] 舒先林，陈松林. 非洲石油与中国能源安全[J]. 石油大学学报. 2004（4）:5–9.

[56] 韩彩珍. 大国油气需求的地缘争夺及中国的应对[J]. 教学与研究，2006（7）:53–59.

[57] 汪巍. 非洲石油勘探开发市场格局与竞争策略[J]. 中外能源，2008

（2）:11–15.

[58] 邓向辉. 非洲能源国际竞争与中非能源合作[D]. 中共中央党校，2010.

[59] 华爱刚，关增淼，关辉. 非洲油气资源及主要生产国概述[J]. 天然气技术，2007（3）:88–91.

[60] 邓向辉. 中国与苏丹的石油合作[J]. 中外能源，2009（11）:1–6.

[61] 汪峰. 中国与尼日利亚石油合作面临的挑战及对策[J]. 上海商学院学报，2010（5）:8–13.

[62] 王有勇. 中国与阿尔及利亚的能源合作[J]. 阿拉伯世界研究，2007（2）:35–42.

[63] 邓向辉. 利比亚战后中利石油合作面临的机遇与挑战[J]. 中外能源，2012（5）:18–24.

[64] 汪峰. 中国与安哥拉石油合作探析[J]. 中国石油大学学报（社会科学版），2011（1）:7–12.

[65] 殷建平，王彦辉. 中国LNG气源风险分析[J]. 对外经贸实务，2012（4）:19–22.

[66] 张海霞，张贵清. 中国进口原油海运安全研究[J]. 中国流通经济，2013，27（8）:73–76.

[67] 吴岱. 中国天然气进出口的现状与发展分析[D]. 对外经济贸易大学，2011.

[68] 鲁平. 我国LNG海上运输安全评价[D]. 大连:大连海事大学，2013.

[69] 蒋哲峰. 陈红盛. 我国 LNG产业的未来——健康、有序、多元[J]. 国际石油经济. 2007（10）:51–58.

[70] 胡卫平. LNG与中国[N]. 海运报. 2012–5–11.

[71] 马桂瑛. 中国石油进口海运路径安全的思考[J]. 东南亚纵横，2007（8）:73–78.

[72] 金雷，牟雪江. 绕过海峡实现石油运输本质安全[J]. 中国石油企业，2012（8）:39.

[73] 陆家亮. 进口气源多元化是保障我国天然气长期供应安全的关键. 天然气工业，2010，30（11）:4–9.

[74] 陈天超. 物联网技术基本架构综述[J]. 林区教学，2013（3）:64–65.

[75] 纪志成，王艳. 中国物联网产业技术创新战略研究[J]. 江海学刊，2011

（6）:78–82.

[76] 李奕. 物联网信道模型及相关技术研究[D]. 天津大学，2011.

[77] 宁焕生，徐群玉. 全球物联网发展及中国物联网建设若干思考[J]. 电子学报，2010，38（11）:2590–2599.

[78] 王毅. 向“智慧海油”目标迈进[J]. 劳动保护，2013（9）:94–95.

[79] 吴萍，余永新. 浅析油气生产管理系统在油田生产中的应用[J]. 数字技术与应用，2013（4）:104–105.

[80] 李航，陈后金. 物联网的关键技术及其应用前景[J]. 中国科技论坛，2011（1）:81–85.

[81] 何雪云，潘林，彭伟刚等. 从技术角度谈物联网对相关产业的推动作用[J]. 广东通信技术，2011，31（3）:8–11.

[82] 李征. 物联网带宽优化分配与智能物流监管系统研究[D]. 天津大学，2012.

[83] 戴中华，张琼，姜文杰等. 基于物联网技术的移动通信网络资源管理研究和应用[J]. 中国信息化，2013，（10）:7–7.

[84] 潘迟龙. 物联网业务平台支持层原型的研究与实现[D]. 南京邮电大学，2012.

[85] 苏涛，李文强，孙聪等. 物联网关键技术研究[J]. 中国管理信息化，2012，15（18）:90–92.

[86] 商东洲，卫干，王海燕等. 油气生产物联网在青海英东油田的应用[J]. 中国石油和化工，2013（5）:57–59.

[87] 孙传宁，张雪. 物联网概念及关键技术综述[J]. 福建电脑，2010，26（12）:39–41.

[88] 韩凉，谭继强，王金梁等. 地理信息技术在物联网建设中的应用[J]. 测绘与空间地理信息，2011，34（2）:75–79.

[90] 陈坚强. 面向服务的物联网基础共享平台的研究[D]. 广东工业大学，2012.

[91] 陈天超. 物联网技术在智能电网中的应用[J]. 湖北广播电视大学学报，2013，33（4）:157–158.